AULA
INTERNACIONAL

AULA INTERNACIONAL 4

Autores: Jaime Corpas, Agustín Garmendia, Nuria Sánchez, Carmen Soriano
Coordinación pedagógica: Neus Sans
Sección "Más ejercicios": Pablo Garrido
Asesoría de las sección "Más cultura": Bibiana Tonnelier
Coordinación editorial: Pablo Garrido
Documentación: Olga Mias
Diseño: CIFR4

Ilustraciones: Javier Andrada (pág. 22, 27, 38, 53 act. 4), Caraman/Dreamstime (pág. 96), Óscar Domenech (pág. 13, 23, 56, 66, 113, 130, 157, 162), David Revilla (pág. 53 act. 3), Roger Zanni (sección "Consultar"; pág. 11, 16, 51)

Fotografías: Unidad 1 pág. 9 Ken Chernus/Getty Images; pág. 10 Leah-Anne Thompson, Galina Barskaya, Maira Kouvara, Roy Compatible; pág. 12 Vinícius Sgarbe; pág. 13 Tolga Kostak; pág. 16 Jason Stitt/Dreamstime, Mehmet Alci/Dreamstime; pág. 17 David Ruiz, Mon, Bruno Neves, Ralph Morris, Ruth Elkin, Marinela Sotoncic, Le Tota; pág. 18 core21, Pablo Iglesias Francisco (www.piglesias.com), Matteo Canessa; Unidad 2 pág. 19 David Crausby/Alamy/ACI; pág. 20 Carlos Alvarez/Getty Images, Bru Garcia/AFP, Denis Doyle/Getty Images; pág. 21 Juanma Rivera; pág. 26 Jelenko; pág. 28 Thomas Picard, Alexis Pined, Brad Mering; Unidad 3 pág. 29 Paul Trummer/Getty Images; pág. 30 Pavel Losevsky/Dreamstime, Katherine de Vera, Dreamstime, Elke Rohn; pág. 31 Dreamstime, Gautier Willaume/iStock; pág. 32 Milan Jurkovic/Dreamstime, Rob Marmion/Dreamstime; pág. 33 Gideon Geldenhuys; pág. 36 Sefton Billington, Chris Hodgson, Dreamstime, Yang Xiaofeng/Fotolia, Lisa Turay/Dreamstime, Sjoerd Bosga; pág. 37 Cittaslow, Daniel Wildman; Unidad 4 pág. 39 John Lund/Getty Images; pág. 40 Carlos S. Suárez; pág. 41 Paolo Perini; págs. 42-43 pipo; pág. 46 ; pág. 47 R. Mezger, PROMPERÚ, Phillip Capper, Núria y Dani, Adam Booth/Dreamstime, Neus Sans, Peter Hall, Xavier Rodríguez/Fotolia, Adela Ruosi, Jswefu Makkeö; pág. 48 Paul Gill, Picter, Desyree Valdiviezo, Pascale Wowak/Dreamstime, Ayhan Yildiz, Rickt99/Dreamstime, Brith-Marie Warn, Hernan Herrero, Pam Roth (creatingonline.com); Unidad 5 pág. 49 Manuel Ballestín; págs. 50-51 Luis Rosendo/Getty Images; pág. 52 Ediciones Cátedra/Anaya (Bodas de sangre), Tusquets Editores (Hermanas de Sangre); pág. 56 Mira Pavlakovic, Charles Blakechica, Bob Smith, Rhphoto/Fotolia; pág. 57 Pilar Aymerich; pág. 58 COVER; Unidad 6 pág. 59 García Ortega; pág. 61 Mihai Bumbu, Mira Pavlakovic; pág. 63 Luc Sesselle; pág. 67 Peter Skadberg, Ginaellen/Fotolia, Danijel Micka/Dreamstime, Tomasz Trojanowski/Dreamstime, Javier Díez López De Sancho/Fotolia, Guillaume Duris/Fotolia; pág. 68 pipo, Svilen Milev; Unidad 7 pág. 69 García Ortega; pág. 70 David Acosta Allely/Fotolia, Robert Cocquyt/Dreamstime; pág. 72 Irene Buonafina; pág. 73 Daniela Llano; pág. 76 Anarki; pág. 77 Eva Madrazo/Dreamstime; pág. 78 Alexandre Fagundes/ Dreamstime, Enyeto Rucker, Misha Shiyanov/Dreamstime, Alejandro Arrojo, Vadim Andrushchenko/Dreamstime, Eric Furie/Dreamstime, Juan López; Unidad 8 pág. 79 Panoramic Images/Getty Images; pág. 80 ACCIONA, Aliaksandr Markau/Dreamstime (fondo); pág. 81 Bill Davenport; pág. 82 Luis Paredes; pág. 87 Henk Leerssen (www.psysom.nl), Stuart Gray, Jorge Felix Costa/ Dreamstime, Raul Comino Caballero/Fotolia; pág. 88 pipo, Antonio Alcobendas/Fotolia, Nikita Rogul/Dreamstime; Unidad 9 pág. 89 Marcus Lyon/Getty Images; pág. 90 Dreamstime, Tomas Hajek/Dreamstime, Marcelo Brito Filho, Troy Newell; pág. 91 Tanya Weliky/Dreamstime, Nara Vieira da Silva Osga, Jose Antonio Nicoli/Dreamstime, Flavia Bottazzini/ Dreamstime; pág. 92 Christy Thompson (justmacros.com); pág. 93 Victoria Rol; pág. 96 Andrés Rodríguez/Dreamstime, William Stall; pág. 97 Oliver Prang, Sven Kösters/Fotolia, Photojog/ Fotolia, Michael Gruünspek/Fotolia; pág. 98 Zsolt Nyulaszi/Dreamstime; Unidad 10 pág. 99 Hans Neleman/Getty Images; pág. 100 Gokhan Okur, Dreamstime; pág. 101 Frank Kalero; pág. 102 Adrian Boca; pág. 103 Didier Kobi; pág. 106 Melissa, Nick Willsher, P.O. Sedin, Meijk van Nimwegen, Paige Foster, Frank Kalero, Bas Stoffelsen, Anna Wolniak; pág. 107 Frank Kalero, Wendy Cain; pág. 108 Ivana, Boris Peterka; Más ejercicios pág. 112 Anastasios Kandris, Achilles Moreaux/Dreamstime, Kati Neudert/Dreamstime, Steve Luker/Dreamstime; pág. 114 Harrison Keely; pág. 117 Bru García/AFP, Carlos Alvarez/Getty Images, Denis Doyle/Getty Images; pág. 118 Gjon Mill/Getty Images; pág. 121 Ariane Drefke, Diana Diaconu, Rick Hawkins, Dan Colcer, Geraldo Almeida, Simon Krzic/Deamstime; pág. 128 Elena Elisseeva/Dreamstime, Andres Rodriguez/Dreamstime, Olga Abolinya, Gataloca/Dreamstime, Phil Date/Dreamstime, James Blanco, Tadija Savic/Dreamstime, Vinicius Tupinamba/Dreamstime, Rui Vale de Sousa/Dreamstime, Jason Stitt/Dreamstime, Martin Garnham/ Dreamstime, Rui Vale de Sousa/Dreamstime; pág. 133 Colin Adamson; pág. 139 Jose Vicente Perales/Fotolia, Martin/Flickr, Carlos Sanchez Pereyra/Fotolia; pág. 142 Gabriel Nardelli Araujo/Fotolia; pág. 145 Rui Vale de Sousa/Dreamstime; pág. 148 Rob Marmion/Dreamstime, Miroslav Tomasovic/Dreamstime; Más cultura pág. 156 Anna Tatti; pág. 157 Museo Casa Carlos Gardel, P. Ullman/Getty Images; pág. 158 Iván Martínez Fernández; pág. 159 Suma de Letras, Zigy Kaluzny/Getty Images; pág. 160 Juan Carlos Rodríguez, YORI-YOREME; pág. 161 Editorial Planeta; pág. 163 portada del libro *Espectros* de Manuel Vicent (Editorial Punto de Lectura, Madrid, España), F.J. Rodríguez/COVER; pág. 164 Jesús Alcántara/Teatro de La Zarzuela; pág. 165 Cortesía Unión Musical Ediciones S.L.; pág. 166 Siglo XXI de España Editores; págs. 166-167 Sem Rox; pág. 168 Michael Corrigan/Dreamstime, Graça Victoria/Dreamstime, J. L. Maral; pág. 169 Editorial Castalia, COVER; pág. 170 Ángel Palomino (antoniomachadoensoria.com), Josep Mias/Alba Rabassedas, Ángel Mª Lobos; pág. 172 Panel de Catadores de Aceite de la Región de Murcia/Consejería de Agricultura y Agua, Fórum Cultural del Café, López Ortega Delights Company; pág. 173 portada del libro *Historias de cronopios y de famas* de Julio Cortázar (Editorial Punto de Lectura, Madrid, España), Pierre Boulat/Getty Images; pág. 174 Sogepaq; pág. 175 Xurxo Lobato; pág. 176 Editorial Alfaguara

Contenido del CD audio: 'Yira Yira' (letra: Carlos Gardel; música: J.M. Aguilar/G. D. Barbieri/D. Riverol), © 2001 Novoson Ediciones Discográficas, S.L.; fragmento de 'Dúo' ('La Revoltosa') (letra: José López Silva/Carlos Fernández Shaw; música:Ruperto Chapí), © 1958 BMG Entertainment Spain **Locutores:** Reinaldo de Abreu (Venezuela), Montse Belver (España), Cristina Carrasco (España), César Chamarro (México), Óscar García (Argentina), Julián Kancepolski (Argentina), Jorge Peña (España), Mercedes Peralta (Argentina), Víctor Torres (España) **Grabación:** CYO Studios

Agradecimientos: Rosanna Abbati/Cittaslow, Alicia/Teatro de la Zarzuela, Alberto López Amoedo, Caro/Museo Casa Carlos Gardel, César Casares/Fundación de la Zarzuela, Oliva García, Kristine Guzman/MUSAC, Rosemarie Keller/Fórum Café, Pilar Lázaro/Sandra Garrido/ACCIONA, Ferriol Macip i Bonet/Associació Catalana d'Esperanto, Maylet Osorio/YORI-YOREME, Onofre Pouplana, Plácido Rodríguez/Caos Editorial, Carmen Teruel/Consejería de Agricultura y Agua, Marina García/Olivia Rojo

ISBN: 978-84-8443-234-0
Depósito legal: B-10.571-2007
Impreso en España por Novoprint
Reimpresión: agosto 2007

difusión
Centro de Investigación y Publicaciones de Idiomas, S. L.

C/ Trafalgar, 10, entlo. 1ª
08010 Barcelona
Tel. (+34) 93 268 03 00
Fax (+34) 93 310 33 40
editorial@difusion.com

www.difusion.com

AULA INTERNACIONAL 4

Jaime Corpas
Agustín Garmendia
Nuria Sánchez
Carmen Soriano

Coordinación pedagógica
Neus Sans

CÓMO ES AULA INTERNACIONAL 4

Este volumen consta de 10 unidades didácticas que presentan la siguiente estructura:

1. PORTADILLA

En la primera página de cada unidad, se encuentran el título y una imagen que guardan relación con los contenidos a aprender. Estos dos elementos permiten realizar actividades introductorias para movilizar los conocimientos previos de los estudiantes. Además, se indica la tarea final de la unidad, así como los contenidos lingüísticos que va a aprender para llevarla cabo.

2. COMPRENDER

En esta sección, se presentan textos y documentos muy variados (anuncios, entrevistas, artículos, fragmentos literarios, etc.) que contextualizan los contenidos lingüísticos y comunicativos básicos de la unidad, y frente a los que los alumnos desarrollan fundamentalmente actividades de comprensión.

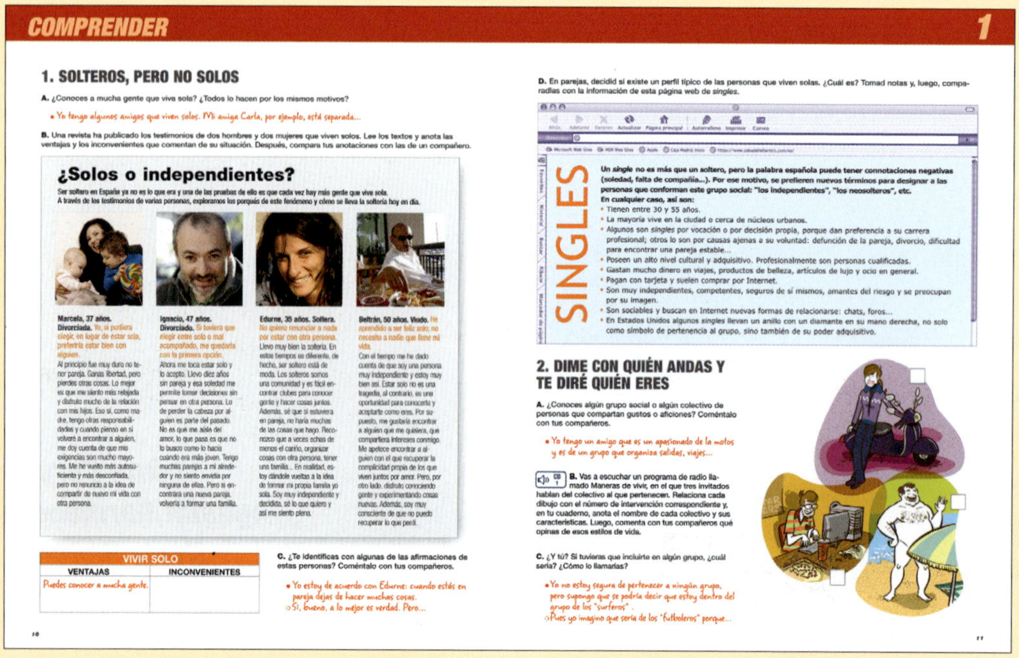

3. EXPLORAR Y REFLEXIONAR

En el segundo bloque, los alumnos realizan un trabajo de observación de la lengua a partir de nuevas muestras o de pequeños corpus. Se trata de ofrecer un nuevo soporte para la tradicional clase de gramática con el que los alumnos, dirigidos por el propio material y por el profesor, descubren el funcionamiento de la lengua en sus diferentes niveles (morfológico, léxico, sintáctico, funcional, discursivo...).

Se trata, por tanto, de ofrecer herramientas alternativas para potenciar y para activar el conocimiento explícito de reglas, sin tener que caer en una clase magistral de gramática.

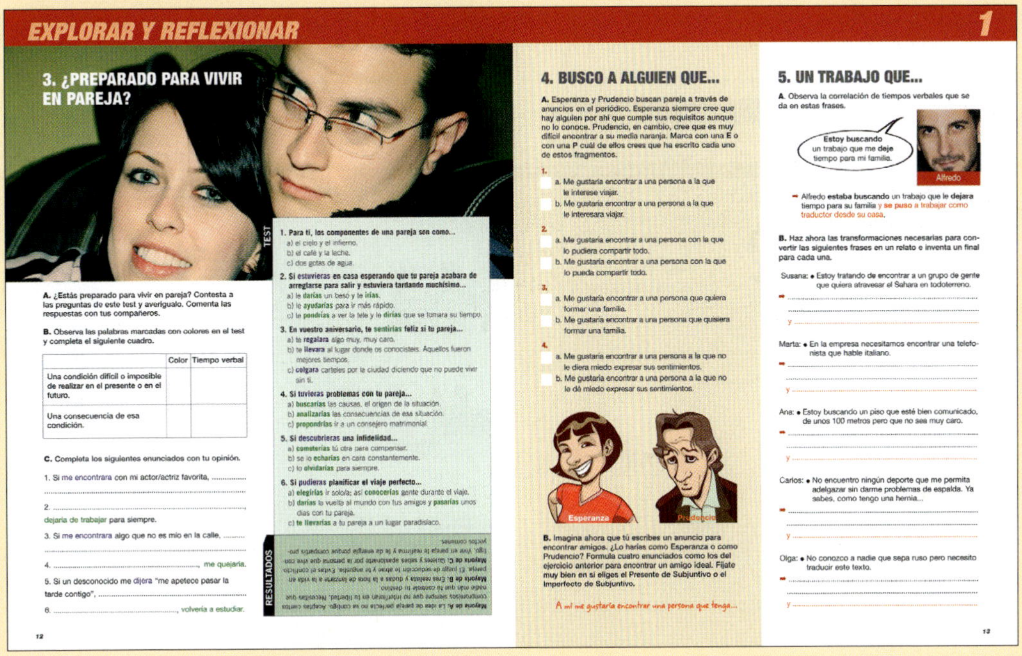

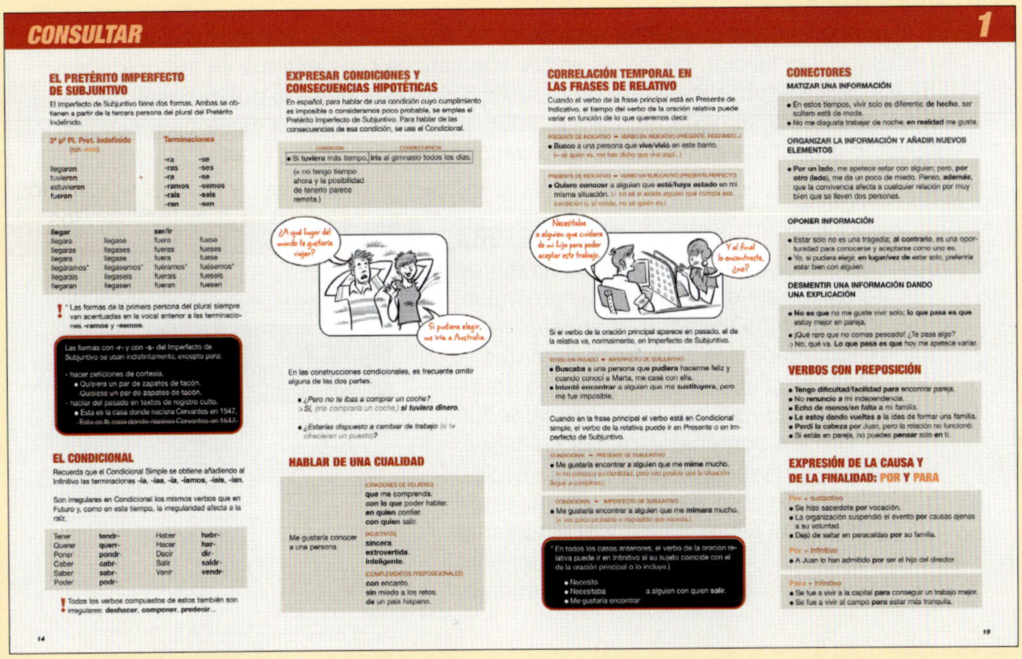

4. CONSULTAR

Este volumen, a diferencia de los anteriores, ofrece una doble página en la que se presentan esquemas gramaticales y funcionales a modo de cuadros de consulta. Con ellos, se ha perseguido, ante todo, la claridad, sin renunciar a una aproximación comunicativa y de uso a la gramática.

5. PRACTICAR Y COMUNICAR

En este bloque se incluyen propuestas de trabajo muy variadas, pero que siempre consideran la significatividad y la implicación del alumno en su uso de la lengua. El objetivo es experimentar el funcionamiento de la lengua a través de "microtareas comunicativas" en las que se practican los contenidos de cada unidad. Muchas de las actividades que encontramos en esta parte del manual están basadas en la experiencia del alumno: sus observaciones y su percepción del entorno se convierten en material de reflexión intercultural y en un potente estímulo para la interacción comunicativa dentro del aula.

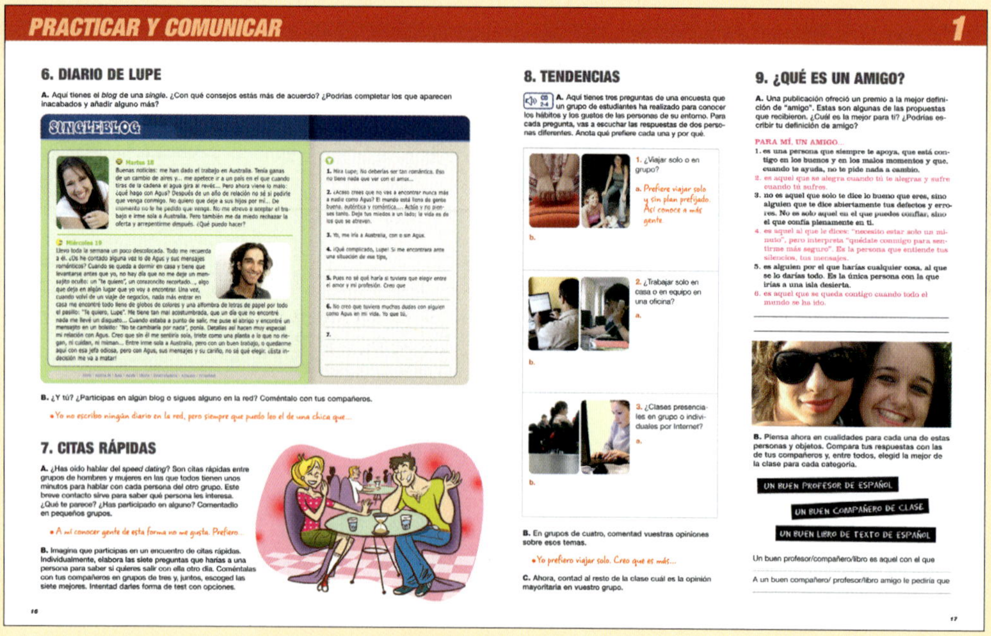

Al final de esta sección, se propone una tarea final cuyo objetivo es ejercitar verdaderos procesos de comunicación en el seno del grupo, que implican diversas destrezas y que se concretan en un producto final escrito u oral (una escenificación, la resolución negociada a un problema, etc.).

Este icono señala qué actividades pueden ser incorporadas al PORTFOLIO.

Además, el libro se completa con las siguientes secciones:

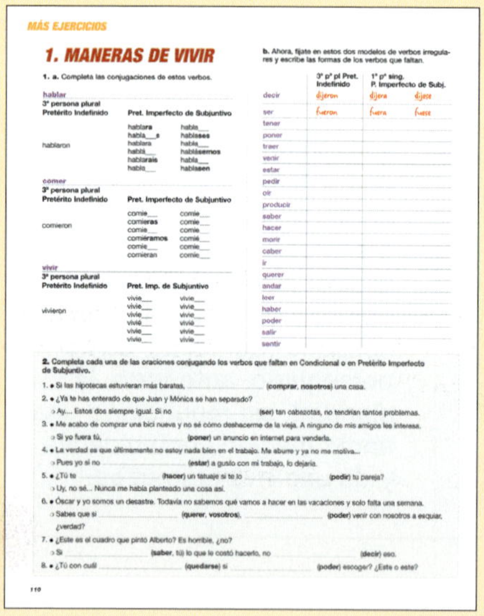

MÁS EJERCICIOS

En este apartado se proponen nuevas actividades de práctica formal que estimulan la reflexión y la fijación de los aspectos lingüísticos presentados en las unidades. Los ejercicios están diseñados de modo que los alumnos los puedan realizar de forma autónoma, aunque también pueden ser utilizados en la clase para ejercitar aspectos gramaticales y léxicos de la secuencia.

MÁS CULTURA

Esta sección incluye una selección de textos de diferentes tipos (artículos, fragmentos literarios, reportajes, etc.) y explotaciones pensadas para que el estudiante amplíe sus conocimientos sobre temas culturales relacionados con los contenidos de las unidades. El carácter complementario de esta sección permite al profesor incorporar estos contenidos a sus clases y al estudiante profundizar en el estudio del español por su cuenta.

MÁS GRAMÁTICA

Además del apartado *Consultar* incluido en cada unidad, el libro cuenta con una sección que aborda de forma más extensa y detallada todos los puntos gramaticales de las diferentes unidades.

ÍNDICE

MANERAS DE VIVIR

En esta unidad vamos a

diseñar un paraíso donde vivir

Para ello vamos a aprender:

> el Pretérito Imperfecto de Subjuntivo > algunos verbos con preposición
> la correlación de tiempos verbales en las frases de relativo
> a expresar causa y finalidad: usos de **por** y **para**
> conectores para añadir, matizar, contraponer y desmentir una información
> a hablar de sentimientos, del carácter y de la personalidad
> a dar consejos y a hacer propuestas > a expresar condiciones y deseos
> a hablar de las cualidades de personas y objetos > vocabulario para hablar de cualidades de personas y cosas, y de relaciones personales y afectivas

1. SOLTEROS, PERO NO SOLOS

A. ¿Conoces a mucha gente que viva sola? ¿Todos lo hacen por los mismos motivos?

- Yo tengo algunos amigos que viven solos. Mi amiga Carla, por ejemplo, está separada...

B. Una revista ha publicado los testimonios de dos hombres y dos mujeres que viven solos. Lee los textos y anota las ventajas y los inconvenientes que comentan de su situación. Después, compara tus anotaciones con las de un compañero.

¿Solos o independientes?

Ser soltero en España ya no es lo que era y una de las pruebas de ello es que cada vez hay más gente que vive sola. A través de los testimonios de varias personas, exploramos los porqués de este fenómeno y cómo se lleva la soltería hoy en día.

Marcela, 37 años. Divorciada. Yo, si pudiera elegir, en lugar de estar sola, preferiría estar bien con alguien.
Al principio fue muy duro no tener pareja. Ganas libertad, pero pierdes otras cosas. Lo mejor es que me siento más relajada y disfruto mucho de la relación con mis hijos. Eso sí, como madre, tengo otras responsabilidades y cuando pienso en si volveré a encontrar a alguien, me doy cuenta de que mis exigencias son mucho mayores. Me he vuelto más autosuficiente y más desconfiada, pero no renuncio a la idea de compartir de nuevo mi vida con otra persona.

Ignacio, 47 años. Divorciado. Si tuviera que elegir entre solo o mal acompañado, me quedaría con la primera opción.
Ahora me toca estar solo y lo acepto. Llevo diez años sin pareja y esa soledad me permite tomar decisiones sin pensar en otra persona. Lo de perder la cabeza por alguien es parte del pasado. No es que me aísle del amor, lo que pasa es que no lo busco como lo hacía cuando era más joven. Tengo muchas parejas a mi alrededor y no siento envidia por ninguna de ellas. Pero si encontrara una nueva pareja, volvería a formar una familia.

Edurne, 35 años. Soltera. No quiero renunciar a nada por estar con otra persona.
Llevo muy bien la soltería. En estos tiempos es diferente, de hecho, ser soltero está de moda. Los solteros somos una comunidad y es fácil encontrar clubes para conocer gente y hacer cosas juntos. Además, sé que si estuviera en pareja, no haría muchas de las cosas que hago. Reconozco que a veces echas de menos el cariño, organizar cosas con otra persona, tener una familia... En realidad, estoy dándole vueltas a la idea de formar mi propia familia yo sola. Soy muy independiente y decidida, sé lo que quiero y así me siento plena.

Beltrán, 50 años. Viudo. He aprendido a ser feliz solo; no necesito a nadie que llene mi vida.
Con el tiempo me he dado cuenta de que soy una persona muy independiente y estoy muy bien así. Estar solo no es una tragedia, al contrario, es una oportunidad para conocerte y aceptarte como eres. Por supuesto, me gustaría encontrar a alguien que me quisiera, que compartiera intereses conmigo. Me apetece encontrar a alguien con el que recuperar la complicidad propia de los que viven juntos por amor. Pero, por otro lado, disfruto conociendo gente y experimentando cosas nuevas. Además, soy muy consciente de que no puedo recuperar lo que perdí.

VIVIR SOLO	
VENTAJAS	**INCONVENIENTES**
Puedes conocer a mucha gente.	

C. ¿Te identificas con algunas de las afirmaciones de estas personas? Coméntalo con tus compañeros.

- Yo estoy de acuerdo con Edurne: cuando estás en pareja dejas de hacer muchas cosas.
- ○ Sí, bueno, a lo mejor es verdad. Pero...

D. En parejas, decidid si existe un perfil típico de las personas que viven solas. ¿Cuál es? Tomad notas y, luego, comparadlas con la información de esta página web de *singles*.

SINGLES

Un *single* no es más que un soltero, pero la palabra española puede tener connotaciones negativas (soledad, falta de compañía...). Por ese motivo, se prefieren nuevos términos para designar a las personas que conforman este grupo social: "los independientes", "los neosolteros", etc.

En cualquier caso, así son:

- Tienen entre 30 y 55 años.
- La mayoría vive en la ciudad o cerca de núcleos urbanos.
- Algunos son *singles* por vocación o por decisión propia, porque dan preferencia a su carrera profesional; otros lo son por causas ajenas a su voluntad: defunción de la pareja, divorcio, dificultad para encontrar una pareja estable...
- Poseen un alto nivel cultural y adquisitivo. Profesionalmente son personas cualificadas.
- Gastan mucho dinero en viajes, productos de belleza, artículos de lujo y ocio en general.
- Pagan con tarjeta y suelen comprar por Internet.
- Son muy independientes, competentes, seguros de sí mismos, amantes del riesgo y se preocupan por su imagen.
- Son sociables y buscan en Internet nuevas formas de relacionarse: chats, foros...
- En Estados Unidos algunos *singles* llevan un anillo con un diamante en su mano derecha, no solo como símbolo de pertenencia al grupo, sino también de su poder adquisitivo.

2. DIME CON QUIÉN ANDAS Y TE DIRÉ QUIÉN ERES

A. ¿Conoces algún grupo social o algún colectivo de personas que compartan gustos o aficiones? Coméntalo con tus compañeros.

- Yo tengo un amigo que es un apasionado de la motos y es de un grupo que organiza salidas, viajes...

CD 1 **B.** Vas a escuchar un programa de radio llamado Maneras de vivir, en el que tres invitados hablan del colectivo al que pertenecen. Relaciona cada dibujo con el número de intervención correspondiente y, en tu cuaderno, anota el nombre de cada colectivo y sus características. Luego, comenta con tus compañeros qué opinas de esos estilos de vida.

C. ¿Y tú? Si tuvieras que incluirte en algún grupo, ¿cuál sería? ¿Cómo lo llamarías?

- Yo no estoy segura de pertenecer a ningún grupo, pero supongo que se podría decir que estoy dentro del grupo de los "surferos".
- Pues yo imagino que sería de los "futboleros" porque...

3. ¿PREPARADO PARA VIVIR EN PAREJA?

A. ¿Estás preparado para vivir en pareja? Contesta a las preguntas de este test y averígualo. Comenta las respuestas con tus compañeros.

B. Observa las palabras marcadas con colores en el test y completa el siguiente cuadro.

	Color	Tiempo verbal
Una condición difícil o imposible de realizar en el presente o en el futuro.	azúl	imperfecto de subjuntivo
Una consecuencia de esa condición.	verde	condicional

C. Completa los siguientes enunciados con tu opinión.

1. Si me encontrara con mi actor/actriz favorita, ...

2. ...., dejaría de trabajar para siempre.

3. Si me encontrara algo que no es mío en la calle, ...

4. ...., me quejaría.

5. Si un desconocido me dijera "me apetece pasar la tarde contigo", ...

6. ...., volvería a estudiar.

TEST

1. Para ti, los componentes de una pareja son como...
a) el cielo y el infierno.
b) el café y la leche.
c) dos gotas de agua.

2. Si estuvieras en casa esperando que tu pareja acabara de arreglarse para salir y estuviera tardando muchísimo...
a) le **darías** un beso y te **irías**.
b) le **ayudarías** para ir más rápido.
c) te **pondrías** a ver la tele y le **dirías** que se tomara su tiempo.

3. En vuestro aniversario, te sentirías feliz si tu pareja...
a) te **regalara** algo muy, muy caro.
b) te **llevara** al lugar donde os conocisteis. Aquellos fueron mejores tiempos.
c) **colgara** carteles por la ciudad diciendo que no puede vivir sin ti.

4. Si tuvieras problemas con tu pareja...
a) **buscarías** las causas, el origen de la situación.
b) **analizarías** las consecuencias de esa situación.
c) **propondrías** ir a un consejero matrimonial.

5. Si descubrieras una infidelidad...
a) **cometerías** tú otra para compensar.
b) se lo **echarías** en cara constantemente.
c) lo **olvidarías** para siempre.

6. Si pudieras planificar el viaje perfecto...
a) **elegirías** ir solo/a; así **conocerías** gente durante el viaje.
b) **darías** la vuelta al mundo con tus amigos y **pasarías** unos días con tu pareja.
c) **te llevarías** a tu pareja a un lugar paradisíaco.

RESULTADOS

Mayoría de A: La idea de pareja perfecta no va contigo. Aceptas ciertos compromisos siempre que no interfieran en tu libertad. Necesitas que nadie más que tú controle tu destino.

Mayoría de B: Eres realista y dudas a la hora de lanzarte a la vida en pareja. El juego de seducción te atrae y te angustia. Evitas el conflicto.

Mayoría de C: Quieres y sabes apasionarte por la persona que vive contigo. Vivir en pareja te reafirma y te da energía porque compartís proyectos comunes.

4. BUSCO A ALGUIEN QUE...

A. Esperanza y Prudencio buscan pareja a través de anuncios en el periódico. Esperanza siempre cree que hay alguien por ahí que cumple sus requisitos aunque no lo conoce. Prudencio, en cambio, cree que es muy difícil encontrar a su media naranja. Marca con una **E** o con una **P** cuál de ellos crees que ha escrito cada uno de estos fragmentos.

1.

E a. Me gustaría encontrar a una persona a la que le interese viajar.

P b. Me gustaría encontrar a una persona a la que le interesara viajar.

2.

P a. Me gustaría encontrar a una persona con la que lo pudiera compartir todo.

E b. Me gustaría encontrar a una persona con la que lo pueda compartir todo.

3.

E a. Me gustaría encontrar a una persona que quiera formar una familia.

P b. Me gustaría encontrar a una persona que quisiera formar una familia.

4.

P a. Me gustaría encontrar a una persona a la que no le diera miedo expresar sus sentimientos.

E b. Me gustaría encontrar a una persona a la que no le dé miedo expresar sus sentimientos.

B. Imagina ahora que tú escribes un anuncio para encontrar amigos. ¿Lo harías como Esperanza o como Prudencio? Formula cuatro enunciados como los del ejercicio anterior para encontrar un amigo ideal. Fíjate muy bien en si eliges el Presente de Subjuntivo o el Imperfecto de Subjuntivo.

A mí me gustaría encontrar una persona que tenga...

5. UN TRABAJO QUE...

A. Observa la correlación de tiempos verbales que se da en estas frases.

Estilo directo

Estoy buscando un trabajo que me **deje** tiempo para mi familia.

Estilo indirecto

➡ Alfredo **estaba buscando** un trabajo que le **dejara** tiempo para su familia y **se puso** a trabajar como traductor desde su casa.

B. Haz ahora las transformaciones necesarias para convertir las siguientes frases en un relato e inventa un final para cada una.

Susana: • Estoy tratando de encontrar a un grupo de gente que quiera atravesar el Sahara en todoterreno.

➡ Susana estaba tratando de encontrar a un grupo que quisiera atravesar el Sahara

y ....

Marta: • En la empresa necesitamos encontrar una telefonista que hable italiano.

➡ Marta dijo que necesitaban encontrar una telefonista que hablara italiano

y pudiera trabajar rápidamente. encontraran un hombre simpático.

Ana: • Estoy buscando un piso que esté bien comunicado, de unos 100 metros pero que no sea muy caro.

➡ ....

....

y lo encontró

Carlos: • No encuentro ningún deporte que me permita adelgazar sin darme problemas de espalda. Ya sabes, como tengo una hernia...

➡ ....

....

y ....

Olga: • No conozco a nadie que sepa ruso pero necesito traducir este texto.

➡ ....

....

y ....

EL PRETÉRITO IMPERFECTO DE SUBJUNTIVO

El Imperfecto de Subjuntivo tiene dos formas. Ambas se obtienen a partir de la tercera persona del plural del Pretérito Indefinido.

3ª pª Pl. Pret. Indefinido (sin -ron)		Terminaciones	
llega~~ron~~	+	**-ra**	**-se**
tuvie~~ron~~		**-ras**	**-ses**
estuvie~~ron~~		**-ra**	**-se**
fue~~ron~~		**-ramos**	**-semos**
		-rais	**-seis**
		-ran	**-sen**

llegar		**ser/ir**	
llegara	llegase	fuera	fuese
llegaras	llegases	fueras	fueses
llegara	llegase	fuera	fuese
llegáramos*	llegásemos*	fuéramos*	fuésemos*
llegarais	llegaseis	fuerais	fueseis
llegaran	llegasen	fueran	fuesen

! * Las formas de la primera persona del plural siempre van acentuadas en la vocal anterior a las terminaciones **-ramos** y **-semos**.

Las formas con **-r-** y con **-s-** del Imperfecto de Subjuntivo se usan indistintamente, excepto para:

- hacer peticiones de cortesía.
  - Quisiera un par de zapatos de tacón.
    ~~Quisiese un par de zapatos de tacón.~~
- hablar del pasado en textos de registro culto.
  - Esta es la casa donde naciera Cervantes en 1547.
    ~~Esta es la casa donde naciese Cervantes en 1547.~~

EL CONDICIONAL

Recuerda que el Condicional Simple se obtiene añadiendo al Infinitivo las terminaciones **-ía**, **-ías**, **-ía**, **-íamos**, **-íais**, **-ían**.

Son irregulares en Condicional los mismos verbos que en Futuro y, como en este tiempo, la irregularidad afecta a la raíz.

Tener	**tendr-**	Haber	**habr-**
Querer	**querr-**	Hacer	**har-**
Poner	**pondr-**	Decir	**dir-**
Caber	**cabr-**	Salir	**saldr-**
Saber	**sabr-**	Venir	**vendr-**
Poder	**podr-**		

! Todos los verbos compuestos de estos también son irregulares: **deshacer**, **componer**, **predecir**...

EXPRESAR CONDICIONES Y CONSECUENCIAS HIPOTÉTICAS

En español, para hablar de una condición cuyo cumplimiento es imposible o consideramos poco probable, se emplea el Pretérito Imperfecto de Subjuntivo. Para hablar de las consecuencias de esa condición, se usa el Condicional.

CONDICIÓN	CONSECUENCIA
• Si **tuviera** más tiempo,	**iría** al gimnasio todos los días.

(= no tengo tiempo ahora y la posibilidad de tenerlo parece remota.)

En las construcciones condicionales, es frecuente omitir alguna de las dos partes.

- *¿Pero no te ibas a comprar un coche?*
- *Sí, (me compraría un coche,)* ***si tuviera dinero***.

- *¿Estarías dispuesto a cambiar de trabajo (si te ofrecieran un puesto)?*

HABLAR DE UNA CUALIDAD

Me gustaría conocer a una persona	(ORACIONES DE RELATIVO) **que** me comprenda. **con la que** poder hablar. **en quien** confiar. **con quien** salir. (ADJETIVOS) **sincera**. **extrovertida**. **inteligente**. (COMPLEMENTOS PREPOSICIONALES) **con** encanto. **sin** miedo a los retos. **de** un país hispano.

CORRELACIÓN TEMPORAL EN LAS FRASES DE RELATIVO

Cuando el verbo de la frase principal está en Presente de Indicativo, el tiempo del verbo de la oración relativa puede variar en función de lo que queremos decir.

PRESENTE DE INDICATIVO ➡ VERBO EN INDICATIVO (PRESENTE, INDEFINIDO...)
- **Busco** a una persona que **vive/vivió** en este barrio.
  (= sé quién es, me han dicho que vive aquí...)

PRESENTE DE INDICATIVO ➡ VERBO EN SUBJUNTIVO (PRESENTE/PERFECTO)
- **Quiero conocer** a alguien que **esté/haya estado** en mi misma situación. (= no sé si existe alguien que cumpla esa condición o, si existe, no sé quién es.)

Si el verbo de la oración principal aparece en pasado, el de la relativa va, normalmente, en Imperfecto de Subjuntivo.

VERBO EN PASADO ➡ IMPERFECTO DE SUBJUNTIVO
- **Buscaba** a una persona que **pudiera** hacerme feliz y cuando conocí a Marta, me casé con ella.
- **Intenté encontrar** a alguien que me **sustituyera**, pero me fue imposible.

Cuando en la frase principal el verbo está en Condicional simple, el verbo de la relativa puede ir en Presente o en Imperfecto de Subjuntivo.

CONDICIONAL ➡ PRESENTE DE SUBJUNTIVO
- Me gustaría encontrar a alguien que me **mime** mucho.
  (= no conozco su identidad, pero veo posible que la situación llegue a cumplirse.)

CONDICIONAL ➡ IMPERFECTO DE SUBJUNTIVO
- Me gustaría encontrar a alguien que me **mimara** mucho.
  (= veo poco probable o imposible que suceda.)

* En todos los casos anteriores, el verbo de la oración relativa puede ir en Infinitivo si su sujeto coincide con el de la oración principal o lo incluye.)

- Necesito
- Necesitaba
- Me gustaría encontrar

a alguien con quien **salir**.

CONECTORES

MATIZAR UNA INFORMACIÓN

- En estos tiempos, vivir solo es diferente; **de hecho**, ser soltero está de moda.
- No me disgusta trabajar de noche; **en realidad** me gusta.

ORGANIZAR LA INFORMACIÓN Y AÑADIR NUEVOS ELEMENTOS

- **Por un lado**, me apetece estar con alguien; pero, **por otro** (**lado**), me da un poco de miedo. Pienso, **además**, que la convivencia afecta a cualquier relación por muy bien que se lleven dos personas.

OPONER INFORMACIÓN

- Estar solo no es una tragedia; **al contrario**, es una oportunidad para conocerse y aceptarse como uno es.
- Yo, si pudiera elegir, **en lugar/vez de** estar solo, preferiría estar bien con alguien.

DESMENTIR UNA INFORMACIÓN DANDO UNA EXPLICACIÓN

- **No es que** no me guste vivir solo; **lo que pasa es que** estoy mejor en pareja.

- ¡Qué raro que no comas pescado! ¿Te pasa algo?
- ○ No, qué va. **Lo que pasa es que** hoy me apetece variar.

VERBOS CON PREPOSICIÓN

- **Tengo dificultad/facilidad para** encontrar pareja.
- No **renuncio a** mi independencia.
- **Echo de menos/en falta a** mi familia.
- **Le estoy dando vueltas a** la idea de formar una familia.
- **Perdí la cabeza por** Juan, pero la relación no funcionó.
- Si estás en pareja, no puedes **pensar** solo **en** ti.

EXPRESIÓN DE LA CAUSA Y DE LA FINALIDAD: POR Y PARA

Por + sustantivo
- Se hizo sacerdote **por** vocación.
- La organización suspendió el evento **por** causas ajenas a su voluntad.
- Dejó de saltar en paracaídas **por** su familia.

Por + Infinitivo
- A Juan lo han admitido **por** ser el hijo del director.

Para + Infinitivo
- Se fue a vivir a la capital **para** conseguir un trabajo mejor.
- Se fue a vivir al campo **para** estar más tranquila.

6. DIARIO DE LUPE

A. Aquí tienes el *blog* de una *single*. ¿Con qué consejos estás más de acuerdo? ¿Podrías completar los que aparecen inacabados y añadir alguno más?

SINGLEBLOG

Martes 18

Buenas noticias: me han dado el trabajo en Australia. Tenía ganas de un cambio de aires y... me apetece ir a un país en el que cuando tiras de la cadena el agua gira al revés... Pero ahora viene lo malo: ¿qué hago con Agus? Después de un año de relación no sé si pedirle que venga conmigo. No quiero que deje a sus hijos por mí... De momento no le he pedido que venga. No me atrevo a aceptar el trabajo e irme sola a Australia. Pero también me da miedo rechazar la oferta y arrepentirme después. ¿Qué puedo hacer?

Miércoles 19

Llevo toda la semana un poco descolocada. Todo me recuerda a él. ¿Os he contado alguna vez lo de Agus y sus mensajes románticos? Cuando se queda a dormir en casa y tiene que levantarse antes que yo, no hay día que no me deje un mensajito oculto: un "te quiero", un corazoncito recortado..., algo que deja en algún lugar que yo voy a encontrar. Una vez, cuando volví de un viaje de negocios, nada más entrar en casa me encontré todo lleno de globos de colores y una alfombra de letras de papel por todo el pasillo: "Te quiero, Lupe". Me tiene tan mal acostumbrada, que un día que no encontré nada me llevé un disgusto... Cuando estaba a punto de salir, me puse el abrigo y encontré un mensajito en un bolsillo: "No te cambiaría por nada", ponía. Detalles así hacen muy especial mi relación con Agus. Creo que sin él me sentiría sola, triste como una planta a lo que no riegan, ni cuidan, ni miman... Entre irme sola a Australia, pero con un buen trabajo, o quedarme aquí con esa jefa odiosa, pero con Agus, sus mensajes y su cariño, no sé qué elegir. ¡Esta indecisión me va a matar!

Inicio | Acerca de | Buzz | Ayuda | Idioma | Desarrolladores | Artículos | Privacidad

1. Mira Lupe; No deberías ser tan romántica. Eso no tiene nada que ver con el amor...

2. ¿Acaso crees que no vas a encontrar nunca más a nadie como Agus? El mundo está lleno de gente buena, auténtica y romántica.... Actúa y no pienses tanto. Deja tus miedos a un lado; la vida es de los que se atreven.

3. Yo, me iría a Australia, con o sin Agus.

4. ¡Qué complicado, Lupe! Si me encontrara ante una situación de ese tipo,
le pediría que viniese conmigo

5. Pues no sé qué haría si tuviera que elegir entre el amor y mi profesión. Creo que
____

6. No creo que tuviera muchas dudas con alguien como Agus en mi vida. Yo que tú,
____

7. ________________

B. ¿Y tú? ¿Participas en algún blog o sigues alguno en la red? Coméntalo con tus compañeros.

- Yo no escribo ningún diario en la red, pero siempre que puedo leo el de una chica que...

7. CITAS RÁPIDAS

A. ¿Has oído hablar del *speed dating*? Son citas rápidas entre grupos de hombres y mujeres en las que todos tienen unos minutos para hablar con cada persona del otro grupo. Este breve contacto sirve para saber qué persona les interesa. ¿Qué te parece? ¿Has participado en alguno? Comentadlo en pequeños grupos.

- A mí conocer gente de esta forma no me gusta. Prefiero...

B. Imagina que participas en un encuentro de citas rápidas. Individualmente, elabora las siete preguntas que harías a una persona para saber si quieres salir con ella otro día. Coméntalas con tus compañeros en grupos de tres y, juntos, escoged las siete mejores. Intentad darles forma de test con opciones.

8. TENDENCIAS Trends

CD 2-4 **A.** Aquí tienes tres preguntas de una encuesta que un grupo de estudiantes ha realizado para conocer los hábitos y los gustos de las personas de su entorno. Para cada pregunta, vas a escuchar las respuestas de dos personas diferentes. Anota qué prefiere cada una y por qué.

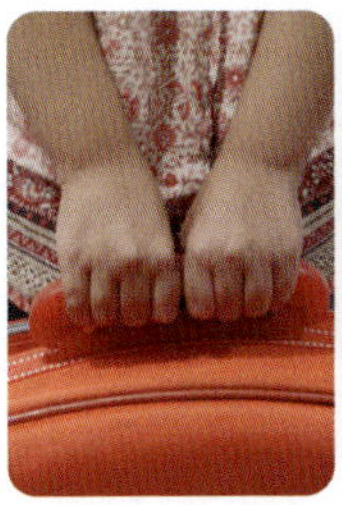

1. ¿Viajar solo o en grupo?

a. Prefiere viajar solo y sin plan prefijado. Así conoce a más gente.

b. Prefiere viajar en grupo porque se puede comentar a lo que te gusta

2. ¿Trabajar solo en casa o en equipo en una oficina?

a. Prefiere trabajar en la oficina porque no puede organizarse solo

b. Prefiere trabajar solo

3. ¿Clases presenciales en grupo o individuales por Internet?

a. Prefiere las clases presenciales en grupo porque puede chatear

b. Prefiere las clases por Internet porque es más independiente

B. En grupos de cuatro, comentad vuestras opiniones sobre esos temas.

- Yo prefiero viajar solo. Creo que es más...

C. Ahora, contad al resto de la clase cuál es la opinión mayoritaria en vuestro grupo.

9. ¿QUÉ ES UN AMIGO?

A. Una publicación ofreció un premio a la mejor definición de "amigo". Estas son algunas de las propuestas que recibieron. ¿Cuál es la mejor para ti? ¿Podrías escribir tu definición de amigo?

PARA MÍ, UN AMIGO...

1. es una persona que siempre te apoya, que está contigo en los buenos y en los malos momentos y que, cuando te ayuda, no te pide nada a cambio.
2. es aquel que se alegra cuando tú te alegras y sufre cuando tú sufres.
3. no es aquel que solo te dice lo bueno que eres, sino alguien que te dice abiertamente tus defectos y errores. No es solo aquel en el que puedes confiar, sino el que confía plenamente en ti.
4. es aquel al que le dices: "necesito estar solo un minuto", pero interpreta "quédate conmigo para sentirme más seguro". Es la persona que entiende tus silencios, tus mensajes.
5. es alguien por el que harías cualquier cosa, al que se lo darías todo. Es la única persona con la que irías a una isla desierta.
6. es aquel que se queda contigo cuando todo el mundo se ha ido.

____

____

B. Piensa ahora en cualidades para cada una de estas personas y objetos. Compara tus respuestas con las de tus compañeros y, entre todos, elegid la mejor de la clase para cada categoría.

UN BUEN PROFESOR DE ESPAÑOL

UN BUEN COMPAÑERO DE CLASE

UN BUEN LIBRO DE TEXTO DE ESPAÑOL

Un buen profesor/compañero/libro es aquel con el que

____

A un buen compañero/ profesor/libro amigo le pediría que

____

10. PARAÍSOS EN LA TIERRA

A. Algunas personas han encontrado su lugar en el mundo. Aquí tienes algunos ejemplos. ¿Dónde podrías vivir tú? ¿Dónde no? ¿Por qué lo rechazas?

- *Yo no podría pasar ni una semana en un lugar en el que...*

URBANITAS

- Hombres y mujeres amantes de las comodidades de la ciudad.
- Viven en *lofts* en antiguas zonas industriales, rehabilitadas como áreas residenciales o en el centro de la ciudad.
- Trabajan en el comercio o en los servicios.
- Tienen coches y motos.
- Son amantes de la velocidad, del asfalto, del lujo y de la moda.
- Les encanta cocinar platos sofisticados.
- Van a todo tipo de locales de moda en la ciudad.
- Llevan ropa de marca y tienen un abono para la ópera.
- Su lema: "En el asfalto y a la última".

HABITANTES DE LA BLOGOSFERA

- Viven en cualquier parte, casi permanentemente conectados a la red.
- Cada pocas horas actualizan su blog.
- Cuelgan fotos, ideas, pensamientos... se desnudan ante un público al que no ven.
- Participan en los blogs de otros y reciben comentarios de otros internautas que pueden ser también *bloggers*.
- Cualquier tema sirve para una nueva entrada de diario o post: un eclipse lunar, un cambio de trabajo, un grano en la nariz, el tedio vital...
- Su lema: " Vive, publica y luego piensa".

OKUPAS NEORRURALES

- Han decidido cambiar la ciudad y su trabajo por el campo.
- Se instalan en un pueblo abandonado y lo reconstruyen.
- Son autosuficientes.
- Viven de lo que obtienen de la tierra y del comercio en pequeños mercados de pueblo.
- Algunas comunidades han establecido un sistema cooperativo en el que toda propiedad es común.
- Algunas comunidades rechazan avances tecnológicos como la televisión, el coche, el teléfono...
- Tienen que enfrentarse a la amenaza constante del posible desalojo, pues la mayoría son ocupaciones ilegales.
- Cuando los echan de un pueblo, vuelven a empezar sus vidas en otro.
- Su lema: "Lo natural es sabio".

B. Vamos a diseñar un paraíso alternativo ¿Cómo te gustaría que fuera? En grupos de tres, pensad en uno. Luego, podéis pensar en el perfil de los componentes de ese lugar imaginario.

edad	estado civil	profesión
sexo	clase social	viviendas
hábitos	aficiones	lema

- *A mí me gustaría vivir en un lugar en el que la gente...*

PORTFOLIO **C.** Presentad vuestro paraíso al resto de la clase. ¿Cuántos de vuestros compañeros podrían vivir en él?

- *Nosotros hemos pensado en un paraíso llamado "los postindustriales". Está formado por gente que...*

2 ASÍ PASÓ

En esta unidad vamos a

escribir la crónica de un suceso

Para ello vamos a aprender:

> marcadores y construcciones temporales: **justo en ese momento/estar a punto de/entonces**
> usos del Imperfecto de Indicativo > usos del Imperfecto de Subjuntivo
> a combinar tiempos del pasado > a comprender y a referir eventos pasados
> a transmitir peticiones, advertencias... > usos del Gerundio
> la colocación del adjetivo > vocabulario del ámbito de las crónicas (musicales, deportivas, periodísticas, de sociedad...) en los medios de comunicación

COMPRENDER

1. CRÓNICAS

A. Mira las fotografías que acompañan los siguientes textos aparecidos hace unos años en diferentes tipos de prensa. ¿Conoces a las personas que aparecen? En grupos de tres, poned en común la información que tenéis.

• *Yo vi la boda de los príncipes en la televisión...*

a

Desde su salida al escenario, Serrat supo ofrecer a su público un espectáculo lleno de belleza y emotividad. El cantautor catalán eligió un repertorio muy completo que no sólo se centró en los temas de su última producción discográfica, sino que dio cabida a muchas de las canciones cruciales de su carrera. Serrat se mostró más joven que nunca y, arropado por una orquesta sinfónica que sonó inmensa, deleitó a los varios miles de asistentes con magistrales versiones de clásicos como "Mediterráneo", "Penélope" o "Cantares".

Pero, sin duda, el momento más emotivo llegó cuando muchos ya habían abandonado el auditorio: una nueva ovación del público, que no se cansó de repetir "otra, otra", logró que Serrat saliera de nuevo a interpretar uno de sus temas más conocidos. Acompañado por su pianista, Joan Manuel logró conmover a los que allí quedaban con una interpretación de "Lucía" de las que ponen la piel de gallina.

b

Una lluvia intensa caía sobre Madrid cuando los Príncipes de Asturias, don Felipe y doña Letizia, llegaron cubiertos por paraguas al Palacio del Prado, donde Sus Majestades los Reyes ofrecieron una cena para 330 invitados. A tan esperado evento tuvieron el honor de asistir miembros de diferentes casas reales, dignatarios políticos, así como familiares y amigos. Doña Letizia eligió para la ocasión un vestido gris platino que dejaba los hombros al descubierto. La reina doña Sofía optó por un vestido de noche en un tono dorado de Manuel Pertegaz, mientras que la infanta doña Cristina lucía un traje de color verde. La infanta Elena, sin duda la más original, llevaba un vestido de inspiración goyesca y un elegante peinado recogido.
Entre los asistentes, destacaron Victoria de Suecia, que sorprendió a todos con una informal falda-pantalón, y la siempre radiante Carolina de Mónaco, que acudió al acto con un llamativo traje de noche. El mal tiempo puso en apuros a las señoras, que se vieron obligadas a recoger las colas de sus vestidos para evitar el contacto con el suelo mojado.

c

REAL MADRID-3 VILLARREAL-3

El Real Madrid salió al campo a por todas y durante la primera media hora de juego dominó claramente al Villarreal. Fruto de este dominio, llegó el primer tanto blanco, obra de Baptista, en el minuto 23. Sin embargo, en la recta final de la primera mitad y de forma inexplicable, el Madrid cedió el mando del partido a su oponente. Un gol en propia meta de Mejía fue el primer golpe para los galácticos, al que siguió un golazo de Forlán, que lograba de esta manera poner al Villarreal por delante en el marcador.
La segunda parte comenzó como lo había hecho la primera, con un Real Madrid recuperado que no dejaba respirar al Villarreal. En el minuto 66, Zidane, que disputaba su último encuentro con la camiseta madridista, envió el esférico al fondo de la red de un magistral cabezazo tras un pase de Beckham. La genialidad del francés puso en pie a la afición y devolvió la esperanza a su equipo, pero de nuevo, las cosas se torcieron: el árbitro pitó un penalti dudoso a favor del Villarreal que Forlán no desaprovechó. Con un 2-3 en el marcador y cinco minutos para el final, el Bernabéu se preparaba para un final de infarto. En el minuto 90, cuando parecía que el Villarreal se llevaría los tres puntos, Baptista consiguió igualar el encuentro. Y todavía hubo tiempo para que los visitantes dispusieran de dos clarísimas ocasiones en las botas de Riquelme.

B. Leed las crónicas y, en parejas, inventad un posible titular para cada una.

C. Decide cuál de las siguientes frases podría cerrar cada uno de los textos anteriores.

[B] 1. Peripecias y anécdotas que no consiguieron deslucir la velada.

[C] 2. Emoción y espectáculo hasta el final.

[A] 3. Un auténtico broche de oro, un regalo impagable.

2. UNA MAREA NEGRA

A. ¿Recuerdas algún desastre ecológico? ¿Qué pasó? ¿Cuándo ocurrió? Entre varios compañeros, comentad los hechos.

- *Yo recuerdo que leí algo sobre un petrolero en Alaska...*

B. ¿A qué asocias el término "marea negra"? Lee estas dos crónicas relacionadas con el naufragio del petrolero Prestige en 2002 y subraya las informaciones clave.

DESASTRE ECOLÓGICO EN GALICIA

El litoral gallego contaminado por más de 70 000 toneladas de chapapote tras el naufragio del Prestige.

Los gallegos recuerdan, desde hace años, cada 19 de noviembre con enorme tristeza. Aquel día se hundió un petrolero, el Prestige, en las difíciles aguas de la Costa da Morte. Aquella jornada, después de siete días de navegación errática, el buque desapareció bajo las aguas y en ese punto comenzó un drama ecológico considerado como la mayor catástrofe sucedida en Galicia.

El petrolero, más largo que dos campos de fútbol, transportaba 77 000 toneladas de crudo pesado y maloliente desde San Petersburgo hasta un destino sin determinar, porque la carga no había sido vendida. Era un buque viejo, de dudosa reputación, con propietarios poco claros. El Prestige era un curioso compendio de las muchas deficiencias que se dan en el transporte marítimo.

El barco se encontró con una tormenta cerca de las costas de Finisterre y a las 15:15 del miércoles 13 de noviembre saltaron las alarmas: el capitán lanzó un SOS cuando, tras escuchar un golpe, el barco comenzó a inclinarse rápidamente. A partir de ese momento, se pusieron en marcha todos los mecanismos para la acción de salvamento. Sin embargo, el accidente se convirtió en un desastre.

La decisión de las autoridades fue inmediata y no admitió réplica: el buque debía ser alejado mar adentro para evitar la amenaza de la marea negra. No se tomó en cuenta otra posible decisión. En un principio, el capitán se resistió a que el buque fuera remolcado, pero finalmente consiguieron arrancar de nuevo las máquinas y entre varios remolcadores y un helicóptero lo llevaron mar adentro. Mientras se alejaba, dejaba tras de sí una enorme estela de crudo. Alejado y, posteriormente, hundido, el gobierno creyó despejado todo peligro de contaminación. Pero no fue así. Las costas gallegas aparecieron manchadas de chapapote y se despertó la ira popular. Circularon por todo el mundo las escenas de los pescadores que luchaban contra la marea negra con sus propias manos, una imagen impropia de un país industrializado. La costa quedó teñida de negro.

LA GRAN OLA BLANCA

Miles de personas acuden en ayuda de los marineros para limpiar el fuel vertido al mar. Por Xosé Hermida.

Frente a los embates negros del chapapote, una gran ola blanca de solidaridad se alzó en toda España e inundó el litoral gallego, un movimiento espontáneo que logró suplir la falta de respuesta de las autoridades cuando empezó la catástrofe. El blanco del uniforme de los voluntarios punteó durante semanas los roquedales, acantilados y playas teñidos del color del asfalto. Nunca en España se había visto una respuesta social de tal magnitud ante un desastre que dejó en evidencia a los servicios del Estado. Solo en el puente de la Constitución, unas 10 000 personas tomaron la costa gallega para limpiar el fuel viscoso aun a costa de respirar durante horas su fetidez industrial.

Pero la verdadera vanguardia de la lucha contra la marea negra fueron los marineros gallegos. En las dos primeras semanas posteriores al hundimiento del Prestige, el Gobierno central y la Xunta negaron que las Rías Bajas, la mayor reserva marisquera del planeta, estuviese en peligro. El 2 de diciembre, una gran mancha asomó por la bocana de la ría más grande y rica, la de Arosa. Como no había un dispositivo oficial para hacerle frente, los marineros se organizaron por su cuenta. Con artilugios inventados para el caso, con cubos y a mano, detuvieron el avance del chapapote y evitaron un colosal desastre ecológico y económico.

Texto publicado en *El País. Una historia de 30 años*. Jueves, 4 de mayo de 2006.

CD 5-6 **C.** Escucha los testimonios de dos personas que vivieron de cerca la catástrofe: un periodista y una voluntaria. ¿Qué nueva información añaden que te parezca relevante? Toma notas.

D. Con todos los datos que tienes, ¿qué opinas tú de la catástrofe? ¿Y de la reacción de los voluntarios? ¿Has participado alguna vez en alguna acción de prevención o de recuperación de una zona devastada?

- *Yo, una vez, participé como voluntario en un bosque cerca de mi ciudad. Fue para prevenir incendios: limpiamos toda la zona...*

3. ¿JUSTO A TIEMPO?

A. Mira estos tres dibujos y relaciona cada uno de ellos con las frases de la derecha.

1. **Justo cuando** salía de casa, me di cuenta de que no había cogido las llaves.
2. **Ya había salido** de casa, cuando me di cuenta de que no había cogido las llaves.
3. **Iba a salir** de casa, cuando me di cuenta de que no había cogido las llaves.

B. ¿Cuál de las tres situaciones anteriores crees que puede suponer un problema? ¿Por qué?

C. ¿Cómo reaccionarías ante las siguientes situaciones? ¿Por qué? Escribe alguna de las reacciones del cuadro después de cada frase.

¡Menos mal!
¡Justo a tiempo!
¡Qué susto!
¡Qué rabia!
¡Qué mal!
Qué disgusto, ¿no?
(¡Uff!) ¡Por suerte!

- Justo cuando estaba punto de poner pimienta en la sopa me di cuenta de que a Rosa le da alergia.
- Estaba llegando al aeropuerto y en aquel momento me di cuenta de que me había dejado el pasaporte en casa.
- Después de haberle dicho mil veces a la niña que no se juega en el recibidor, va y se pone a jugar allí a la pelota. Y ahora ya ves, ¡el espejo roto en mil pedazos!
- Vi a la niña con la cámara justo cuando estaba a punto de borrar todas las fotos del verano.
- Estábamos en la inmobiliaria y, justo antes de firmar el contrato del piso, me di cuenta de que había un error en las fechas.

4. A PARTIR DE ESE MOMENTO

A. En los textos que narran sucesos se usan expresiones para referirse a la fecha o al momento en el que sucedieron. Subraya en los siguientes textos los elementos que se refieren a un dato temporal mencionado con anterioridad.

El 30 de julio sobre las 18 h llegó a la central del servicio de incendios de León una llamada de alarma: minutos antes se había detectado un fuego en la localidad de Balboa. Los bomberos forestales llegaron a la zona en menos de media hora, pero, a esas alturas, el fuego ya había alcanzado la zona de eucaliptos de la ladera sur. A partir de ese momento todos los intentos de vecinos y brigadas antiincendios por controlar el fuego fueron inútiles y las llamas continuaron extendiéndose imparables por la comarca durante todo el día.

El 22 de enero fue un día de luto para la provincia de Burgos. Aquel día se produjo el mayor choque de trenes registrado en Castilla y León. El viento y el temporal de nieve provocaron además otros accidentes de diversa importancia en aquella jornada funesta.

B. Ahora, con un compañero escribe un texto sobre algún suceso que recuerdes (si no recuerdas ninguno, invéntatelo). Trata de utilizar los recursos que has visto en el apartado anterior.

5. INTENCIONES

A. Las siguientes frases expresan una intención que no llega a cumplirse por ciertas circunstancias o acontecimientos. Léelas y marca en qué caso la causa se presenta como una descripción de la circunstancia (D) y en qué caso se presenta como un acontecimiento (A).

1. **Pensaba coger** un taxi, (intención)
pero como la Gran Vía **estaba cortada**, (causa) D
decidí ir en metro. (consecuencia)

2. **Iba a ir** a la sierra el fin de semana, (intención)
pero el viernes **se me estropeó** el coche. (causa) A
Total, que al final **me quedé** en casa. (consecuencia)

B. Según las siguientes frases, algunas intenciones no llegaron a cumplirse. ¿Por qué? Con un compañero, imagina la situación o el acontecimiento que lo impidió.

Iba a casarme, pero me enamoré de otra persona y anulé la boda.

Pensaba decírselo, pero no tenía tiempo total que decidí decírselo otro día.

Quería ir al concierto, pero estaba enferma / me puse enferma y me quedé en casa.

Íbamos a comprar esa casa, pero nos robaron y nos quedamos sin un euro.

Pensaba venir al viaje con su novia, pero tuvo que trabajar y vino solo.

C. Comparad las frases que habéis escrito con las de vuestros compañeros. ¿Habéis usado los mismo tiempos?

6. MENSAJES EN UNA BOTELLA

A. Hace dos semanas, los concursantes del programa La isla enviaron una serie de mensajes en los que pedían algunas cosas para afrontar los tres meses que pasarán en una isla desierta. Ayer llegó todo lo que habían pedido. En parejas, mirad la ilustración y escribid en un papel tres de las peticiones razonadas. Usad verbos como **mandar**, **traer**, **enviar**...

Por favor, traednos una placa solar, que así podremos utilizar algún aparato eléctrico.

B. Ahora, pasad el papel a otra pareja, que contará al resto de la clase las peticiones y las razones que habéis argumentado. ¿Todos habéis pensado las mismas?

- *Pidieron que les llevaran una placa solar para poder utilizar aparatos eléctricos.*

C. ¿Y tú? ¿Qué pedirías en esa situación? Manda tres mensajes a un compañero, que los referirá al resto de la clase.

USOS DEL IMPERFECTO

Recuerda que cuando relatamos acciones pasadas, en español podemos elegir entre varios tiempos según el punto de vista que queramos adoptar. Esta elección no depende tanto de la realidad, sino de cómo el hablante la quiere presentar.

Los principales usos del Imperfecto son:

DESCRIBIR CUALIDADES EN EL PASADO
- Hace pocos años, mi barrio **era** mucho más tranquilo.

PRESENTAR ACCIONES HABITUALES EN UNA ETAPA DEL PASADO
- De pequeña, **pasaba** las vacaciones en el pueblo, en la casa de mis abuelos.

DESCRIBIR LA SITUACIÓN EN TORNO A UNOS ACONTECIMIENTOS QUE RELATAMOS (NORMALMENTE EN INDEFINIDO O EN PERFECTO). SOLEMOS DESCRIBIR COSAS COMO LA FECHA, LA HORA, EL LUGAR, EL ESTADO O EL ASPECTO DE LAS PERSONAS, ETC.

SITUACIÓN	ACCIÓN
• **Estaba** en la cocina	y **oí** un ruido que venía de la escalera.
• Esta mañana **estaba** tan cansada	que no **he oído** el despertador. y **he llegado** tarde al trabajo.

También usamos el Imperfecto de Indicativo para referirnos a acciones que se interrumpen o se modifican durante su inicio o su desarrollo.

- **Salía** de la oficina, pero me llamó el jefe y me tuve que quedar una hora más. (= no salí)

En otros casos, mediante verbos como **pensar**, **querer** o **ir**, el Imperfecto sirve para expresar nuestra intención de llevar a cabo una acción que finalmente no llega a tener lugar.

- **Pensaba** ir al cine con mi hermana, pero me llamó Pablo y me fui a cenar con él.
- **Iba** a ir a la sierra la semana que viene pero, como mi novia no puede ir, me quedaré en casa.
- Este fin de semana **queríamos** ir de excursión, pero ayer se nos estropeó el coche y no vamos a poder ir.

USOS DEL GERUNDIO

El Gerundio puede expresar simultaneidad entre acciones.

- Me lo dijo **yendo** por la calle. (= mientras íbamos por la calle)
- Yo no puedo trabajar **escuchando** música: me distrae. (= mientras escucho música)

! Se consideran incorrectas las frases en las que el Gerundio expresa posterioridad.

- Abrí la puerta y me encontré a Juan.
- ~~Abrí la puerta encontrándome con él.~~

PRECISAR CUÁNDO SUCEDE UNA ACCIÓN

JUSTO EN AQUEL MOMENTO / JUSTO ESE DÍA...

Justo aporta un sentido de mayor precisión a otros indicadores de tiempo.

- Me di cuenta de que no tenía las llaves.
- En aquel momento me di cuenta de que no tenía las llaves.
- **Justo** en aquel momento me di cuenta de que no tenía las llaves.

A veces, **justo** añade un matiz de oportunidad (positivo o negativo).

- El otro día, en el trabajo, salí un momento y **justo ese día** vino la inspectora. ¡Qué rabia! (= no era un buen día)

ESTAR A PUNTO DE + INFINITIVO

Sirve para indicar la inmediatez o la inminencia de una acción.

- **Estoy a punto de acabar** un informe. Ahora voy.
- **Estaba a punto de salir** cuando llegó Alberto.

REFERENCIAS A MOMENTOS YA MENCIONADOS

- **Aquel día** fue inolvidable.
- Todo el mundo recordará **aquella jornada histórica**.
- **En esa ocasión**, el vencedor fue el equipo argentino.
- **En aquel momento**, llegó Juan y lo descubrió todo.
- **A partir de aquel instante**, todo cambió entre nosotros.
- **Hasta ese día**, no supe que la quería tanto.
- **A esas alturas**, ya no había solución para lo nuestro.

ENTONCES

- Estábamos comiendo tan tranquilos y, **entonces**, entró Marcos dando gritos como un loco. (valor temporal)
- Ana y yo trabajábamos juntos y nos llevábamos muy bien. Y, **entonces**, un día decidí invitarla a ir al cine y empezamos a salir. (valor temporal y consecutivo)

! A veces, **entonces** no establece una relación temporal, sino, simplemente consecutiva: añade una nueva información consecuencia de la anterior.

- Los padres dedican muy poco tiempo a sus hijos y, **entonces**, se quejan de que están maleducados.

DISCURSO REFERIDO

En las narraciones de sucesos, con frecuencia incluimos frases que dijeron las personas relacionadas con los hechos.

- Se perdieron por la montaña, pero por suerte consiguieron llamar con el móvil y **pidieron que** los **fueran** a rescatar.

En los relatos de hechos pasados, las peticiones, instrucciones, invitaciones, etc., suelen referirse en Imperfecto de Subjuntivo.

- Atención: desalojen el edificio inmediatamente.
  ➡ La jefa de la brigada de bomberos **ordenó que se desalojara** el edificio.

- Queremos que se respeten los horarios pactados.
  ➡ Los trabajadores **reclamaron que se respetaran** los horarios pactados.

Cuando transmitimos lo dicho por alguien, no solemos repetir exactamente sus mismas palabras, sino que comunicamos lo esencial del mensaje.

ENUNCIADO ORIGINAL	DISCURSO REFERIDO
• ¿Me compras el periódico? • ¿Puedes comprarme el periódico? • Cómprame el periódico, por favor. • Necesito que me compres el periódico. • ¿Te importaría comprarme el periódico?	➡ Me pidió **que** le **comprara** el periódico.

En los textos periodísticos y literarios, para introducir las palabras de otra persona, se usan diferentes verbos para evitar la repetición de **decir**.

exponer	**precisar**	**manifestar**
afirmar	**declarar**	**destacar**
insistir	**expresar**	**negar**
aclarar	**rechazar**	**asegurar**

- *El director de Flinex afirmó que su empresa había obtenido unos resultados excelentes.*

! Numerosos elementos deben cambiar cuando el contexto espacio-temporal es diferente al del momento en el que se dijo el texto original.

- **Venid** sobre las nueve y media.
  ➡ Nos pidió que **fuéramos** sobre las nueve y media.
- **Traed** algo para beber. Yo pondré el postre.
  ➡ Nos pidió que **lleváramos** bebida, que él pondría el postre.
- ¿Te gusta vivir **aquí**?
  ➡ Le preguntó si le gustaba vivir **allí**.

COLOCACIÓN DE LOS ADJETIVOS

Los adjetivos pueden colocarse antes o después del sustantivo. Cuando aparecen después, tienen una función especificativa, es decir, sirven para diferenciar un sustantivo de otro.

- *La condesa llevaba una falda **negra**.*
  (= no llevaba una falda roja ni blanca...)

En un registro culto, es frecuente colocar adjetivos calificativos antes del sustantivo.

un excelente gol de Raúl
el exquisito gusto de la diseñadora venezolana
su impresionante fuerza en el escenario

! Algunos adjetivos no pueden colocarse antes de un sustantivo.

un diccionario **bilingüe** ~~un **bilingüe** diccionario~~
(nos referimos a un tipo de diccionario)
el agua **mineral** ~~la **mineral** agua~~
(nos referimos a un tipo de agua)

Los adjetivos que indican origen o procedencia tampoco pueden anteponerse al sustantivo.

un escritor **español** ~~un **español** escritor~~
el queso **manchego** ~~el **manchego** queso~~

Algunos adjetivos tienen significados distintos según se coloquen antes o después del sustantivo.

*el **pobre** hombre* (= desgraciado)
*el hombre **pobre*** (= sin dinero)
*una **buena** amiga* (= muy amiga)
*una amiga **buena*** (= buena persona)

un gran queso

! Algunos adjetivos cambian de forma según su posición con respecto al sustantivo:

ANTES	DESPUÉS
buen	**bueno**
gran	**grande**
mal	**malo**
cualquier	**cualquiera**

un queso grande

7. ¡QUÉ EXPERIENCIA!

CD 7 **A.** Escucha la conversación en la que Natalia cuenta su experiencia en la última maratón a la que se apuntó. ¿Crees que va a guardar un buen recuerdo de la experiencia?

"¡Menuda maratón! Se habían apuntado unas 10 000 personas..."

B. En grupos de cuatro, vais a inventar una historia con un mínimo de doce frases. Escoged cinco de los elementos que aparecen en las cajas de color naranja y, en cadena, continuad la historia añadiendo una frase a la que haya dicho el compañero anterior. Podéis usar también los elementos de la ficha que aparece más abajo.

helicóptero | cocodrilo escapado del zoo | bomberos | araña gigante | *camping* | vagón de metro | pánico | paracaídas | coches colgando | extraño objeto volador | un zapato | móviles sin cobertura | bufanda amarilla | humo de diferentes colores | ambulancia | colapso en internet | hielo en las calles | un calendario | un parque | rotura de un puente | barcos desde el río | bicicleta de color rosa

- -justo en ese momento
- -iba a + Infinitivo
- -estaba a punto de..., y entonces
- -cuando + Indefinido/Imperfecto

• Iba un día tranquilamente por el parque cerca de casa y vi algo de color verde que se movía entre las ramas... creía que era un niño pero me acerqué y, justo en ese momento...

8. EVENTOS

A. ¿Hay algún evento al que hayas ido que recuerdes por alguna razón? ¿Podrías relatarlo como una crónica? El siguiente cuadro te puede ayudar.

Un partido Una boda Un concierto Una manifestación Una fiesta ...	**Cuándo**: fecha, época del año... **Dónde**: detalles del lugar, los asistentes, la ropa... **Qué pasó**: acontecimientos. **Declaraciones** **Valoraciones** **Conclusión**

B. Cuéntaselo a un compañero, que podrá hacerte preguntas para que la crónica sea lo más completa posible.

• Una vez, cuando tenía doce años vi un incendio en un edificio de mi ciudad, era como un almacén...
○ ¿En qué zona de la ciudad?
• Era cerca del puerto...

9. DECLARACIONES

A. Ayer se vivió una jornada caótica en este aeropuerto debido a una protesta de los controladores aéreos y a una tormenta de nieve. Mira el dibujo, localiza a las siguientes personas y escribe cada número en su lugar correspondiente.

Pilotos	☐	Mozos de pista	☐
Auxiliares de vuelo	☐	Personal de tierra	☐
Personal de limpieza	☐	Camareros	☐
Pasajeros	☐	Periodistas	☐
Controladores aéreos	☐		

B. Estos dos textos hablan de las declaraciones realizadas por algunas de las personas que aparecen en el dibujo. ¿Por quiénes?

"Los .... que se quedaron incomunicados dentro del avión desesperados por la larga espera exigieron que les devolvieran el importe del billete."

"Los .... insistieron en que no les quedaban reservas de comida para tanta gente y pidieron que les llevaran más cajas de bebidas y de comida empaquetada."

C. En parejas, escribid en un papel cinco textos como los anteriores que refieran lo que pudieron decir personas de diferentes colectivos. ¡No pongáis quién lo dijo! Luego, pasad el papel a otra pareja, que intentará adivinar a quién pertenecen las declaraciones.

Los .... dijeron que ....

D. Ahora, tenéis que transformar vuestros textos, de manera que podáis incluirlos en una crónica que empieza del siguiente modo. Recuerda que debes utilizar los verbos que sirven para introducir las palabras de otras personas.

Caos en el aeropuerto
Ayer se vivió un día nefasto en el aeropuerto...

10. EXCURSIONISTAS PERDIDOS

A. En el apartado **C**, vais a escribir una crónica periodística basada en la información que obtendréis en los apartados **A** y **B**. Leed el siguiente titular y responded a las preguntas que aparecen debajo. Comentad las respuestas en grupos de tres. Podéis utilizar el diccionario si lo necesitáis.

Tres excursionistas perdidos en los Andes

Según algunos rumores, se han encontrado unas extrañas huellas en la nieve que podrían ser de algún animal de grandes dimensiones.

- ¿Has practicado alpinismo alguna vez?
- ¿Has leído/visto alguna noticia sobre algún rescate?
- ¿Qué palabras e información relevante crees que pueden aparecer en una crónica de este tipo?

• ¿Cómo se dice cuando cae mucha nieve de una montaña?
○ Eso es un alud, ¿no?

CD 8-9 **B.** Vas a escuchar a dos personas implicadas en el suceso. Toma notas de los datos relevantes que creas necesario incluir en la crónica.

¿Qué ocurrió?	¿Cuándo?
¿Por qué?	¿En qué circunstancias?

PORTFOLIO **C.** Compara tus notas con las de tus compañeros de grupo. Poneos de acuerdo en la información que queréis contar e inventad un final para el suceso. Luego, escribid la crónica como si fuera a aparecer en un periódico (entre diez y quince líneas).

En la crónica podéis incluir:
- los hechos más relevantes,
- las circunstancias en las que ocurrieron,
- las declaraciones de los implicados,
- valoraciones,
- y una conclusión.

3

En esta unidad vamos a

celebrar una asamblea popular

¿Y TÚ QUÉ OPINAS?

Para ello vamos a aprender:

> a dar nuestra opinión: **creo que** + Indicativo, **no creo que** + Subjuntivo
> a valorar diversas opciones: **es una tontería/impensable...** + Infinitivo/Subjuntivo
> a poner condiciones: **(solo) si/siempre que...**
> a expresar acuerdo o desacuerdo
> a argumentar opiniones
> a aludir a temas o a intervenciones de otros: **eso de...**
> a secuenciar argumentos: **en primer/segundo/... lugar, por último...**
> vocabulario para hablar del ocio y del turismo y de las características de ciudades y pueblos

Benidorm, Alicante (España)

1. VIVIR CON O SIN PRISAS

A. En general, ¿vives con o sin prisas? ¿Te gustaría tener más tiempo para algunas cosas? ¿Para cuáles?

- Me gustaría tener más tiempo para quedar con amigos, o para ir al gimnasio...

B. Aquí tienes una serie de anuncios. ¿Te parece que van dirigidos a personas con un ritmo de vida tranquilo o acelerado? Razónalo.

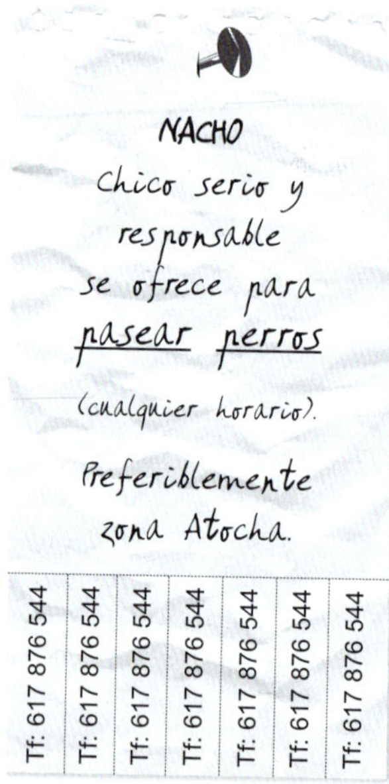

- Este del chico que pasea perros supongo que es para personas que trabajan muchas horas y no tienen tiempo de pasear...

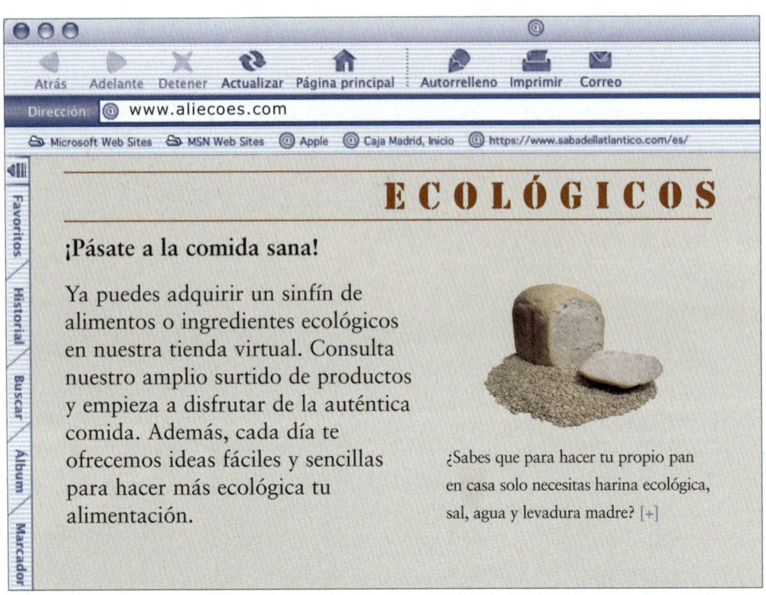

C. Estas son algunas opiniones respecto a los anuncios anteriores. ¿Coincides con alguna de ellas?

1. **Óscar:** Me parece absurdo tener perros y luego no poder disfrutar de ellos. Para eso es mejor no tenerlos.
   María: Precisamente, si trabajas todo el día necesitas tener a alguien que te haga compañía; el caso es organizarse... Y también me parece fabuloso para los estudiantes, que pueden ganar un dinerillo con esas tareas...

2. **Eva:** Eso de comprar productos ecológicos está muy bien; pero claro, son mucho más caros que los normales.

3. **Javi:** Yo creo que si trabajas y además tienes hijos, no puedes dedicarte a muchas cosas más.
   Susana: Pues yo estoy convencida de que si te organizas puedes hacer muchas cosas. Hay que aprender a delegar: no podemos pretender hacerlo todo nosotros mismos, ¿no?

4. **Ernesto:** Estoy totalmente en contra de la comida rápida: yo cerraría todos los restaurantes de ese tipo. Es que se está maleducando a la gente en algo tan fundamental como la dieta, y eso no está bien.

5. **José:** A mí lo de la cinta andadora me parece una maravilla. Si es que está claro que se gana mucho tiempo haciéndolo todo en casa.

- Yo creo que Óscar tiene razón: la gente quiere tenerlo todo y luego no se responsabiliza.

2. RITMOS DE VIDA

A. En estas entrevistas, dos personas exponen sus opiniones sobre qué hacer con nuestro tiempo. La mitad de la clase leerá el texto de la izquierda y la otra mitad, el de la derecha. ¿Cuáles son las ideas principales de las entrevistas?

GANAR AL TIEMPO

ÚLTIMO LIBRO DE PILAR CASTILLARES

La psiquiatra Pilar Castillares nos ofrece algunas claves para adaptarse mejor al mundo actual.

E- Parece que la angustia es el mal de nuestro tiempo, ¿cuál cree que es su causa?

PL- Bueno, la respuesta no es fácil. Es cierto que adaptarse al ritmo de vida actual puede producir un cierto estrés, pero yo opino que para ser feliz hay que intentarlo. La clave del éxito de la especie humana ha sido su capacidad para adaptarse al entorno. Desde la revolución industrial, las máquinas se encargan de los trabajos pesados y nos permiten ocupar nuestro tiempo en actividades que nos hacen sentir realizados. El ser humano es por naturaleza activo, de ahí el progreso de la humanidad. Está claro que buena parte de la satisfacción que logramos proviene de nuestros logros, de lo que conseguimos hacer.

E- En su libro *Ganar al tiempo* es muy crítica con ciertos comportamientos actuales que persiguen alcanzar el bienestar espiritual.

PL- Sí, estoy totalmente en contra de cierto tipo de espiritualidad y de palabrería que anima a la gente a dedicarse a la contemplación y a conseguir la paz de espíritu. Esto los conduce a un callejón sin salida que, finalmente, les va a producir mucha más insatisfacción. El individualismo autocontemplativo solamente nos lleva al aburrimiento. Las clases de taichi, los masajes, el yoga, la meditación, la alimentación macrobiótica... son, en cierta manera, propuestas antievolutivas. En mi opinión, y lo digo de forma clara y abierta, este tipo de actividades constituyen un gran negocio con el que muchos solo pretenden enriquecerse. ¿Qué hay de malo en dedicarse al trabajo, y rendir en él, si ser productivos hace que nos sintamos bien y mejor valorados?

E- Entonces, ¿cómo vivir feliz en estos tiempos difíciles?

PC- Yo defiendo que debemos aprovechar el tiempo, explorar nuevas dedicaciones: aprender a tocar un instrumento, aprender lenguas, practicar algún deporte en equipo; a poder ser, dedicarnos a algo social que nos una a los demás, no que nos aísle a un gueto particular. Aprender, vivir con intensidad, aprovechar el tiempo y la vida. Eso, aunque suene paradójico, es lo natural y lo que corresponde a la época en la que vivimos.

RECUPERAR EL SENTIDO DEL TIEMPO

Entrevista a Pablo Cepeda, autor del libro *La armonía de la vida*.

E- *Tu último libro ha tenido muy buena acogida, ¿a qué crees que se debe?*

PC- Tengo la sensación de que la angustia por la falta de tiempo se ha convertido en la enfermedad de nuestros días y hay muchas personas que buscan una salida.

E- *¿Cómo hemos llegado a esta situación?*

PC- Creo que nos hemos alejado de la naturaleza, que hemos perdido la noción del tiempo. Fue la revolución industrial la que nos trajo la velocidad de la urbe y cambió radicalmente nuestro ritmo de vida.

E- *¿Tenemos una alternativa al ritmo de vida actual?*

PC- Creo que sí. En realidad, la actividad frenética produce un placer efímero que no da sentido a la vida. En mi opinión, el verdadero sentido se encuentra en la paz del espíritu, en la armonía con uno mismo y con el entorno en el que vive. Creo que solo podemos lograr ese equilibrio si dedicamos más tiempo a cuidarnos y a escuchar nuestro interior.

E- *¿Qué podemos hacer para lograrlo?*

PC- Ante todo, llevar una vida más saludable en la que disfrutemos de las pequeñas cosas, que, al final, son las más importantes. Se trata de hacer cosas tan sencillas como dar paseos por la orilla del mar, comer alimentos que aporten salud a nuestro cuerpo y tomarnos nuestro tiempo para saborearlos, practicar yoga y meditación para aliviar las presiones diarias, aprender nuevos hábitos de respiración, dar y recibir masajes... En definitiva, pienso que de lo que se trata es de buscar el contacto con la naturaleza y con el ser natural, no contaminado, que todos llevamos dentro.

B. Haz un resumen del texto que has leído a un compañero que haya leído el otro. Coméntale las principales ideas expuestas en la entrevista.

C. Buscad tres ideas de los textos con las que estéis de acuerdo los dos. ¿Podéis añadir argumentos para reforzar cada una de ellas?

- A mí me parece muy bien lo de hacer yoga. Yo lo he practicado y eso no significa que te tengas que aislar del mundo.

3. OPINIONES

A. Cristóbal (un hombre muy idealista, romántico y de talante positivo) y Mauricio (un hombre muy realista, práctico y de talante crítico) tienen opiniones muy distintas sobre muchos temas. ¿A quién crees que corresponden las siguientes opiniones? Márcalo con una C (Cristóbal) o con una M (Mauricio).

▶ 1

[C] **Lo que yo creo es que** la juventud cada vez **tiene** valores más sociales.

[M] **No creo que** los jóvenes de ahora **sean** tan solidarios como los de antes.

▶ 2

[C] **Es evidente que** el nivel educativo **está mejorando**, los profesores están cada vez más preparados.

[M] Los niños de ahora no se esfuerzan, **no es cierto que** ahora **sepan** más que en mis tiempos.

▶ 3

[M] **A mí me parece que** en la televisión solo **ponen** tonterías.

[C] **A mí no me parece que** la televisión **esté** tan mal, hay documentales muy buenos, por ejemplo.

▶ 4

[C] **Me parece muy bien que** cada vez **haya** más zonas peatonales.

[M] **Me parece fatal** lo de **que no se pueda** usar el coche en el centro.

▶ 5

[M] **Es un escándalo que** los futbolistas **cobren** esas primas.

[C] **Es fabuloso poder disfrutar** de partidos de fútbol de tanto nivel.

▶ 6

[M] **Es una ruina tener que pagar** tantos impuestos.

[C] **Me parece perfecto tener** servicios públicos de calidad.

B. A partir de las opiniones anteriores, discute con un compañero cuándo usamos Indicativo, Subjuntivo o Infinitivo.

C. Ahora, piensa en la ciudad donde estás estudiando español y completa con tu opinión.

Me parece fatal que

....

Estoy totalmente en contra de que

Bielefeld sea una ciudad aburrida

Creo que

....

No me parece muy adecuado que

....

Es una vergüenza que

....

No es cierto que

....

4. ¿NEGOCIAMOS?

CD 10 **A.** A varias personas que trabajan en la misma empresa se les ha planteado la posibilidad de dejar de trabajar en horario partido (de 9 a 14 h y de 16 a 19 h) para pasar a trabajar en horario flexible. Escucha la conversación. ¿Cuál es la postura de la mayoría? ¿Qué ventajas e inconvenientes le encuentran a cada opción?

B. Escucha de nuevo y fíjate en los recursos que usan las personas para tomar el turno de palabra. Anota algunos de ellos.

____

____

____

____

____

5. CON CONDICIONES

A. Tras una larga negociación sobre condiciones de trabajo, el comité de trabajadores de una empresa ha establecido algunas condiciones. Lee la lista y observa las estructuras que usan.

- Aceptaremos el traslado al nuevo edificio **solo si** nos **pagan** el transporte.
- Firmaremos el nuevo convenio **siempre que** la empresa **se comprometa** a revisar los salarios anualmente.
- Haremos el curso de informática avanzada que propone la dirección **a condición de que** no **se haga** durante el fin de semana.
- Nos negamos a trabajar los sábados por la mañana, **a no ser que** la empresa lo **compense** con algún día libre entre semana.
- **Renunciaríamos** al bonus de comidas **solo en el caso de que** la empresa **instalara** un restaurante autoservicio y cubriera los gastos de los menús de los trabajadores.

B. Relaciona las siguientes frases con su posible final.

Haremos guardias de noche **si**...	...nos pagaran un suplemento.
Haremos guardias de noche **siempre que**...	...nos pagan un suplemento.
Haríamos guardias de noche **solo en el caso de que**...	...nos paguen un suplemento.
Asistiremos al congreso solo si...	... nos cubran todos los gastos.
Asistiríamos al congreso si...	... nos cubrieran todos los gastos.
No **asistiremos** al congreso **a no ser que**...	... nos cubren todos los gastos.

6. EN ESO NO ESTOY DE ACUERDO

A. En parejas, cada uno lee por turnos alguna de las siguientes opiniones. El compañero tiene que reaccionar con su propia opinión.

Agosto es el mejor mes del año para irse de vacaciones.

Como se suele decir: el dinero no da la felicidad, pero ayuda.

Yo creo que las compañías aéreas deberían devolverte el dinero si el avión sale con mucho retraso.

A mí me parece que internet ha complicado mucho nuestras vidas.

¡Ya está bien de multas! Deberían hacer al revés: a los que conducimos bien tendrían que darnos dinero o una bonificación al final del año.

En mi opinión, el cine europeo es el mejor.

ESO...

- -Yo **eso** no lo veo así...
- -En **eso** no estoy de acuerdo...
- -**Eso** está claro...
- -**Eso** (que dices) es una tontería...
- -**Eso** es verdad...
- -**Eso** seguro...
- -Yo, en **eso**, sí que estoy de acuerdo...

B. Escribe dos opiniones más. Luego, léeselas a un compañero para que reaccione.

1. ....
....

2. ....
....

OPINAR Y REACCIONAR ANTE OPINIONES

Cuando afirmamos la veracidad de algo, el verbo de la oración subordinada va en Indicativo.

(Yo) **Creo**
(Yo) **Pienso**
(Yo) **Considero**
(A mí) **Me parece**
Está claro
Es cierto
que esa ley **es** necesaria.

Pero cuando cuestionamos la veracidad de algo, el verbo de la oración subordinada va en Subjuntivo.

(Yo) **No creo**
(Yo) **No pienso**
(Yo) **Dudo**
(Yo) **No considero**
(A mí) **No me parece**
No está claro
que esa ley **sea** necesaria.

! En algunas ocasiones, no usamos el Subjuntivo en las preguntas sobre el punto de vista del interlocutor.

- ¿No te parece que me **queda** bien? (= yo creo que sí me queda bien y pido confirmación)
- ¿No está claro que **ha sido** él? (= yo pienso que sí ha sido él y pido confirmación)

VALORAR

Cuando valoramos una situación general que afecta a todos, incluido el que emite la opinión en la oración principal, en la oración subordinada se emplea un Infinitivo.

- Me parece mal **tener** que trabajar de noche.
  (a mí — todo el mundo)
- **A Marisa** le parece mal **tener que trabajar** de noche.
  (a ella — ella)

Cuando valoramos una situación que afecta a otra u otras personas diferentes del hablante, en la oración subordinada se usa el Subjuntivo.

- **A Marisa** le parece mal que su marido **trabaje** de noche.
  (a ella — él)

ALUDIR A TEMAS O A OPINIONES: ESO (DE)

Usamos las formas neutras **eso (de)** para presentar una situación o un hecho ya conocidos.

- **Eso de que** vayan a prohibir el aparcamiento, no es cierto.
  (ya se ha dicho que van a prohibir el aparcamiento)
- En **eso de** ir tan temprano, no estoy de acuerdo.

Para aludir a lo que alguien ha dicho.

- El arte contemporáneo no tiene ningún interés.
- ❍ **Eso** me parece una tontería.

- Yo creo que es mejor que se lo digamos abiertamente.
- ❍ En **eso** no estoy de acuerdo. Se lo tomará mal.

GESTIONAR LOS TURNOS DE HABLA

CEDER EL TURNO A OTRA PERSONA

Para dar la entrada en una conversación a otra persona disponemos de diferentes recursos.

- **¿Tú qué opinas**, Néstor?
- **Y a ti**, Néstor, **¿qué te parece** todo esto?
- **¿Les** (a ustedes) **parece bien** esta propuesta?
- **¿Tú cómo lo ves?**
- **¿Cómo veis** lo que ha planteado Pedro?
- **¿Qué piensan/opinan** (ustedes) **sobre** esto?
- **¿Y tú? ¿Estás de acuerdo?**

INICIAR UN TURNO DE HABLA

Es frecuente iniciar una intervención con alguna de las siguientes expresiones.

- **Yo quiero/querría decir una cosa**
- **Me gustaría añadir algo**
- **Tengo algo que añadir**
- **Yo tengo una propuesta**
- **En relación a eso que has dicho**
- **Respecto a eso que acabas de decir**

\+ OPINIÓN

! En general, las expresiones anteriores van acompañadas de un tono de voz resuelto (más alto, más rápido...) y de algún gesto de entrada a la discusión.

En español, cuando se discute, es frecuente "robar el turno" al interlocutor, es decir, interrumpirlo antes de que finalice su intervención. Generalmente, esto no se considera descortés.

- Pues yo creo que deberíamos hablar con ellos y...
- ❍ Nada, nada... Lo que hay que hacer es conseguir un abogado y ya está.

HACER PROPUESTAS

INFINITIVO
- **Yo lo que propongo es empezar** antes.
  (yo todo el mundo)

SUBJUNTIVO
- **Lo que propongo es que** los contables **lleguen** antes.
  (yo ellos)

PONER CONDICIONES PARA NEGOCIAR

• Iré a la cena	**(solo) si**	+ INDICATIVO me **invitan**.
• Iré a la cena	**siempre y cuando** **siempre que** **solo en el caso de que** **a condición de que**	+ SUBJUNTIVO me **inviten**.

ORGANIZADORES DE LA ARGUMENTACIÓN Y CONECTORES

INTRODUCIR UNA OPINIÓN PERSONAL

En mi opinión,
Para mí,
Tal como lo veo yo,
Estoy convencido de que,
su propuesta nos conviene.

! En ocasiones, podemos invertir el orden en el modo de dar las opiniones.

- Esa propuesta es una injusticia, **tal como lo veo yo.** / **para mí.** / **estoy convencido/a.** / **en mi opinión.**

DAR UNA INFORMACIÓN SIN RESPONSABILIZARNOS DE SU VERACIDAD

Según dicen,
Dicen que,
Según parece,
He oído que
van a empezar las obras en la Gran vía.

AÑADIR ARGUMENTOS O INSISTIR EN UN ASPECTO DE NUESTRA ARGUMENTACIÓN

En el fondo,
La verdad es que
Lo cierto es que
A fin de cuentas,
nadie quería esa solución.

AÑADIR UNA NUEVA INFORMACIÓN NEGATIVA

Y para colmo
Y encima
Y por si fuera poco
Y lo que faltaba,
cortaron el tráfico en la calle principal.

PARA RESUMIR Y CONCLUIR

En resumen,
Total, que
En fin, que
decidieron no comprar la casa.

ORDENAR LA INFORMACIÓN

En primer lugar, **Por un lado,** **Por una parte,**	el espacio disponible es insuficiente para realizar la instalación de un ascensor.
En segundo lugar, **Por otro (lado),** **Por otra (parte),**	la comunidad de vecinos no podría asumir el gasto de un nuevo ascensor.
(Y) por último, **Y además,**	la mayoría de vecinos no lo ven necesario.

RESPALDAR/RECHAZAR UNA PROPUESTA

Yo suscribo/apoyo/respaldo vuestra propuesta.
Yo estoy a favor de lo que ha propuesto el alcalde.
Yo lo veo como tú.

Yo no suscribo/apoyo/respaldo vuestra propuesta.
Yo estoy en contra de/no estoy a favor de lo que ha propuesto el alcalde.
Yo no lo veo como tú.

7. DEFENDER OPINIONES

En grupos de cuatro, vais a hacer una cadena de opiniones. Cada uno de vosotros tiene que expresar una de las opiniones de la lista. Los demás tienen que reaccionar mostrando acuerdo o desacuerdo. No vale repetir el tipo de respuesta.

La piratería es un delito, deberíamos comprar todo original.

Deberían subir el precio del agua, la gente no la valora. Seguro que consumiríamos mucho menos.

Deberíamos impulsar el teletrabajo; perdemos un montón de horas y de energía desplazándonos al lugar de trabajo.

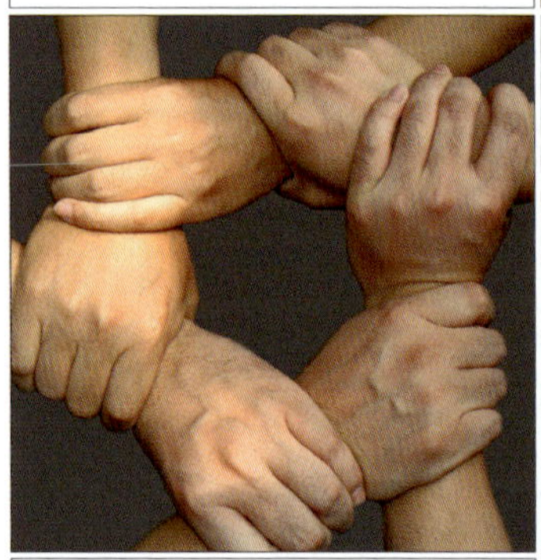

Estaría bien que hubiera más redes de intercambio, de ropa, de libros, de CD, etc.

Los videojuegos son cada vez más violentos, habría que prohibirlos.

Habría que recuperar la idea del esperanto, una lengua común para todos haría la convivencia mucho más fácil.

- Deberíamos impulsar el teletrabajo; perdemos un montón de horas y de energía desplazándonos al lugar de trabajo.
- Pues a mí no me parece buena idea, necesitamos relacionarnos con los demás.
- Yo tampoco lo veo claro...

8. SOLO SI ME LO CUIDAS

Piensa en una o dos cosas a las que les tengas un aprecio especial. Luego, tú y tus compañeros se las diréis al profesor, que las anotará en la pizarra junto con el nombre del propietario. Cada uno podrá escoger un objeto que le interese y pedírselo a su dueño. Este se lo dejará, pero poniendo condiciones.

...si...
...solo si...
...solo si me prometes que...
...solo con la condición de que...
...a cambio de que...

- A mí me interesa el portátil de Carol. ¿Me lo dejas para el fin de semana?
- Vale, pero con la condición de que lo cuides muy bien.

9. TURISMO ANTIPRISAS

A. ¿Has oído hablar de algún movimiento por una vida más tranquila? ¿Cuál? ¿Qué crees que proponen?

B. Lee el texto sobre una asociación que fomenta el turismo antiprisas. ¿Te parece una buena idea? ¿Te gustaría que tu pueblo o tu ciudad formara parte de esta asociación?

TURISMO ANTIPRISAS
EL MODELO DEL SIGLO XXI

Cittaslow extiende su filosofía y se organiza en torno a una aspiración compartida: turismo de calidad para disfrutar de la buena vida

Este movimiento internacional, creado en Italia en 1986, cuenta actualmente con miles de socios en todo el mundo. Su objetivo es la preservación de lugares auténticos y tranquilos a los que poder ir de vacaciones. El movimiento agrupa actualmente alrededor de 60 ciudades en diversos continentes y hay 30 más en lista de espera. Las ciudades aspirantes, que deben tener menos de 50 000 habitantes, deben demostrar que cumplen los requisitos necesarios para sumarse al movimiento. La asociación cuenta con su propio manifiesto y, a través de su fundación, organiza programas educativos, apoya a los productores "tranquilos" y promociona los lugares turísticos que se adscriben al movimiento.

¿Qué convierte a una población en tranquila?

Esta filosofía se rige por unos 50 principios fundamentales, que pueden resumirse en siete:

- **cuidado del medioambiente:** la conservación de los paisajes que rodean al pueblo y la prohibición de la circulación de coches;
- **un urbanismo de calidad:** amplias zonas ajardinadas, plazas que inviten al contacto entre las personas y bancos para sentarse en todas las calles;
- **el disfrute de la buena mesa:** la recuperación de las recetas tradicionales elaboradas con productos de temporada, producidos en la zona;
- **la protección de la economía local y del pequeño comercio:** agricultura ecológica, pesca y artesanía local;
- **el principio de hospitalidad:** convivencia con los habitantes del pueblo en un ambiente en el que reine la cordialidad;
- **uso de nuevas tecnologías:** internet como un aliado, al servicio del ciudadano;
- **recuperación de las tradiciones:** oficios artesanales, música, relatos y leyendas de los abuelos.

Los que piensen que lo tranquilo está reñido con lo rentable se equivocan. La ciudad italiana de Bra, cuna del movimiento, tiene una tasa de paro del 5% (la mitad que la media del país) y un crecimiento del producto bruto de un 15% al año.

10. UN PUEBLO TRANQUILO

A. Aquí tienes una noticia imaginaria sobre Roquedal, un pueblo que quiere adscribirse a un movimiento similar al de Cittaslow. Lee el texto y observa la foto. ¿Te gustaría pasar unas vacaciones en un pueblo de este tipo?

ROQUEDAL DE LA COSTA: ¿UN PUEBLO TRANQUILO?

Roquedal de la Costa es un pueblo con encanto y es la primera población española que ha solicitado la adhesión Tranquitur (TQT), el primer movimiento español de turismo antiprisas.

Con unos 8000 habitantes, rodeado de costa y playas de arena fina, Roquedal de la Costa es ya un lugar de vacaciones muy recomendable. Por sus estrechas y empinadas calles de piedra se desperdigan pequeños comercios que ofrecen artesanía y productos locales como la miel de romero o las aceitunas negras. En la plaza de la iglesia, desde donde se divisa la hermosa bahía en la que está situada, se organizan conciertos de música clásica en verano, y en el puerto, al que llegan las barcas al atardecer, se pueden saborear las anchoas recién pescadas y cocinadas a la brasa con vino blanco de la zona. ¡Todo un lujo de sabores!

Sin duda, su adscripción a TQT será una buena noticia y una garantía de que el pueblo podrá conservarse como uno de los pocos paraísos mediterráneos que no ha sucumbido a la tentación del dinero fácil y de la construcción descontrolada. Como reza el lema de la asociación: "La cuestión no es ralentizar el mundo entero, sino que cada lugar tenga la velocidad adecuada"; y la de Roquedal es plácidamente tranquila.

CD 11 **B.** Escucha la información sobre la asamblea en la radio local. Anota los datos relevantes: ¿cuándo se celebrará? ¿Quiénes asistirán? ¿Cuáles son los dos grupos más enfrentados? ¿Qué argumentos exponen?

11. LA ASAMBLEA

A. Estas son algunas de las personas que viven en Roquedal y que asisten a la asamblea. ¿Quiénes crees que se posicionarán a favor y quiénes en contra? ¿Quiénes estarán indecisos? ¿Por qué? Tened en cuenta el folleto informativo repartido al comienzo de la asamblea.

- **Marta,** la dueña de la discoteca del pueblo.
- **Paco,** propietario de un chiringuito de hamburguesas en la playa. Trabaja cuatro meses en verano.
- **Algunos pescadores** que venden el pescado en el puerto.
- **Antonio,** un pastor de ovejas que elabora queso artesanal.
- **Joaquín,** el maestro del pueblo.
- **Lorena,** una joven de 18 años que suele ir a divertirse a la ciudad más próxima los fines de semana.
- **Begoña,** de 23 años, miembro de la asociación ecologista.
- **Roque,** el dueño de un taller de reparación de coches y motos.
- **Pascual,** un jubilado al que le aturde la vida moderna.
- **Algunos agricultores** de producción intensiva.
- El matrimonio **Cepeda**, dueños de una inmobiliaria.

Para formar parte de la asociación Tranquitur deben cumplirse todas las condiciones obligatorias y seis de las recomendaciones

CONDICIONES OBLIGATORIAS

* Pueblo peatonal: solo bicicletas y patines.
* Medioambiente: recogida selectiva de basuras, paneles de energía solar.
* Conexión a Internet en todos los lugares públicos.
* Límite de altura de nuevos edificios: dos plantas.
* Agricultura biológica.
* Gastronomía tradicional.

RECOMENDACIONES

* Prohibición de fumar en todo el pueblo.
* Solo música en directo y tradicional.
* Supermercados, no. Solo mercado y pequeños comercios.
* Uso de materiales naturales (piedra en las calles, madera en las ventanas, bolsas de la compra de esparto...).
* Potenciación del consumo de alimentos de temporada y de producción local tanto en restaurantes como en casas particulares.
* Promoción del alojamiento en casas particulares y de la convivencia de los turistas con las familias del pueblo.
* Organización de cursos y talleres para recuperar la artesanía local: alfarería, bolillos, repostería...
* Cierre de los bares a partir de las doce de la noche.
* Uso de la ropa tradicional durante las fiestas del pueblo.

B. Entre todos, decidid como cuál de esas personas actuará cada uno de vosotros en la asamblea. Formad grupos con las personas que van a defender la misma postura (a favor, en contra e indecisos) y preparad vuestros argumentos.

C. Celebrad la asamblea y votad al final de ella. ¿Va a ser Roquedal un pueblo tranquilo? ¿Qué recomendaciones cumpliréis?

- *Pues en primer lugar, la ventaja que veo es que pertenecer a un movimiento así promocionará nuestro pueblo...*

PORTFOLIO **D.** Escribid el acta de la asamblea, que recogerá los principales acuerdos a los que habéis llegado.

4 SE VALORARÁ LA EXPERIENCIA

En esta unidad vamos a

establecer las condiciones para una convocatoria

Para ello vamos a aprender:

> usos de **se** en oraciones impersonales: **se valorará...**
> construcciones relativas: **quienes, aquellos que, todo aquel que, el/la/los/las que...**
> a expresar condiciones: **es imprescindible** + Infinitivo/ **que** + Subjuntivo
> usos de las oraciones pasivas > el Pretérito Perfecto de Subjuntivo
> a establecer condiciones y requisitos > usos del Infinitivo Compuesto
> algunas diferencias entre la lengua oral y la escrita
> **únicamente, exclusivamente, necesariamente**
> vocabulario del ámbito de las convocatorias y del arte

1. UNA EXPOSICIÓN

A. Lee esta información sobre la inauguración de un nuevo museo en España. ¿Te gustaría visitarlo? ¿Existen museos de este tipo en tu ciudad o en tu región?

CASTILLA Y LEÓN ESTRENA EL MUSAC, UN MUSEO DE HOY QUE MIRA AL FUTURO

LEÓN.-
Los Príncipes de Asturias han inaugurado el Museo de Arte Contemporáneo de Castilla y León (MUSAC), un espacio dedicado a la creación artística más experimental y que, desde el presente, quiere fijar su mirada en el futuro.
Tres años de obras y más de 33 millones de euros han sido necesarios para levantar este moderno edificio de cristal, hormigón blanco y vigas de hierro que, en una superficie expositiva de 3400 metros cuadrados, mostrará a partir de mañana una de las colecciones de arte más vanguardistas de España.

[...]

Mucho color

[...]

Un edificio construido en la zona más moderna de la ciudad de León y cuya fachada principal llama la atención por la variedad de colores -37- que lucen los cristales que la cubren. Este mosaico multicolor está inspirado en una de las vidrieras más antiguas (siglo XIII) de la catedral de León, "El Halconero", con escenas de una cacería.
Tal derroche de color -más de 500 vigas de hierro sujetan los 3351 vidrios que conforman los muros externos del edificio- contrasta con el blanco ascético del hormigón con el que está hecho el interior, iluminado por luz natural en muchas de sus dependencias.

[...]

Nutrido fondo de obras

Más de 900 obras de 154 artistas, adquiridas en los últimos años en galerías y ferias de arte de ámbito y prestigio internacional, compras en las que la Junta de Castilla y León, impulsora de esta iniciativa cultural, ha invertido dos millones de euros anuales desde 2002, constituyen hoy, en el momento de su apertura, los fondos del MUSAC.

CARLOS MÍNGUEZ (EFE)

Una colección pendiente en exclusiva de la creación más actual, con un punto de partida, los últimos años del siglo pasado, y obras de artistas castellano-leoneses, del resto de España y de muchos otros países. Una colección que nace como referente imprescindible para la comprensión del arte de los últimos años.

[...]

"Que la gente pierda el miedo hacia el arte contemporáneo". Este es el deseo del director del MUSAC, Rafael Doctor Roncero, un deseo que este joven castellano-manchego compartió hoy con los Príncipes durante su recorrido por el museo.

'Emergencias' inaugura el museo

El MUSAC abrirá este sábado por la tarde sus puertas al público con la primera de una serie de exposiciones que, en los próximos años, persiguen mostrar todos sus fondos. "Emergencias" es su título.
Una exposición con obras de 55 artistas y que quiere hacer reflexionar sobre los problemas más acuciantes del hombre de hoy: la destrucción del medio ambiente, los conflictos armados, la marginación, la pobreza...
Otra de las obras expuestas que vieron los Príncipes es una instalación de medidas variables, que ocupa toda una sala del nuevo museo, titulada "United Nations-Miniature", del artista Thomas Hirschhorn, que ha querido denunciar con ella todos los conflictos bélicos -Irak, Afganistán, los Balcanes,...- que han asolado extensas zonas del planeta en los últimos años.
"Supergas" es otra de las piezas expuestas para el estreno del MUSAC. Una obra que además tiene una utilidad práctica, ya que, como se ha demostrado en una aldea de Tanzania, Morogoro, es capaz de producir la energía (gas) que consume una familia, mediante excrementos humanos o animales.

Fragmentos extraídos de www.elmundo.es. Sábado, 2 de abril de 2005.

CD 12 **B.** Escucha a dos personas que comentan la noticia anterior. ¿De qué aspectos de la información que aparece en el artículo hablan? Márcalo en el texto. ¿Qué opinión tienen esas personas respecto a esos temas?

C. ¿Cuál es tu opinión sobre esos temas? Coméntala con tus compañeros.

• *A mí, la verdad, es que no me parece...*

2. DOS COMISARIAS

A. ¿Sabes cuál es el papel de un comisario en una exposición de arte? Lee esta entrevista realizada a dos comisarias y resume con tus palabras cuál es la función de estas personas en la organización de una exposición.

Los límites entre arte y no-arte

Entrevista con María de Corral y Rosa Martínez

(Fietta Jarque. EL PAÍS.COM 05/03/2005)

Cuando se abran las puertas de la 51ª Bienal de Venecia el próximo 12 de junio, las dos comisarias de esta edición, las españolas María de Corral y Rosa Martínez, habrán cumplido con un difícil encargo: completar las dos exposiciones internacionales en solo nueve meses, partiendo de cero en casi todos sus aspectos.

[...]

PREGUNTA. ¿Qué visión las ha guiado en su proyecto?

R. M. María recibió el encargo de poner el acento más en lo clásico, en una mirada retrospectiva, y yo en una visión del futuro. [...] En mi caso, el criterio ha sido el de buscar [...] artistas que durante los últimos diez años hayan tenido una continuidad en su trabajo y hayan sabido renovarse y superar los clichés estilísticos que los identificaban.

M. de C. En la exposición de la que soy responsable no será desarrollado un solo tema, sino varios, que responden a las preocupaciones actuales: el cuerpo, la violencia, el dominio. También figurará el interés por asuntos que se han tratado en el pasado en el cine, en el vídeo o en la performance, y que ahora se abordan de forma diferente. Tendrán un lugar también preocupaciones como las surgidas a partir del 11-S o el 11-M, el tsunami [...].

P. En la anterior bienal, la de 2003, usted presentó en el pabellón español la obra de Santiago Sierra (el edificio tapiado en el que se exigía el pasaporte español a los visitantes). Fue una pieza impactante y polémica. ¿En su propuesta para esta bienal hay también riesgo?

R. M. Yo siempre intento que haya riesgo, ir más allá de lo que está establecido. La de Santiago Sierra no fue una propuesta romántica, creo que fue muy radical y él podría encajar en esa idea de ir "un poco más lejos" porque yo quise ir un poco más lejos [...].

P. En ese riesgo que asumirá en la exposición, ¿habrá piezas impactantes para el espectador?

R. M. Creo que el poder del arte está precisamente en [...] que la lectura no sea rápida y fácil, [ni que] el mensaje se capte a la primera, se consuma y se olvide. La lectura del muro sencillo de Sierra tenía mil resonancias: hablaba de las fronteras, de la inmigración, de muchas cosas. Una obra de arte tiene que tener este potencial [...]. Para mí es muy importante el deseo de libertad, el deseo de inclusión de la periferia, entre otras, la de las mujeres, que han estado apartadas de los discursos dominantes durante mucho tiempo.

[...]

P. ¿Cuál es el papel del comisario ante el fin de las tendencias?

R. M. Creo que un comisario es una figura que se puede comparar a un editor, a la de un psicoanalista también y a la de una persona materna que saca lo mejor de ese artista. A un editor, porque tienes la distancia crítica que te permite ver lo mejor de cada creador, e intentas presentar su obra con una coherencia [...] que permite que los espectadores la entiendan también más claramente. A un psicoanalista porque a mí también me interesa mucho el trabajo procesual y el diálogo con los artistas. No parto de obras completas sino que empiezo con un diálogo con el artista para llegar a una conclusión común sobre lo que será mejor para cierta exposición.

M. de C. [...] Yo también, incluso cuando hago exposiciones sobre artistas ya desaparecidos, entro en contacto con la familia, busco a otros artistas que hayan expuesto con ellos y les pido su opinión. [...]. Todo el arte clásico hay que mostrarlo con una visión de nuestro tiempo. De otra manera, la gente no lo va a entender igual. Por eso, no creo que los museos clásicos deban seguir mostrando las piezas de la misma manera que hoy.

P. Lo que sí hay es un cierto retorno a la pintura, así como un auge de los medios tecnológicos.

M. de C. [En mi exposición] Voy a tener de todo.

R. M. Para mí la fotografía y el vídeo son la continuación lógica y tecnológica de la pintura. En el siglo XV, cuando se empezó a hacer pintura al óleo, era un medio propio de la época. ¿Que hoy los artistas no pueden pintar? Sí, sí pueden. [...]. Pero la tecnología ha cambiado. La revolución industrial y la tecnológica han aportado nuevos soportes y nuevos medios y, por tanto, los artistas tienen que utilizarlos también.

M. de C. También pienso que hay una complejidad en nuestro mundo que probablemente hace cien años no existía. [...] el vídeo o la instalación son medios que están más de acuerdo con la complejidad y con la expresión actual de todo el mundo. No puedes estar todo el día con el ordenador, la televisión, el cine y la información que nos llega, y enfrentarte a un lienzo en un caballete como hace siglos [...].

B. ¿Te interesa el arte contemporáneo? En la entrevista se comentan varias cuestiones más o menos polémicas relacionadas con el arte. Localiza en el texto dónde se tratan y resume qué se dice al respecto.

- Los temas y las preocupaciones de los que trata el arte.
- Cómo debe ser el mensaje de la obra de arte.
- Cómo deben ser los museos.
- Los formatos y los materiales utilizados para hacer obras de arte.

3. CANDIDATOS

A. Una empresa de telecomunicaciones española ha puesto en marcha un programa de intercambio con una empresa rusa. Aquí tienes algunos fragmentos de la convocatoria. Debajo aparecen los perfiles de Paula, que ha pasado la selección, y de Roberto, que no lo ha conseguido. ¿Cuál crees que ha sido el motivo?

- El programa va dirigido a personas de edades comprendidas entre 30 y 45 años que no hayan trabajado nunca fuera de España.
- Deberá adjuntarse toda la documentación acreditativa de los cursos y congresos a los que el candidato haya asistido.
- Pasarán a la segunda fase de la selección únicamente aquellas personas que puedan demostrar un nivel medio del idioma del país de destino.
- Las personas que hayan participado en proyectos internacionales tendrán preferencia.
- El programa está dirigido exclusivamente a personas que tengan estudios superiores.

Paula García Lozano
35 años
Nunca ha trabajado en el extranjero.
Es ingeniera de telecomunicaciones.
Nunca ha colaborado en proyectos internacionales.
Habla alemán (A2), inglés (B1) y ruso (B2).
Ha asistido a diez congresos relacionados con la materia.

Roberto Casado López
39 años
Ha participado en un proyecto internacional.
Ha asistido a cinco congresos.
Es ingeniero de telecomunicaciones.
Nunca ha trabajado en el extranjero.
Empezó a estudiar ruso hace tres meses.

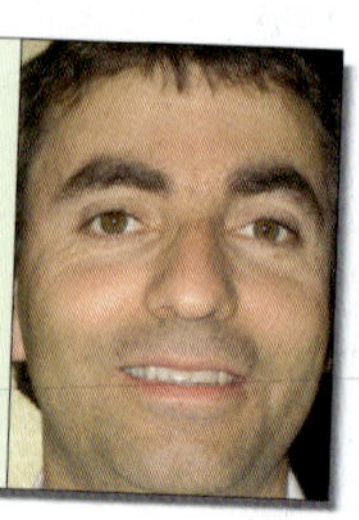

B. En las frases de la convocatoria, aparece el Pretérito Perfecto de Subjuntivo. Subraya los verbos que aparecen en ese tiempo. ¿Entiendes por qué usamos el Presente o el Pretérito Perfecto de Subjuntivo?

C. Según los diferentes textos y las circunstancias de las personas, ¿quién crees que se podría presentar a cada convocatoria?

Bases de un concurso de fotografía

1. "No podrán participar aquellas personas que hayan ganado algún premio en ediciones anteriores."

- Pedro ganó el concurso en 2003. NO
- Lidia nunca se ha presentado a un concurso de este tipo. SÍ

2. "La convocatoria va dirigida a aquellas personas que no hayan publicado nunca sus relatos en soporte papel."

- Sara ha publicado varios relatos en prensa. ☐
- Mercedes nunca ha publicado nada. ☐

Una oferta de trabajo

3. "Pasarán la preselección únicamente quienes hayan trabajado un mínimo de tres años en el sector."

- Diego trabaja en una empresa del sector desde hace cinco años. ☐
- Gonzalo trabajó en una empresa del sector de 1998 a 2002. ☐

4. "No podrán optar al puesto aquellas personas que residan en el país desde hace menos de tres años."

- Carlota vive en el país desde hace cinco años. ☐
- Álex llegó al país el año pasado. ☐

Una convocatoria de becas

5. "Podrán presentarse los estudiantes que estén cursando su último año de Enseñanza Superior."

- Javier está en su último año de estudios superiores. ☐
- Sol acabó sus estudios el año pasado. ☐

6. "Podrán optar únicamente los candidatos que hayan obtenido una nota media superior a 6,30 ."

- Ana tiene una nota media de 8,5. ☐
- Esteban tiene una nota media de 6,10. ☐

4. DIFERENTES FORMAS DE DECIR LO MISMO

A. Una cadena hotelera ha publicado en la prensa un anuncio en el que se ofrecen varias plazas de animador turístico. De los siguientes pares de frases, ¿cuál crees que corresponde a un fragmento del anuncio y cuál a una conversación que han tenido dos personas sobre el mismo?

1. *"No podrán presentarse a concurso **aquellas personas que** no tengan carné de conducir."*
2. *"**Los que** no tengan carné de conducir no van a poder presentarse."*

3. *"**Solo pueden presentarse los que** han acabado el primer curso de animador."*
4. *"**Será requisito indispensable** haber realizado el primer año de animador turístico."*

5. *"**Serán seleccionados únicamente quienes** hayan hecho prácticas en algún establecimiento hotelero."*
6. *"**Tienes que** haber hecho prácticas en algún hotel."*

7. *"**Admitirán** solicitudes solo hasta el 25."*
8. *"**Serán admitidas** únicamente las solicitudes recibidas antes del 3 de febrero del presente año."*

9. *"**Serán considerados méritos** los conocimientos de alemán o francés."*
10. *"**Te dan más puntos** si hablas alemán y francés."*

CD 13 **B.** Escucha la conversación entre dos personas que comentan la convocatoria y comprueba si has acertado.

C. Vuelve al apartado **A** y fíjate en las palabras y en las estructuras destacadas. La elección de unas u otras está determinada por el tipo de texto en el que aparecen. ¿Qué diferencias observas?

PRETÉRITO PERFECTO DE SUBJUNTIVO

	Presente de Subjuntivo de **haber**	+	Participio
(yo)	haya		
(tú)	hayas		
(él/ella/usted)	haya		hablado
(nosotros/nosotras)	hayamos		comido
(vosotros/vosotras)	hayáis		vivido
(ellos/ellas/ustedes)	hayan		

En construcciones que exigen Subjuntivo, usamos este tiempo para referimos a acciones terminadas recientes o vinculadas al presente.

- Es imprescindible que los candidatos **hablen** al menos tres idiomas.
- Es imprescindible que los candidatos **hayan acabado** el primer curso. (= pueden optar las personas que **han acabado** el primer curso.)

- Espero que **tengas** un buen viaje.
- Espero que te lo **hayas pasado** bien.

- No creo que esta foto **se merezca** un premio.
- No creo que le **hayan dado** un premio por esa foto.

- Buscamos personas que **hablen** varios idiomas.
- Buscamos personas que **hayan trabajado** en este sector.

EL INFINITIVO COMPUESTO

Infinitivo de **haber**	+	Participio
haber		**cantado/comido/salido**

Usamos el Infinitivo Compuesto para hablar de hechos terminados anteriores a otro momento dado.

- Para presentarse a aquella oposición, era obligatorio **haber estudiado** una carrera universitaria.
- ¿Para trabajar como médico en un hospital tienes que **haber hecho** una especialidad?
- Los candidatos deberán **haber cursado** sus estudios en alguna universidad europea.

! Muchas veces no es necesario usar el Infinitivo Compuesto, y se prefiere el Simple, porque el contexto u otros elementos del enunciado ya expresan la idea de anterioridad.

- Fue un error **contarle** una mentira.
- Fue un error **haberle contado** una mentira.

- Después de **terminar** el examen, me fui a casa.
- Después de **haber terminado** el examen, me fui a casa.

CONSTRUCCIONES PASIVAS E IMPERSONALES EN FUTURO

En un registro culto (por ejemplo en convocatorias, normativas, programas, etc.) es habitual el uso de oraciones pasivas en Futuro.

SER + PARTICIPIO

- El resultado de las elecciones **será publicado** en el boletín de la empresa.
- La lista con los nombres de los elegidos **será publicada** en el boletín de la empresa.
- Los candidatos **serán convocados** a una entrevista.
- Aquellas personas que no cumplan todos los requisitos no **serán convocadas**.

Recuerda que, en las construcciones pasivas, el Participio concuerda en género y número con el sujeto.

El resultado ... será publicad**o**
La lista ... será publicad**a**
Los nombres ... serán publicad**os**
Aquellas personas ... serán convocad**as**

SE + VERBO EN FUTURO EN 3ª PERSONA

- Se valorar**á** **la experiencia** en este sector.
- Se premiar**án** **obras** inéditas.
- No se admitirá a las personas que no lleven corbata.*

! * Cuando el Objeto Directo se refiere a personas, se usa la forma singular del verbo aunque haga referencia a más de un sujeto.

~~No se admitirán a quienes no lleven corbata.~~

EXPRESAR CONDICIONES INDISPENSABLES

- **Si no** resides en Cartagena, **no** puedes presentarte.
- **Únicamente/solamente** tendrán acceso al recinto los niños acompañados por adultos.
- Uso **exclusivo** para socios.
- **Es imprescindible que** traigáis chándal para las clases de yoga.
- Los candidatos **tendrán que** pasar **necesariamente** cinco pruebas eliminatorias.
- Los candidatos **deberán** aportar toda la documentación antes del 30 de junio del presente año.

USO DE PRONOMBRES RELATIVOS

Existen diferentes construcciones relativas para aludir a personas. La elección de unas u otras dependerá del tipo de texto en el que aparezcan.

EL/LA/LOS/LAS QUE

- **El que** no haya acabado de hacer los deberes no puede salir a jugar.
- De entre todas las candidatas, elegirán a **la que** tenga el mejor currículum.
- **Los que** estén acreditados pueden pasar; **los que** no, diríjanse a la salida, por favor.
- De entre todas las ciudades que se presentaron, seleccionaron a **las que** nunca habían acogido unas olimpiadas.

QUIEN/QUIENES

- La administración pública otorgará ayudas a **quien** lo solicite y demuestre cumplir los requisitos necesarios.
- No podrán presentarse a la prueba final **quienes** no hayan superado la entrevista personal.

AQUEL/AQUELLA/AQUELLOS/AQUELLAS QUE

- **Aquellas personas que** deseen recibir un diploma acreditativo pueden solicitarlo en nuestras oficinas centrales.
- Solamente podrán intervenir en el ensayo general **aquellos que** hayan superado las tres primeras audiciones.
- **Todo aquel que** incumpla la normativa interna del club será sancionado.

! Las construcciones con **quien/quienes** y **aquel/aquella... que** se prefieren en textos formales, orales y escritos, de tipo administrativo, científico, académico, jurídico, etc.

CUALQUIERA/CUALQUIER

Usamos **cualquiera** para referirnos a un individuo indeterminado de un grupo o una categoría. Esta forma puede acompañar a un sustantivo o sustituirlo.

ADJETIVO

- Estoy pensando en presentarme a una oposición **cualquiera** para tener de una vez un trabajo fijo. (no nos referimos a una oposición concreta.)

PRONOMBRE

- A ese concurso puede presentarse **cualquiera**. (= pueden presentarse todas las personas.)

! Observa que ambas formas se utilizan para referirse tanto a sustantivos masculinos como femeninos.

- ¿Qué revista quieres?
- ○ Es igual, pásame **cualquiera/una cualquiera**. (no señalo ninguna revista en particular)

- ¿Qué libro quieres?
- ○ Es igual, pásame **cualquiera/uno cualquiera**. (no señalo ningún libro en particular)

- Esto lo puede hacer **cualquiera**. (= eso lo pueden hacer todas las personas)

Cualquier es la forma apocopada de **cualquiera**. Solo se usa cuando precede a un sustantivo (tanto masculino como femenino).

- La convocatoria va dirigida a **cualquier trabajador** mayor de 25 años.
- Esta tarjeta se puede usar con **cualquier cámara** digital.

5. INTERCAMBIOS

A. Imaginad que vuestra clase va a participar en un programa de intercambio. Un grupo de hablantes nativos de español vendrá a la escuela a daros clases de conversación y vosotros, a cambio, los ayudaréis a practicar vuestro idioma. Tenéis que establecer los criterios para seleccionar a esas personas. ¡Podéis ser muy estrictos si queréis! Tened en cuenta los siguientes aspectos.

- la personalidad,
- el tipo de experiencias,
- sus capacidades,
- las tareas que deberán cumplir, etc.

• Deberían ser personas que sigan la actualidad, ¿no?
○ Sí, y que puedan hablar de temas muy variados...

B. Tenéis que enviar a la agencia que organiza los intercambios vuestras condiciones para admitir a los candidatos para el programa. Lo colgarán en su página web. Podéis usar este tipo de expresiones:

• ***Se aceptará, solamente, a aquellas personas a las que*** ***les guste hablar de temas personales***

• ***Únicamente serán admitidas las personas que***

• ***No seleccionaremos, bajo ningún concepto, a personas que***

• ***Se valorará***

• ***Se seleccionará a aquellas personas que, preferiblemente, hayan***

• ***Será requisito indispensable***

6. IMÁGENES DEL ESPAÑOL

A. ¿Te has fijado alguna vez en las fotos que aparecen en los libros de texto? ¿Cómo son? En grupos, comentad las características que, en vuestra opinión, deben tener las fotografías de los manuales de español. Tomad nota de vuestras conclusiones.

• Para mí, deben ser fotos actuales sobre España o Latinoamérica.
○ Sí, pero deben reflejar cómo vive la gente, ¿no?

B. Imaginad que se ha creado un concurso para elegir buenas fotografías para el aprendizaje del español. Leed las bases y subrayad la información referida a las condiciones que deben reunir las fotos. ¿Coinciden con lo que habéis comentado en el apartado **A**?

III CONCURSO DE FOTOGRAFÍA
EL MUNDO DEL ESPAÑOL
Convoca el Centro de Creación Didáctica.
Sección cultura.

El concurso de fotografía ELE (Español como Lengua Extranjera) es una convocatoria dirigida a estudiantes o profesores de español que pretende incentivar la creatividad en el mundo ELE.

Bases del concurso:

1- Podrán participar todas aquellas personas relacionadas con la enseñanza o el aprendizaje de ELE.
2- Tema: el mundo del español.
3- Se valorarán aquellas imágenes que:
   a) tengan alto valor estético,
   b) presenten una imagen actual y real del mundo del español,
   c) transmitan valores culturales relacionados con el mundo del español,
   d) puedan ser utilizadas en un libro de curso de español para ilustrar algún contenido lingüístico y cultural,
   e) contribuyan a crear interés por conocer mejor la lengua y la cultura hispanas.
4- Premios:
   Primer premio: viaje de un mes (traslados + alojamiento + comidas pagados) por el continente americano.
   Segundo premio: viaje de una semana (traslados + alojamiento + comidas pagados) a Buenos Aires.
5- No se admitirán aquellas fotografías que ya hayan sido publicadas en algún soporte gráfico (revista, periódico...).
6- No podrán optar a los galardones los concursantes que hayan obtenido algún premio en ediciones anteriores de este concurso.

Mercado (México)

Machu Picchu. (Perú)

Espectáculo flamenco. (España)

Isla de San Pedro de Majagua. (Colombia)

Capitolio. La Habana (Cuba)

Comida familiar. (España)

Máscaras de carnaval. (República Dominicana)

Ciudad de las artes y las ciencias. Valencia (España)

La Alhambra. Granada (España)

Bailarines de tango. Buenos Aires (Argentina)

C. En grupos, seleccionad las tres fotos que mejor se ajustan a las condiciones de las bases y que, por tanto, concursarán y tomarán parte en la exposición.

- Esta es muy original, ¿no?
- Sí, además, podría ser buena en la clase para tratar, por ejemplo, las formas, los colores...

D. Ahora, presentad vuestras conclusiones ante la clase justificando vuestra elección.

- Hemos seleccionado la imagen de México porque nos parece buena para hablar de la comida del país o de...

7. UN CONCURSO PARA LA CLASE

A. En grupos, tenéis que escribir las bases (ocho condiciones como máximo) para una de las siguientes convocatorias. Pensad en las condiciones que deberán cumplir los candidatos, las obras presentadas o las tareas que deben realizar, así como en los criterios en los que se basará la selección de las obras y de los candidatos.

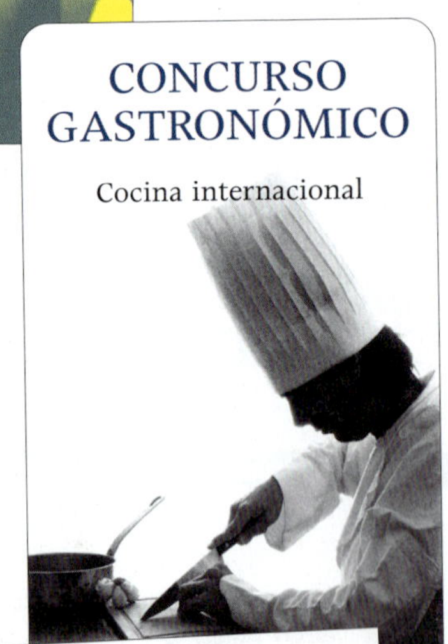

- Tienen que ser disfraces originales y además podrían ser de materiales reciclados, ¿no?
- Vale. Entonces podemos poner: "Se valorará la originalidad de los disfraces".

B. Cuando tengáis preparados los textos, podéis colgarlos en clase.

C. Leed las bases de las diferentes convocatorias. Teniendo en cuenta las condiciones, ¿a qué convocatoria te podrías presentar? ¿Te gustaría hacerlo?

5

LA VIDA ES PURO TEATRO

En esta unidad vamos a

escribir una escena para una obra de teatro

Para ello vamos a aprender:

> marcadores y construcciones temporales: **mientras**, **mientras tanto**, **al** + Infinitivo
> algunas perífrasis verbales: **volver a** + Infinitivo, **seguir** + Gerundio...
> a describir acciones con adjetivos, gerundios y adverbios
> verbos pronominales > a describir los movimientos y la situación de personas y cosas > a describir estados de ánimo
> a hablar de la postura corporal > usos de **poner** y **quedar**
> vocabulario del ámbito del teatro y de actividades cotidianas

1. UNA COMEDIA PORTEÑA

A. Lee el resumen y las tres escenas que aparecen a continuación de la obra *¡Jettatore!*, de Gregorio de Laferrere. ¿Qué crees que significa la palabra "jettatore"? Coméntalo con tus compañeros.

- No lo tengo muy claro, pero creo que significa...

¡JETTATORE!

Don Lucas quiere casarse con Lucía, hija de don Juan y de doña Camila. Lucía y Carlos, su primo, están enamorados. Para convencer a los padres de Lucía de que no permitan que don Lucas se case con su enamorada, Carlos les hace creer que don Lucas es un "jettatore".

ACTO TERCERO

ESCENA 18

PERSONAJES *(por orden de aparición):* ÁNGELA *(la asistenta),* DOÑA CAMILA *(la madre),* DON RUFO *(un amigo de la familia),* PEPITO *(el prometido de* ELVIRA*),* ELVIRA *(la hermana de* LUCÍA*),* CARLOS *(el primo de* LUCÍA*) y* LUCÍA *(la hija de* DOÑA CAMILA*).*

ÁNGELA: *(Por el foro*)* ¡Ahí está el señor don Lucas! *(Hipo)*
DOÑA CAMILA: No... ¡que no entre aquí!
ÁNGELA: No, señora, si tampoco quiere entrar. Está en el escritorio. Me preguntó por el señor, y cuando supo que no estaba pidió hablar con usted.
DOÑA CAMILA: ¿Conmigo? ¡No, no! ¡Conmigo no va a hablar! ¡Dios me libre!
DON RUFO: Pero, comadre, ¿qué es esto?
PEPITO: ¡Que le echen los sirvientes! ¡Que lo maten, si es preciso! ¿Qué tiene que hacer ese miserable en esta casa? *(Caminando de un lado para otro.)*
ELVIRA: ¡Ay, mamá, por Dios!
CARLOS: Calma, Pepito, calma. No hay para qué agitarse. Óigame, tía. Con don Rufo nos encargamos de despedirlo, ¿quiere don Rufo?
DON RUFO: ¡Pero si no entiendo jota de lo que está sucediendo!
CARLOS: Ya le explicaré todo.
DOÑA CAMILA: Hagan lo que quieran; pero lo que es yo no hablo con él.
PEPITO: ¡Tantos miramientos con un simple "jettatore"! ¿Qué sería entonces con un hombre como los demás? *(Carlos saca un llavero.)*
CARLOS: Vamos, don Rufo, toque, toque fierro...
DON RUFO: ¡No, mejor dame un garrote! Vamos... *(Mutis** con carlos, por la izquierda.)*
PEPITO: ¡No debe perderse tiempo! Enseguida que salga, hay que quemar benjuí para que desaparezca la "jettatura" que haya podido quedar en la casa.
ELVIRA: Yo tengo... voy a traer. *(Vase*** por la derecha.)*
PEPITO: Usted prepare un brasero con carbones encendidos, ¡pronto! *(Mutis de angela, por el foro.)*
DOÑA CAMILA: ¡Con tal de que no les pase nada a Carlos y a don Rufo!
LUCÍA: ¡Eso es lo que yo digo!
PEPITO: *(A Leonor, antes de que salga.)* ¡Empápela en agua caliente! *(A Lucía.)* ¡Es preciso que alguien se encargue de echar dos baldes de agua en el zaguán, para que se borren los pasos de la salida del "jettatore"!...
LUCÍA: ¡Le diré a la cocinera! *(Vase por la derecha.)*
DOÑA CAMILA: ¿Qué más necesita?
PEPITO: ¿Tiene tiza en polvo?
DOÑA CAMILA: No sé...
PEPITO: ¿Y nuez moscada?
DOÑA CAMILA: Voy a ver. *(Vase por la derecha.)*
PEPITO: Nuez moscada... tiza en polvo... ¡Caramba!, y me olvidaba de lo principal. *(Vase corriendo por el foro.)*

ESCENA 19

Entra Elvira por la derecha, con un paquete en las manos y sale por el foro. Entra Leonor por la derecha, con una toalla y sale por la izquierda. Entra Lucía por el foro y sale por la derecha. Entra doña Camila por la derecha llevando varios paquetes y sale por el foro. Entran simultáneamente Lucía, por la derecha y Leonor por la izquierda.

LEONOR Y LUCÍA: *(Al mismo tiempo.)* ¿Dónde están? *(Entra Ángela por el foro y sale por derecha.)*
ÁNGELA: *(Al pasar.)* ¡Están en el fondo! *(Salen Leonor y Lucía por el foro. entra Ángela y desaparece por el foro, llevando un montón de objetos en los brazos. Elvira se deja ver en el mismo sitio reclamando que se apure y desaparece con ella.)*

ESCENA 20

CARLOS Y DON RUFO

CARLOS: *(Por la izquierda.)* ¡Se acabó! ¡Ya se fue! ¡No hay nadie!
DON RUFO: ¿Dónde se habrán metido?
CARLOS: *(Riendo.)* Deben estar adentro encerradas. Vamos a avisarles.
DON RUFO: *(Se sienta.)* Pero, decime... che, ¿era "jettatore", de verdad? ¿Estás bien seguro? *(Carlos se sienta.)*
CARLOS: Es muy fácil hacer un "jettatore", don Rufo; pero, una vez hecho, la rehabilitación es imposible...
DON RUFO: ¡Sabe que está lindo! *(Carlos se cae de espaldas con la silla donde está sentado.)*
CARLOS: *(Cuernos****.)* ¡Y vaya usted a saber después si es o no "jettatore" don Lucas!

***Foro:** fondo del escenario.
****Mutis:** retirarse de la escena.
*****Vase:** se va.
**** **Cuernos:** gesto hecho con los dedos índice y meñique de las manos para imitar los cuernos de un animal.

B. Lee el siguiente fragmento y descubrirás qué significa "jettatore". ¿Coincide con alguna de tus predicciones?

ACTO PRIMERO

ESCENA 2

(...)

CARLOS: ¡Si lo que le digo es verdad! Don Lucas es "jettatore"...

DOÑA CAMILA: Pero... ¿qué es eso de "jettatore"? Porque hasta ahora a todo lo que me has venido diciendo no le encuentro pies ni cabeza...

CARLOS: ¡Y, sin embargo, es muy sencillo! Los "jettatores" son hombres como los demás, en apariencia; pero que hacen daño a la gente que anda cerca de ellos... ¡Y no tiene vuelta! Si, por casualidad, conversa usted con un "jettatore", al ratito no más le sucede una desgracia. ¿Recuerda usted cuando la sirvienta se rompió una pierna, bajando la escalera del fondo? ¿Sabe usted por qué fue? ¡Acababa de servir un vaso de agua a don Lucas!

DOÑA CAMILA: ¡Vaya, tú te has propuesto divertirte conmigo! ¿Cómo vas a hacerme creer en una barbaridad semejante?

CARLOS: ¿Barbaridad? ¡Cómo se conoce que usted no sospecha siquiera hasta dónde llega el poder de esos hombres!... Vea... ahí andaba en las cajas de fósforos el retrato de un italiano que dicen que es "jettatore"... Pues a todo el que se metía una caja en el bolsillo... ¡con seguridad lo atropellaba un tranvía o se lo llevaba un coche por delante! ¡Y eso que no era más que el retrato! ¡Figúrese usted lo que será cuando se trate del individuo en persona!

DOÑA CAMILA: ¡Estás loco, loco de atar!

CARLOS: ¡Pero si todo el mundo lo sabe! ¿O usted cree que es una novedad? Pregúnteselo a quien quiera. Y le advierto que por el estilo los tiene usted a montones... Hay otro, un maestro de música, ¡que es una cosa bárbara! ¡Ese... con sólo mirar una vez, es capaz de cortar el dulce de leche! ¡Había de ver cómo le dispara la gente! Los que lo conocen, desde lejos no más ya empiezan a cuerpearle, y si lo encuentran de golpe y no tienen otra salida, se bajan de la vereda como si pasara el presidente de la República... Vea... este mismo don Lucas (*Cuernos.*) sin ir más lejos...

DOÑA CAMILA: ¿Por qué haces así con los dedos? ¿Qué nueva ridiculez es ésa?

CARLOS: Cuando se habla de "jettatores", tía, hay que hacer así. Es la forma de contrarrestar el mal, de impedir que la "jettatura" prenda. Eso, tocar fierro y decir "cus cus", es lo único eficaz inventado hasta el presente...

DOÑA CAMILA: ¡Basta de majaderías! ¡Ya es demasiado!

(...)

C. En parejas, ¿por qué no hacéis una lectura dramatizada del fragmento que aparece en el apartado **B**?

CD 14 **D.** Ahora, escucha el fragmento anterior interpretado por dos porteños.

E. ¿Quieres conocer al autor de *¡Jettatore!*? Aquí tienes una breve biografía.

Gregorio de Laferrere
(1867-1913)

Nacido en Buenos Aires, de Laferrere fue, junto al uruguayo Florencio Sánchez, el escritor más destacado de la época de oro de la escena rioplatense. De padre francés y madre argentina, supo mostrar al mundo la delicadeza y el amor al arte de los criollos americanos. En 1889 realizó un viaje a Europa y, a su regreso a Argentina, creó y dirigió varias instituciones políticas, como el Partido Nacional Independiente y la Acción Popular.

Su creación dramática se inclinó principalmente por la comedia humorística, ambientada en la burguesía porteña de finales del siglo XIX y principios del XX. Entre sus obras más importantes se pueden señalar: *¡Jettatore!* (1905), *Bajo la garra* (1906), *Las de Barranco* (1908) y *Los invisibles* (1911).

2. FRAGMENTOS

A. Los siguientes fragmentos pertenecen a diferentes obras de teatro. ¿A cuál crees que corresponde cada uno?

FRAGMENTO 1

DANIEL: —¿Mi foto? ¿Han sacado mi foto en el telediario? *(Arroja el teléfono a la trampilla y se vuelve hacia el espejo, alterado.)* ¿Has oído eso? ¡En el telediario! ¡pretendo pasar inadvertido y mi cara aparece en pantalla nada menos que en el telediario! O si no, la otra. En cuanto se le antoja, me larga un pésame la loca de los duelos. ¿Esto es vivir de incógnito? Esto es la popularidad. *(Pausa.)* Vamos, es que ya solo nos falta firmar autógrafos. *(Pausa.)* Te lo dije: un escondite así no está a la altura de nuestra perspicacia. Es más, para ocultarnos tan a la vista, mejor hubiéramos quedado a merendar con nuestros perseguidores. *(Pausa.)* No sé, pero por más que trato de estar a su nivel, siempre me parece de fantasía. *(Y se queda pensativo, inmóvil, hasta que finalmente reacciona.)* Porque no tenemos ninguna prima monja. ¿O me equivoco? *(Descompuesto, se abalanza sobre el teclado del ordenador, conecta el módem, marca un número atropelladamente, se coloca el "manos libres" y aguarda con ansiedad a que contesten la llamada.)* ¿Tenemos una prima monja?

FRAGMENTO 2

MUJER: —No me gusta que penséis mal de una buena muchacha.
SUEGRA: —Pero cuando dice eso es porque la conoce. ¿No ves que fue tres años novia suya?
LEONARDO: —Pero la dejé *(A su mujer)*. ¿Vas a llorar ahora? ¡Quita! *(Le aparta bruscamente las manos de la cara.)* Vamos a ver al niño.

(Entran abrazados. Aparece la muchacha, alegre. Entra corriendo.)

FRAGMENTO 3

ALICIA: *(Resignada, abre el bolso y arranca unas hojas de un bloc.)* Escribamos nuestros nombres y no compliquemos más la noche. Doblado en cuatro partes. *(Lo hacen todas. Alicia los mete en un vaso y lo agita como un cóctel. Los tira sobre la mesa.)* No hay manos inocentes, ¿qué hacemos?
MONTSE: Tú misma.
ALICIA: *(Sin mirar, escoge tres papelitos. Los va abriendo)*: "Marga"... "Alicia"... y *(Pausa.)* "Clara Ingels".

FRAGMENTO 4

Las calles del barrio periférico están desiertas como cada noche. Ni siquiera la policía se atreve a rondar por esta zona de la capital. A Matías Orozco parece no importarle. Camina solitario de vuelta al trabajo. Lleva la cabeza gacha, arrastra con desgana la vieja bolsa de plástico que ya no volverá a oler a bocadillo de chorizo. Acaban de despedirle, le han acusado de desfalco. Y lo malo es que tienen razón. Matías abrió la caja en un descuido y apañó lo que le cupo en el puño, aunque eso apenas habría bastado para tapar la minúscula parte del negro agujero de las deudas. Está despedido, y a los cuarenta años las esperanzas de encontrar trabajo son escasas. Por eso, esta noche a Matías no le importa nada y camina con los ojos bajos barriendo las baldosas. De repente, algo brilla en el suelo. Matías se queda paralizado.

☐ *Bodas de sangre*
Federico García Lorca

☐ *Hermanas de sangre*
Cristina Fernández Cubas

☐ *Naufragar en Internet*
Jesús Campos García

☐ *Todo por un duro*
Antonia Bueno

B. Vuelve a leer los fragmentos, fíjate en las acotaciones y completa el cuadro.

	¿CÓMO?
1. Daniel arroja el teléfono a la trampilla y se vuelve hacia el espejo	
2. Daniel se abalanza sobre el teclado del ordenador	
3. Daniel marca un número	
4. Daniel aguarda a que contesten la llamada	
5. Leonardo le aparta las manos de la cara	
6. La muchacha entra	
7. Alicia escoge tres papelitos	
8. Matías camina con los ojos bajos	
9. Matías se queda	
10. Matías arrastra la vieja bolsa de plástico	

C. Fíjate en las palabras que has escrito en el apartado **B**. En tu cuaderno, clasifícalas según su categoría gramatical.

ADVERBIO
ADJETIVO
GERUNDIO
PREPOSICIÓN + NOMBRE
PREPOSICIÓN + INFINITIVO

3. ¿CON "SE", SIN "SE" O CON "LE"?

A. A partir de los dibujos, inventa una continuación para cada una de las siguientes frases.

1. Marta se esconde *detrás de un árbol.* ....

2. Marta esconde ....

3. Marta le esconde ....

4. Marta se levanta ....

5. Marta levanta ....

6. Marta le levanta ....

7. Marta se tira ....

8. Marta tira ....

9. Marta le tira ....

B. ¿Podrías construir frases parecidas con los verbos **peinarse** y **taparse**? ¿Qué significa cada una? Contrástalas con las de un compañero.

4. EN EL ESCENARIO

Entre estos dos momentos de una obra teatral solo han pasado unos segundos. ¿Qué ha cambiado? ¿Qué no?

- Ponerse de rodillas/de pie...
- Acercarse
- Ponerse/quitarse algo
- Ponerse a reír/llorar
- Seguir haciendo algo
- Dejar de hacer algo
- Levantarse

• *En la primera escena, el hombre está de pie; en la segunda...*

DESCRIBIR ACCIONES

Podemos precisar cómo se realiza una acción empleando diversos recursos.

ADVERBIOS

- Le **aparta bruscamente** las manos de la cara.
- La **acaricia suavemente**.

ADJETIVOS

- **Camina solitario** de vuelta al trabajo.
- Miriam, que hasta hace un momento, **miraba impaciente** para todos lados.
- **Descompuesto**, **se abalanza** sobre el teclado del ordenador.
- Maruja, **un poco más desconcertada**, vuelve a sentarse en el banco.

GERUNDIOS

- **Entra** Doña Camila por la derecha **llevando** varios paquetes y sale por el foro.
- La muchacha **entra corriendo**.

CON/SIN + SUSTANTIVO

- **Agita** los brazos **con rabia**.
- **Con desgana se levanta** y se va.
- **Camina con los ojos bajos**.

SIN + INFINITIVO

- **Sin mirar**, escoge tres papelitos.
- No **cruces** la calle **sin mirar**.

PERÍFRASIS VERBALES

Volver a + Infinitivo (= hacer otra vez)
- Si **vuelves a hablarme** así, me marcho.

Acabar de + Infinitivo (= ocurrir en un pasado muy reciente)
- ¿Ya tienes hambre? ¡Pero si **acabas de cenar**!

Dejar de + Infinitivo (= interrumpir algo)
- ¿Cuando **dejarás de llamarme** Pedrito? ¡Tengo treinta años!

Ponerse a + Infinitivo (= empezar a hacer algo)
- Cuando aparece en escena, **se pone a cantar**.

Seguir + Gerundio (= continuar con una acción)
- Eres incansable: ¡las doce de la noche y **sigues trabajando**! ¿No crees que deberías descansar un poco?

MARCADORES TEMPORALES

Para indicar que una acción se produce de manera inesperada o brusca usamos **de pronto/repente**.

- Marta está leyendo cuando, **de pronto/repente**, aparece una figura misteriosa en escena.

Para hablar de acciones que ocurren al mismo tiempo podemos usar **mientras**, **mientras tanto** o **al** + Infinitivo.

- **Mientras** cena, mira la televisión.
- Come y, **mientras tanto**, mira la televisión.
- **Al salir** de la oficina, me di cuenta de que me había dejado las llaves.

POSTURA CORPORAL

estar	sentado/a, agachado/a, tumbado/a, acostado/a boca arriba/boca abajo de pie/rodillas... en cuclillas

CAMBIO DE POSTURA

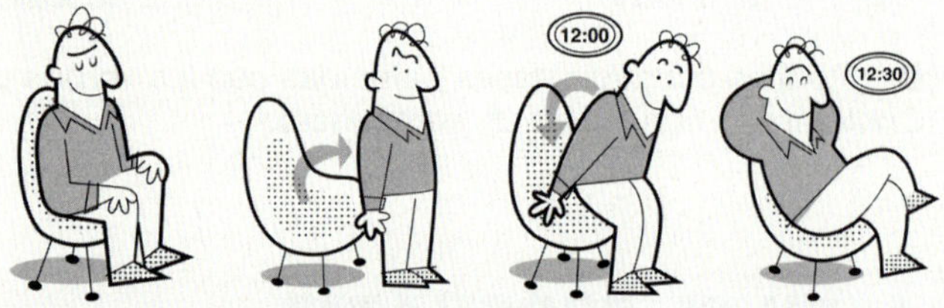

Está sentado/a. *Se pone de pie. Se levanta.* *Se sienta.* *Se queda sentado.*

estar / quedarse	de pie/rodillas/perfil... sentado/a, acostado/a, tumbado/a
ponerse	de pie/rodillas boca arriba/boca abajo en cuclillas

! Muchos verbos que expresan movimiento y cambio de postura son reflexivos, por lo que se combinan con los pronombres **me/te/se/nos/os/se**.

acercarse	**aproximarse**	**alejarse**
bajarse	**subirse**	**levantarse**
tumbarse	**tirarse**	**caerse**
pararse	**esconderse**	**moverse**
sentarse	**acostarse**	**arrodillarse**
inclinarse	**girarse**	**darse la vuelta**
ponerse de pie/...		

ESTADOS DE ÁNIMO

Para expresar sentimientos o estados de ánimo, podemos utilizar los siguientes adjetivos normalmente junto al verbo **estar** o acompañando a una acción.

desolado/a	**acongojado/a**
impaciente	**angustiado/a**
desconcertado/a	**alarmado/a**
malhumorado/a	**contrariado/a**
tímido/a	**sorprendido/a**
enfadado/a	**alegre**
fastidiado/a	**triste**
entusiasmado/a	**alterado/a**
nervioso/a	**descompuesto/a**

- **Enfadada**, se levanta y se va.
- No sé qué le pasa a Ana. Estos días **está muy nerviosa**.

! Recuerda que cuando hablamos de características que presentamos como permanentes se usa el verbo **ser**.

- Inés **es** muy alegre./Inés **es** una persona muy alegre.
- ~~Inés **está** una persona muy alegre.~~

Cuando nos referimos a estados de ánimo, los participios en función de adjetivo no se combinan con el verbo **ser**.

- Inés **está** entusiasmada. • ~~Inés **es** entusiasmada.~~

SITUACIÓN ESPACIAL

debajo* **del** mueble

sobre el mueble
encima* **del** mueble

detrás* **del** mueble

delante* **del** mueble

frente al mueble

al lado* **del** mueble

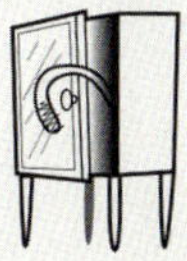

dentro* **del** mueble

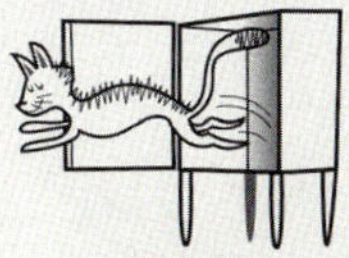

fuera* **del** mueble

! * Estos elementos pueden aparecer sin la preposición **de** cuando no van seguidos del referente espacial.

- ¿Has visto mis llaves? No las encuentro.
- ¿Has mirado en la mesa de la cocina? Creo que las he visto **encima**.

USOS DE PONER

- ¿Por qué no **te pones** esa camisa? (= vestir una prenda)
- **Se pone de pie** y empieza a andar. (= cambiar de posición)
- Germán ha dejado los estudios y **se ha puesto a trabajar**. (= empezar una actividad)
- ¿**Pongo** la leche en el armario? (= colocar algo en un lugar)
- ¿Me puedes decir qué **pone** en aquel cartel? Es que sin gafas no veo. (= decir por escrito)
- Mi hermano siempre **se pone** enfermo cuando llega el otoño. (= cambiar de estado*)

* Los cambios que se expresan con **ponerse** suelen ser temporales y referirse a la salud, al estado de ánimo o al aspecto físico.

Salud: **enfermo**, **bien**, **bueno/a**, **mal**, **malo/a**.
Estado de ánimo: **contento/a**, **triste**, **furioso/a**...
Aspecto físico: **moreno/a**, **guapo/a**, **colorado/a**...

Pero **ponerse** no se combina con ningún participio en función de adjetivo: ~~**ponerse preocupado**~~, ~~**ponerse enfadado**~~...

USOS DE QUEDAR

- **He quedado con** Javier el martes en un restaurante que acaban de abrir. ¿Quieres venir? (= acordar/tener una cita)
- **Quedamos en** que me llamarías y no lo has hecho. (= ponerse de acuerdo en algo)
- Los meteorólogos han recomendado que la gente **se quede** en sus casas debido a los fuertes vientos previstos. (= permanecer en un lugar)
- Ayer **me quedé estudiando** en la biblioteca hasta las doce. (= permanecer en un lugar desarrollando una actividad)
- Cuando se fue de casa **me quedé** muy triste. (= cambiar de estado*)

* **Quedarse** suele expresar el paso a un nuevo estado.

- No lo entiendo: Carlos estuvo hablando sin parar durante dos horas y, de pronto, **se quedó callado** y ya no me contó nada más.
- Cuando Julia se fue, **me quedé muy triste**.
- ¿Qué tal la nueva película de Garci?
- Muy aburrida. **Me quedé dormido** a la media hora.
- Cuando vio la serpiente, Marta **se quedó quieta**, paralizada por un miedo irracional.

5. ¿Y TÚ? ¿HACES LO MISMO?

Estas son algunas de las costumbres de Antonio. ¿Coincides con él en algo? Coméntalo con un compañero.

- **Lo primero que hago al levantarme es** ponerme las gafas.
- **Me lavo los dientes** mirándome al espejo.
- **Pongo a hacer café o té y, mientras tanto,** me ducho.
- **Siempre desayuno** de pie escuchando las noticias de la radio.
- **Al salir de casa,** siempre cierro la puerta con llave.
- Suelo hacer crucigramas **mientras voy en tren o en autobús a clase**.
- **Al llegar a clase,** siempre saludo a mis compañeros dándoles la mano.
- **Ceno** sentado en el sofá viendo la tele.
- Cuando me acuesto, normalmente **me quedo dormido leyendo un libro**.
- Suelo hablar **mientras duermo**.

• *Pues yo lo primero que hago al levantarme es...*

6. LUIS RICARDO

A. Uno de vosotros va a ser el robot Luis Ricardo, que deberá salir de clase un momento. El profesor esconderá un objeto y el robot tendrá que encontrarlo siguiendo las instrucciones de sus compañeros.

• *Luis Ricardo, da tres pasos a la derecha.*
○ *Luis Ricardo, da media vuelta y acércate a la ventana.*

B. Ahora, vais a dividir la clase en dos grupos. Cada grupo esconde un objeto sin que el otro lo vea y elige a su robot, que tendrá que encontrar el objeto.

7. ¿CÓMO LO INTERPRETAS?

A. En parejas, interpretad por turnos las siguientes frases en las diferentes situaciones propuestas. El compañero tendrá que adivinar a cuál corresponde vuestra interpretación.

1. ¿Abres la ventana?

a. Te estás muriendo de calor. (irritado/a)
b. No quieres que abran la ventana porque tienes frío. (sorprendido/a)
c. Te acabas de despertar, has tenido una pesadilla y la habitación está a oscuras. (asustado/a)

2. ¿Por qué no te vas?

a. Te acabas de pelear con un amigo. (enfadado/a)
b. Un amigo tiene muchos problemas y le aconsejas cambiar de aires. (amable)
c. A un amigo le han ofrecido un trabajo fantástico en otro país y no quiere irse. (extrañado/a)

3 ¡No me asustes!

a. Un amigo te sorprende por la espalda dando un grito. Tú odias ese tipo de bromas. (malhumorado/a)
b. Te dicen que te ha tocado la lotería. (alegre)
c. Te acabas de mudar a una casa muy antigua y te dicen que hay fantasmas. (angustiado/a)

4 ¡No puedo más!

a. Acabas de comerte tres platos de arroz. (lleno/a)
b. Quieres divorciarte. (desesperado/a)
c. Has estado haciendo deporte toda la tarde. (exhausto/a)

CD 15 **B.** Ahora, vas a escuchar las frases anteriores. ¿A qué situación corresponden?

8. ACOTACIONES

A. En grupos de tres, elegid uno de estos fragmentos de la obra *Morir (Un instante antes de morir)* de Sergi Belbel y escribid las acotaciones en vuestros cuadernos. Dos serán los intérpretes y uno el director. Preparad la escena para representarla en la clase.

Morir (Un instante antes de morir)
Primera parte. Escena 1

MUJER: Ayer te levantaste en mitad de la noche.
GUIONISTA: A las dos de la madrugada.
MUJER: Las dos de la madrugada, en mitad de la noche, para el caso es lo mismo, yo dormía, encendiste la luz, te oí refunfuñar, te levantaste y dejaste la luz encendida.
GUIONISTA: No refunfuñaba.
MUJER: Refunfuñabas.
GUIONISTA: No.
MUJER: Sí.
GUIONISTA: Solo murmuraba, reflexionaba en voz alta.
MUJER: Para el caso es lo mismo, murmurar, reflexionar en voz alta, refunfuñar, para el caso es lo mismo.
GUIONISTA: Me puse a trabajar.
MUJER: ¿Qué?
GUIONISTA: Lo que oyes.
MUJER: Oh... me alegro.
GUIONISTA: Ah. Te alegras.
MUJER: Claro que sí. ¡Te pusiste a trabajar!
GUIONISTA: Me puse a trabajar. Desde las dos hasta las siete de la madrugada.
MUJER: ¡Hasta las siete! No te oí cuando volviste a meterte en la cama.
GUIONISTA: Lo sé. Roncabas.

Morir (Un instante antes de morir)
Primera parte. Escena 7

VÍCTIMA: Ah. ¿Quién... quién es usted?
ASESINO: Llega tarde.
VÍCTIMA: ¿Qué?
ASESINO: Le estoy esperando desde hace un par de horas.
VÍCTIMA: ¿Se puede... se puede saber cómo ha entrado aquí? ¿Quién es usted? Salga inmediatamente de mi casa.
ASESINO: No.
VÍCTIMA: ¿Llamaré a la policía.
ASESINO: Cállese.
VÍCTIMA: ¿Q...qué... qué... qué es eso?
ASESINO: ¿No lo ve, imbécil? Una pistola.
VÍCTIMA: ¿Quiere matarme?
ASESINO: ¿Si quiero matarle? ¿Yo? No lo sé. Me imagino que no especialmente. Pero tengo que hacerlo yo, sí. En fin...
VÍCTIMA: ¿Es una broma?
ASESINO: Yo nunca hago bromas. No se mueva.
VÍCTIMA: ¿Quién es usted?
ASESINO: ¿Eso qué importa? No soy nadie. Me pagan para que haga mi trabajo.

Morir (Un instante antes de morir)
Primera parte. Escena 4

ENFERMERA: Buenas noches.
ENFERMO: Hola.
ENFERMERA: Estas dos.
ENFERMO: Qué.
ENFERMERA: Esta noche solo tiene que tomarse dos.
ENFERMO: ¿Ya no me pinchan?
ENFERMERA: No. ¿Le duele?
ENFERMO: Pse.
ENFERMERA: De todos modos, estas pastillas también son sedantes.
ENFERMO: Ah.
ENFERMERA: Tómeselas.
ENFERMO: ¿Me podría rascar la espalda?
ENFERMERA: ¿Qué?
ENFERMO: Es que me pica.
ENFERMERA: ¿Es una broma o qué?
ENFERMO: Le digo que me pica.
ENFERMERA: Me parece que lo que usted quiere es juerga.
ENFERMO: Lo que quiero es que me pongan a alguien en esa cama de ahí. Me distraería. Hablaría con alguien. Cinco días aquí solo son para acabar con cualquiera.
ENFERMERA: ¿No recibe visitas?
ENFERMO: No.
ENFERMERA: ¿Dónde le pica?
ENFERMO: Por el centro.
ENFERMERA: ¿Por aquí?
ENFERMO: No. Sí. No. No. Más arriba. Derecha. Uy. Izquierda. Más abajo. Un poquitín más abajo. Ahí, ahí. Derecha. Izquierda. Izquierda. Abajo, un poquitín más abajo. Ahhh.
ENFERMERA: ¿Qué?
ENFERMO: Ahí ahí ahí ahí ahí.
ENFERMERA: Oiga.
ENFERMO: Qué. Ah. Más. Más.
ENFERMERA: Me parece que ya basta, ¿no?
ENFERMO: ¿No dispone de algunos minutitos para mí?
ENFERMERA: No.

B. ¿Cuál ha sido la mejor representación?

9. NINETTE Y UN SEÑOR DE MURCIA

A. Aquí tenéis la sinopsis, el primer acto y el final de una de las obras más famosas de Miguel Mihura (1905-1977). Tras leerlos, imaginaos una escena de esta obra y escribidla en pequeños grupos. En la nota de la derecha, encontraréis algunas sugerencias por si no sabéis muy bien sobre qué escribir.

- Andrés llega a París. Se va a alojar en casa de Ninette. Lo recibe la señora Bernarda (madre de Ninette).
- Andrés conoce a Ninette.
- Armando le propone a Andrés salir a conocer la noche parisina. Andrés prefiere quedarse en casa con Ninette pero no quiere que su amigo se entere.
- Andrés cena con los padres de Ninette. El padre, un republicano exiliado en Francia, le explica lo maravilloso que es Asturias.

NINETTE Y UN SEÑOR DE MURCIA

Esta obra fue estrenada en el Teatro de la Comedia de Madrid el 3 de septiembre de 1964

PERSONAJES

Andrés
Bernarda (la madre de Ninette)
Armando (un amigo de la infancia de Andrés que vive en París)
Pedro (el padre de Ninette)
Ninette

SINOPSIS

Andrés, un hombre soltero y provinciano, decide viajar fuera de España por primera vez. Se va unos días de vacaciones a París donde vive Armando, un viejo amigo de Murcia. Allí, Andrés se aloja en casa de los Sánchez, unos exiliados españoles que tienen una hija: Ninette, una joven inteligente, divertida y muy atractiva que trabaja en las célebres Galerías Lafayette. Desde el primer día, nace entre Ninette y Andrés una pasión tan grande que, a pesar de sus enormes deseos de ver París y de las continuas invitaciones de su amigo Armando, Andrés pasará toda su estancia sin separarse de los brazos de Ninette y sin salir de casa hasta el día de su vuelta a Murcia.

ACTO PRIMERO

PRÓLOGO

(Al levantarse el telón vemos una gran cortina que está cerrada. Y por la abertura central de esta cortina entra en escena Andrés, un hombre vulgar que, aparentemente, no debe rebasar los cuarenta años. En la mano derecha lleva una maleta y en la izquierda un periódico regional. Viste decentemente, pero sin esmero. Traje oscuro, corbata negra y sombrero flexible. Deja la maleta en el suelo a su lado, se descubre para saludar al público y después empieza a hablar.)

ANDRÉS: Buenas noches, señoras y señores. Yo me llamo Andrés Martínez Segura, he cumplido treinta y cinco años de edad y soy de Murcia. Lo cual no tendría nada de extraordinario si no fuera porque es que, además, vivo siempre en Murcia… Hasta hace siete meses que murió mi tía Eugenia, he vivido a expensas de ella y la he ayudado a llevar su negocio de papelería y librería —especializada en devocionarios y recordatorios de primera comunión— que ahora he heredado yo, juntamente con unas trescientas mil pesetas en metálico. Esto justifica que antes de ponerme definitivamente al frente de la librería decidiese pasar unos quince días en París, para ver París, para dar un paseo por el Sena y para tener una aventura con una francesa, ya que mi vida amorosa ha sido poco intensa. No porque yo tenga una marcada tendencia a la castidad, sino porque en Murcia, como en cualquier capital de provincia, siendo soltero (…)

ESCENA FINAL

ANDRÉS: No te comprendo una palabra, pero me gustas, me gustas cuando hablas en francés…

(Ahora Ninette, mientras siguen bailando, echa el cerrojo de la puerta de la escalera. Andrés comprende su intención. Y Ninette dice, muy dulcemente, y muy seductora.)

NINETTE: Toujours, mon amour, si tu veux, je parlerai français pour toi…

(Andrés, al pasar bailando cerca de la ventana, mira la calle de parís por última vez, ninette le va llevando hacia la habitación de la derecha.)

ANDRÉS: ¿Qué decías?
NINETTE: Decía que ni en español ni en francés, tú nunca me comprenderás del todo… Pero no importa, porque de todos modos, je t'aime…
ANDRÉS: Y yo…
NINETTE: Je t'aime…
ANDRÉS: Y yo…
NINETTE: Je t'aime…
ANDRÉS: Y yo…

(Y siempre bailando con la música de acordeón, entran en la habitación de la derecha y cierran la puerta, mientras va cayendo el telón.)

TELÓN

B. Podéis escenificarla para toda la clase. Si queréis, también podéis grabarla.

6

DIJISTE QUE LO HARÍAS

En esta unidad vamos a

juzgar si dos personas han cumplido una serie de compromisos

Para ello vamos a aprender:

> a expresar finalidad: **para** + Infinitivo/Presente/Imperfecto de Subjuntivo
> **no es que (no)** + Imperfecto de Subjuntivo, **es que...** > a expresar intencionalidad: **lo hizo a propósito, sin querer...** > algunas partículas temporales: **hasta que, cuando, tan pronto como** + Presente/Imperfecto de Subjuntivo
> usos de **se**: expresión de la involuntariedad
> a aludir a promesas en estilo indirecto
> a reclamar el cumplimiento de un compromiso > a formar palabras: adjetivos con prefijos > vocabulario del ámbito de la televisión

COMPRENDER

1. UN NUEVO CANAL DE TELEVISIÓN

A. ¿Qué canales de televisión sueles ver? ¿Qué opinión tienes sobre ellos? ¿Qué tipo de programas prefieres? ¿Por qué? Coméntalo con tus compañeros.

- *Casi siempre veo los informativos. El que más me gusta es...*

B. Observa el cartel de la campaña de promoción de un nuevo canal: DIEZ. ¿Cómo te imaginas que será esta cadena?

PORQUE TE MERECES UN 10

LA TV QUE HEMOS DISEÑADO PARA TI...
- PARA QUE, POR FIN, PARTICIPES EN LOS CONTENIDOS.
- PARA QUE PUEDAS DAR A CONOCER TUS PROPIAS PRODUCCIONES.
- PARA INFORMARTE DE LOS HECHOS COTIDIANOS QUE VERDADERAMENTE TE IMPORTAN.

- *Parece que sobre todo habrá programas...*

C. Lee el texto de presentación que aparece en la página web de la cadena. ¿Te gustaría que hubiera un canal de este tipo en tu país? ¿Lo mirarías? ¿Por qué?

http://www.canaldiez.com

CANAL 10: EL NUEVO CANAL, EL TUYO

UNA TELEVISIÓN REALIZADA POR Y PARA TI. TU TELEVISIÓN.

A partir de la próxima semana, Canal 10 comenzará sus emisiones y llenará las pantallas de sus hogares de información, realidad y humor. Sabemos que estamos obligados a sorprender, a ofrecer algo diferente; por ello, pondremos toda la carne en el asador para que nuestro público se identifique con toda nuestra oferta y no solo con algunos programas.

Queremos que Canal 10 sea la televisión de la gente y, por eso, estará hecha por la gente. Al menos una cuarta parte de nuestra parrilla se nutrirá de vídeos realizados por los propios espectadores. Ofreceremos historias del mundo real contadas por personas reales; reportajes diferentes en los que nuestro público cuente sin censura sus experiencias, sus vivencias; documentos que ofrezcan una nueva perspectiva, la del espectador, sobre cuestiones de su interés.

En Canal 10 queremos dar paso a los nuevos tiempos, por lo que combinaremos las nuevas tecnologías y los recursos que ofrece internet con la forma más tradicional de hacer televisión. Ese sector de jóvenes a los que les gusta más el ordenador y la red que el televisor, también tendrá su propia sitio en nuestra programación.

Nuestra programación será sometida regularmente a la opinión de los espectadores. Realizaremos encuestas en internet y si un programa no cuenta con el suficiente apoyo, saltará de la parrilla.

Nuestra apuesta se basará, además, en la oferta de una programación variable. Para mantener al público siempre expectante, le sorprenderemos semana tras semana con nuevos programas en nuevos formatos. Huiremos de las rutinas y de las parrillas estables.

Nuestros informativos serán más pausados, más analíticos, más narrativos. Nuestros reporteros saldrán del plató cuando la ocasión lo merezca, pero no para asistir a actos sociales, sino para estar allí donde la actualidad lo requiera.

El tiempo de publicidad estará dosificado y optaremos por los patrocinadores de programas más que por las interminables pausas en las que se bombardea al espectador con un sinfín de anuncios.

Contaremos con un código de regulación, que será la garantía para el espectador de que somos una alternativa de entretenimiento seria que no caerá en lo grotesco ni en lo hiriente. Sabemos que trabajamos para un público formado e informado que aspira a lo mejor.

Por supuesto, para garantizar la calidad de nuestras emisiones, un comité escogerá las mejores aportaciones enviadas por los espectadores y desechará las que puedan resultar ofensivas o de mal gusto.

¡Porque te mereces un 10!

2. PROGRAMACIÓN SEMANAL

A. Mira la programación de Canal 10 para tres días diferentes. ¿Crees que responde a las intenciones que declararon en su presentación? ¿Por qué?

LUNES

7.00 Informativos
9.00 Salud y vida: balnearios, las propiedades del agua
10.00 Puro corazón (Magacín centrado en noticias sobre famosos)
13.00 El tiempo
13.30 Informativos
15.00 La tormenta (serie)

Lorena decide visitar a su hermana, a la que no ve desde hace diez años.

16.00 Videoclips musicales
17.00 Tus vídeos
20.00 Concurso: supervivientes
21.00 Deportes: comentarios de la liga de fútbol
22.00 La película
0.30 Tus vídeos
1.30 Conciertos de verano (música clásica por la orquesta sinfónica de Castilla-La Mancha)

MARTES

7.00 Grandes documentales (Tanzania)
9.00 Vamos de tiendas
10.00 Miradas (entrevista con el Ministro de Industria)
12.00 Los reyes de la comedia (serie)
Javi se entera de que Paola va a compartir piso con Luis.
13.00 El tiempo
13.30 Informativos
15.00 Tus vídeos
17.00 Tenis: torneo Godó
20.30 A la mesa (cocina para todos)
21.50 La suerte está echada

Concurso sobre temas de historia y arqueología

23.00 El mejor cine
1.30 Música diez (programa musical con actuaciones en directo de grupos nacionales e internacionales)

MIÉRCOLES

7.00 A examen (Baltasar Blanco hace balance político del último año)
8.30 Hoy es hoy
12.00 Debate de actualidad
13.00 El tiempo
13.30 Informativos
15.00 La sombra de la duda (serie)
16.30 Hazlo tu mismo (programa dedicado al mundo del bricolaje)
18.00 Concierto
20.00 Tus vídeos
22.00 Quien cumple, gana (concurso)

• Pues no sé... Creo que hay programas que contradicen totalmente la filosofía de la cadena. Por ejemplo...

B. Con un compañero, si pudierais preparar vuestra programación ideal, ¿cómo sería? Basándoos en la programación de Canal 10, ¿qué suprimiríais? ¿qué añadiríais? ¿En qué franja horaria lo programaríais?

• A mí me gustaría que hubiera programas de cine, pero de crítica de cine, con entrevistas a directores, a guionistas...

3. LOS TELESPECTADORES RECLAMAN

A. Un año después de la presentación de la cadena, un espectador ha escrito una carta a un periódico quejándose de ciertas promesas que considera incumplidas. ¿Cuáles son los aspectos que más le molestan?

La semana pasada se celebró el primer aniversario de Canal 10 y lo celebraron por todo lo alto. A mi entender, la cadena no tiene ningún motivo de celebración, ya que muchas de las grandes promesas que hicieron en su presentación a los medios, ahora suenan a verdadera tomadura de pelo.
En primer lugar, dijeron que sus programas estarían cargados de humor, pero ¿de qué tipo de humor? Del más vulgar y ordinario y, además, extendido de forma exagerada a cualquier tipo de programa. ¿Tiene un programa de cocina que estar presentado con humor? ¿Y un informativo de actualidad, cuando las noticias no dan ningún motivo para la carcajada? El humor chabacano de la cadena es una ofensa contra el buen gusto.
En segundo lugar, las tan prometidas y ensalzadas producciones del público, ¿qué son? Aseguraron que pasarían por un comité que se encargaría de seleccionar las mejores, pero ¿con qué criterios actúa el comité? La mayoría son verdaderas chapuzas, y lo que es peor, en muchas de ellas se hace publicidad explícita de ciertos productos. ¿Cuánto cobra la cadena por emitir esos supuestos documentos reales? ¿Quiénes los han grabado y con qué intención? No son más que anuncios publicitarios de la peor calidad, publicidad encubierta que dudo que sea legal.
Y, por último, anunciaron una programación variable con la intención de que el espectador se viera sorprendido semana tras semana. Pues bien, lo han conseguido: vamos de sorpresa en sorpresa y a cada cual peor. Podemos 'sorprendernos' con programas de contenido violento o 'adulto' en la franja de tarde cuando los estudiantes vuelven de la escuela.
¿Dónde está el prometido código de regulación? ¿Y esa televisión de calidad que deseamos todos? Espero que en su segundo año de vida consideren sus errores e intenten cumplir sus promesas. No necesitamos más telebasura, gracias.

B. ¿Qué te parecen las opiniones de este espectador? ¿Te parecen justificadas sus quejas? Coméntalo con un compañero y, luego, exponed vuestras opiniones a la clase.

4. ¿PARA QUÉ?

A. ¿Puedes identificar el sujeto de los verbos que están en negrita? ¿Se refieren a la misma persona o a personas diferentes? Escribe el sujeto en las casillas de la derecha.

	SUJETO
1.	
Esteban **pasará** por tu casa...	Esteban
...para que le **des** los libros.	Tú
...para **recoger** los libros que le prestaste.	Esteban
2.	
Llevaremos el coche grande...	....
...para **ir** más cómodos.	....
...para que Juan **pueda** llevar sus juguetes.	....
3.	
Ana **bajó** el volumen de la radio...	....
...para que **pudiéramos** estudiar.	....
...para **escuchar** lo que decíamos.	....
4.	
Luis se **compró** un purificador de agua...	....
...para no **tener** que comprar agua embotellada.	....
...para que el agua del grifo se **pudiera** beber.	....

B. ¿De quién crees que hablan en cada caso? ¿Qué crees que hizo esa persona?

1. • Nos tiene manía, desde luego...
   • No creo, yo pienso que lo ha hecho para que nos esforcemos más en el próximo examen.

   • Yo creo que hablan de su profesora. Están enfadados porque...

2. • Lo hizo para que no encontráramos la casa, se notaba que no quería que fuéramos a la fiesta.
   • No creo, seguro que fue una confusión.

3. • Se presentó así en el trabajo para llamar la atención, para que todos le preguntaran qué le había pasado.
   • No sé... Fue muy raro.

4. • Lo hizo para fastidiarnos.
   • No creo, seguramente lo hizo para que probáramos la gastronomía local.

5. • Lo hizo para dejarle en ridículo.
   • No, hombre. Lo hizo para que nos riéramos y se relajara un poco el ambiente de la reunión.

5. ¿CUMPLIERON?

Varias personas aseguraron que harían una serie de cosas. ¿Cumplieron sus promesas? Escríbelo.

1. Ayer, Carlos dijo:
"Me quedaré estudiando hasta que cierre la biblioteca."

La biblioteca cierra a las 20 h.
A las 19 h lo vieron en una cafetería tomando un refresco con unos amigos.

• No cumplió: se fue antes de que la biblioteca cerrara.

2. Anteayer, Sofía dijo:
"Marta, ahora no puedo hablar. Te llamo en cuanto llegue a casa."

Llegó a casa a las 17:35 h.
Llamó a Marta a las 17:38 h.

• Cumplió: dijo que llamaría en cuanto llegara a casa y lo hizo.

3. Hace dos semanas, Alfonso dijo:
"Carlos, no te preocupes, te devolveré el dinero cuando me paguen el trabajo."

Cobró la semana pasada.
Carlos todavía no ha recibido el dinero.

....

....

4. El 1 de julio, Nuria dijo:
"Compraré las entradas del concierto con antelación, por si se agotan."

El concierto fue el 24 de julio.
Compró las entradas el día 3.

....

....

5. Ayer, Sara dijo...
"Te llamaré tan pronto como reciba los billetes de avión."

Recibió los billetes a las 10 h.
Llamó a las 19:30 h.

....

....

6. ¡ERES UN DESPISTADO!

A. En las siguientes conversaciones, ¿qué adjetivos se usan para hablar de Jorge y de Marcos? Subráyalos. ¿Crees que son positivos o negativos?

1.
Marta: ¿Y Jorge? ¿Se ha ido? Pero si le tocaba a él pagar esta vez.
Luisa: Ya, siempre hace lo mismo. ¡Es un caradura!

2.
Carlos: A Marcos le dijeron en la agencia de viajes que estaba todo incluido, pero, al final, le hicieron pagar todas las excursiones aparte.
Ana: ¿Y con lo barato que le costó no desconfió de nada? ¡Hay que ser ingenuo!

B. Algunos de los adjetivos de esta lista se forman de la misma manera. ¿Puedes hacer grupos? ¿Conoces otros adjetivos que se formen igual? Intenta ampliar la lista con tus compañeros.

Desconsiderado/a	Rompecorazones
Irresponsable	Incompetente
Impresentable	Caradura
Inconsciente	Desorganizado/a
Desordenado/a	Impaciente

C. Completa las siguientes frases con los adjetivos que consideres adecuados.

1. Se fue de casa y dejó la plancha encendida. Es un ....
2. Dijo que nos esperaría, nos retrasamos diez minutos en llegar y resulta que ya se había ido. Es un ....
3. Dijo que preparáramos nosotros la cena, que ella estaba cansada, pero Antonio la vio por la calle con un amigo. Es una ....
4. En la reunión se dio cuenta de que se había dejado los documentos en el taxi. Es un ....

7. EXCUSAS

A. Algunas personas se justifican ante ciertas acusaciones. ¿En qué caso sus explicaciones son aceptadas? Marca con + las que sí y con X las que no.

1 ☐
- • Le mentiste.
- o **No es que** le mintiera. **Solo** le oculté algún detalle desagradable.
- • Es que ese detalle era precisamente el más relevante.

2 ☐
- • Fina, por la cara de mal humor que tenías, yo diría que te sentó fatal el comentario del jefe.
- o **No es que** me sentara mal, **es que** estaba cansada.
- • Sí, puede ser.

3 ☐
- • Te pusiste un poco agresivo ayer, ¿no?
- o **No es que** me pusiera agresivo, es que estaba muy nervioso y no sabía muy bien lo que decía.
- • Bueno, no te lo tendré en cuenta.

4 ☐
- • Te presionaron para que cambiaras de opinión.
- o **No es que** me presionaran, **sino que** su propuesta me parece más razonable que la nuestra.
- • ¿Razonable? ¡Pero si no tiene ni pies ni cabeza!

B. Observa las justificaciones anteriores. ¿Qué estructura aparece en ellas? ¿Qué tiempos verbales suelen aparecer?

• No es que + ...,

→ sino que + ...
→ es que + ...
→ solo + ...

8. ¿QUERIENDO?

Un grupo de estudiantes ha estado trabajando durante una semana para terminar su trabajo de fin de curso. Uno de ellos, Álvaro, ha borrado irremediablemente el archivo en el que guardaban el documento. ¿Con cuál de estas dos opiniones podrías continuar las frases de la derecha?

1. "Lo ha hecho porque estaba muy enfadado por la discusión del otro día."
2. "Seguro que ha sido sin querer."

- Lo ha hecho **sin darse cuenta.** ☐
- Lo ha hecho **adrede.** ☐
- Lo ha hecho **queriendo.** ☐
- No lo ha hecho **a propósito.** ☐
- Lo ha hecho **sin mala intención.** ☐

EXPRESAR FINALIDAD: USOS DE PARA

Uno de los usos de la preposición **para** es el de expresar propósito o finalidad.

- *He estudiado mucho **para** sacar buena nota.*
- *Estoy ahorrando **para** comprar un coche.*

PARA + INFINITIVO/SUBJUNTIVO

Cuando expresamos finalidad, usamos **para** + Infinitivo si el sujeto del verbo principal y el del verbo subordinado (el que va con **para**) son el mismo.

- *Compré el billete **para ir** a Sevilla.* (yo compré el billete y yo voy a ir a Sevilla)

Usamos **para que** + Subjuntivo si el sujeto del verbo principal y el del verbo subordinado no coinciden.

- *Te dejo aquí la lista de los colores **para que elijas** uno.* (yo dejo la lista y tú eliges un color)

! En ocasiones, aunque los sujetos de las dos oraciones no coincidan, podemos usar el Infinitivo en la subordinada cuando por el contexto está claro cuál es su sujeto.

- ¿Me dejas un boli un momento **para apuntar** una cosa? (tú me dejas un boli y yo apunto una cosa)

PRESENTE/IMPERFECTO DE SUBJUNTIVO

El verbo de la oración subordinada está en Presente de Subjuntivo si se alude a un momento presente o futuro.

- Ana siempre me presta libros en inglés **para que practique**.
- Te dejo aquí los contratos **para que** los **revises** luego.
- Julia me prestó su cámara **para que hagamos** fotos en el viaje.

El verbo de la oración subordinada va en Imperfecto de Subjuntivo si se alude a un momento pasado.

- Los bomberos colocaron una escalera muy alta **para que** los vecinos **pudieran** salir del edificio.

! En lengua conversacional, se usa **a (que)** con el mismo significado que **para (que)** cuando hay una idea de movimiento.

- Carmen oyó un ruido extraño y se levantó **a ver** qué pasaba.
- **He venido a que** me lo cuentes.

CONSTRUCCIONES TEMPORALES

NOS REFERIMOS AL PRESENTE O A ALGO HABITUAL

- **Cuando sale** de casa, siempre **cierra** con dos cerrojos.

NOS REFERIMOS AL PASADO

- **Cuando salió** de casa, **se encontró** el paquete.
- Ayer, **cuando estaba** comiendo en el bar de la esquina, **apareció** un antiguo compañero del colegio que no veía desde hacía veinte años.
- Antes, **cuando me levantaba**, siempre **ponía** la radio para escuchar las noticias.

NOS REFERIMOS AL FUTURO

- **Cuando salgas** de casa, **apaga** las luces, por favor.

Además de **cuando**, existen otros conectores temporales que siguen las mismas reglas respecto a los tiempos verbales, pero con usos más específicos.

SUCESIÓN INMEDIATA

Si un hecho es inmediatamente posterior a otro, se usan frecuentemente **en cuanto** o **tan pronto como**.

- **En cuanto** me **digan** algo, te llamaré
- **Tan pronto como sepa** algo, te lo digo.

LÍMITE TEMPORAL

Si un hecho es el límite temporal de otro: **hasta que**.

- Esperaré aquí **hasta que llegue** el autobús.

! Si los sujetos coinciden, el segundo verbo puede aparecer en Infinitivo.

- En la boda de mi hermano comí **hasta no poder** más. (= hasta que no pude más)

USOS DEL IMPERFECTO DE SUBJUNTIVO

En el estilo indirecto, cuando referimos acciones ya pasadas que en su momento estaban en un plano de futuro (y en Presente de Subjuntivo), usamos el Imperfecto de Subjuntivo.

- *Estudiaré hasta que me **sepa** la lección.*
- ➡ *Anteayer prometió que estudiaría hasta que **se supiera** la lección.*

- *Cuando me **llegue** el correo, te lo reenviaré.*
- ➡ *Anteayer me dijo que cuando le **llegara** el correo me lo reenviaría.*

- *Aquí tienes estos contratos para que los **revises**.*
- ➡ *Antonio me va a matar: el lunes me dejó unos contratos para que los **revisara** y todavía no lo he hecho.*

EXPRESIÓN DE LA INVOLUNTARIEDAD: USO DE LOS PRONOMBRES

SE ME/SE TE/SE LE...

En ocasiones, expresamos la involuntariedad de una acción por medio de oraciones pronominales. En estos casos, el sujeto gramatical no es la persona, sino el objeto.

ACCIÓN VOLUNTARIA
- Para entrar en la casa, los ladrones **rompieron** la ventana del salón.

ACCIÓN INVOLUNTARIA
- A Carlos **se le rompió** la camisa en medio de la fiesta.
- A mí una vez **se me rompieron** los pantalones en una boda.

A veces, la involuntariedad solamente puede expresarse con un cambio de verbo.

- Berta **tiró** las fotos al suelo, estaba muy enfadada.
- A Elena **se le cayeron** las fotos al suelo. (sin intención de hacerlo, por descuido)

! Muchos verbos tienen una forma pronomimal que se usa para presentar un proceso sin aludir a la intervención de personas (**romper-romperse**, **perder-perderse**, **estropear-estropearse**, **ensuciar-ensuciarse**...).

- Mira, **se ha roto** la jarra del agua.
- ¡Estoy harto! Este ascensor **se estropea** casi cada día.

EXPRESAR LA INTENCIONALIDAD O LA INVOLUNTARIEDAD DE UNA ACCIÓN

- Se dejó la cartera en casa **a propósito/adrede/aposta/queriendo**. No quería tener que pagar él la cena.

- Tiró la carta a la basura **sin darse cuenta/sin querer**. No sabía que yo la necesitaba.

ES QUE.../NO ES QUE...

Es que introduce explicaciones y, con frecuencia, excusas o justificaciones. Se usa con Indicativo.

- Dijiste que me llamarías para salir a tomar algo.
- Ya. **Es que** tenía mucho trabajo y no pude llamar. Lo siento.

No es que desmiente una información mencionada anteriormente. Se usa con Subjuntivo.

- ¿No quieres venir a la fiesta?
- ○ **No es que no quiera**... Pero es que mañana tengo un examen muy importante.

- Julia es muy vaga, no quiso ayudarnos a trasladar los muebles.
- ○ **No es que no quisiera**... Es que tenía gripe y no podía.

FORMACIÓN DE CALIFICATIVOS

Algunos adjetivos toman un valor negativo al añadirles los prefijos **des-** e **in/im/i-**. En ocasiones, el significado resultante no es exactamente el contrario del adjetivo original.

desconsiderado/a	**im**prudente
desorganizado/a	**im**paciente
desordenado/a	**in**competente
deshonesto/a	**in**consciente
descortés	**i**rresponsable

9. TE PEDÍ QUE LO HICIERAS

Marta y Raquel comparten piso. Marta iba a estar fuera de la ciudad durante unos días y le pidió a Raquel que se encargara de hacer algunas cosas (lista de la izquierda). Raquel se comprometió a hacerlas, pero cuando Marta vuelve a casa se encuentra con sorpresas desagradables (lista de la derecha). En parejas, imaginad y representad la conversación que tienen Marta y Raquel.

- Ir a la biblioteca a devolver los libros que están en la entrada.
- Comprar las entradas para el concierto del Auditorio de la próxima semana.
- Comprar todo lo necesario para la fiesta del sábado por la noche en casa.
- Quedar con el técnico para que venga a arreglar la lavadora.
- Comprar el periódico del miércoles, que trae un suplemento de música coleccionable.

- **Ha recibido un correo de la biblioteca reclamándole los libros y tiene una penalización de 10 días sin derecho a préstamo.**
- **No tiene las entradas para el Auditorio, que ya se han agotado.**
- **La nevera está vacía.**
- **La lavadora no está arreglada.**
- **No ve el suplemento de música por ningún lado.**

- Te pedí, por favor, que devolvieras los libros. Ahora, no puedo sacar libros de la biblioteca durante diez días...
- ○ Quería hacerlo, en serio, pero es que no los encontré. No estaban donde me dijiste.
- Pero si los dejé en la mesita de la entrada precisamente para que te acordaras de llevarlos...

10. HECHOS EXTRAÑOS

A. A veces las personas hacen cosas que parecen extrañas, pero que tienen una intención o una finalidad. ¿Por qué creéis que hicieron las siguientes cosas estas personas? ¿Para qué? Poned en común vuestras hipótesis y elegid la que os parezca más verosímil.

1. Julio cogió un montón de fotos y las llevó a la playa, reunió a sus amigos de siempre y encendió una hoguera. Quemó todas las fotos y celebró una fiesta.
2. Berenice pintó su habitación de color verde loro y amarillo.
3. Andrea sacó todo el dinero que tenía en el banco, se fue a la costa, alquiló una barca y lo tiró al mar.

- Seguro que Julio quería...

B. Ahora, escribe dos situaciones extrañas. Los demás dirán qué posibles intenciones y finalidades ven en ellas.

....

....

11. PUBLICIDAD ¿ENGAÑOSA?

A. Algunas personas se toman los mensajes publicitarios al pie de la letra. Lee los siguientes anuncios y di qué expectativas crees que se podrían tener en cada caso.

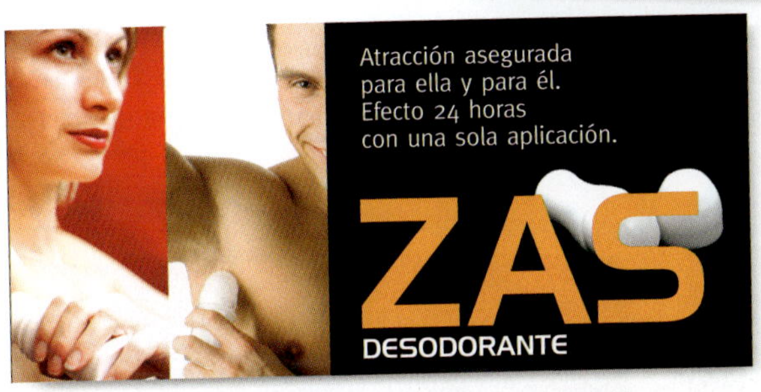

CD 16 **B.** Paco se ha apuntado al gimnasio Atenas animado por la publicidad del folleto. Ahora se siente engañado. Escucha y di si crees que tiene motivos para sentirse así. ¿Qué le contestarías?

C. Elige uno de los anuncios e inventa un motivo para sentirte engañado. Cuéntaselo a tu compañero, que intentará justificar la posición de la empresa.

- Yo me compré el desodorante ZAS y, nada, salgo el sábado a un concierto y...

12. LA GRAN FINAL

A. Lee el avance de cómo será el programa final de un concurso de la televisión en Canal 10. ¿Querrías participar en un concurso de este tipo?

22.00 • **Quien cumple, gana** •

LA FINAL DE QUIEN CUMPLE, GANA

Este viernes a las 22 h llega la hora de la verdad: el desenlace en Canal 10 del concurso Quien cumple, gana. Hace seis meses, dos personas se presentaron al concurso para intentar dar un cambio a sus vidas. Un equipo formado por dos amigos de los concursantes y dos psicólogas idearon un 'plan de acción', una serie de cambios destinados a mejorar sus vidas. Cada concursante se comprometió a cumplir el decálogo de recomendaciones que preparara su equipo y, además, a ser observado durante esos meses. La cadena ha podido seguir parte de su evolución a través de las cámaras, pero la parte más decisiva será la de los testigos que han participado en esta edición: personas que forman parte de la producción y que los concursantes no han identificado. Ellos nos explicarán hasta qué punto Sergio y Anabel han cumplido con su programa y con sus promesas. El que más haya cumplido ganará un premio de 30 000 euros y un coche.

B. Lee los perfiles de los concursantes, Sergio y Anabel. ¿Qué acciones crees que les ayudarían a cambiar radicalmente de vida? ¿Qué finalidad tendría cada una de esas acciones? En pequeños grupos, elaborad una lista con vuestras ideas.

SERGIO

Vive solo. Es traductor y trabaja en casa.

Es muy individualista. Le gusta dar paseos solitarios, jugar muchas horas en el ordenador o estar conectado a internet. Pasa horas leyendo, algunos días no habla con nadie. Apenas sonríe. Viste siempre de negro. Es un poco gruñón y muy crítico. Sus amigos de toda la vida lo llaman para salir, pero él acepta muy pocas veces y se ha ido alejando de ellos. Lleva una vida muy metódica.

ANABEL

Vive sola. Tiene trabajos esporádicos de producción de vídeos musicales y de publicidad.

Es muy sociable. Lleva una vida muy activa y no tiene (ni quiere) compromisos. Sale con amigos casi cada día de la semana y hace muchos tipos de actividades: escalada, surf, ir a conciertos, etc. No tiene horarios regulares para nada: ni para comer ni para acostarse o levantarse... Duerme muy poco y le aburre hacer lo mismo durante dos días seguidos. Se siente dispersa y desorientada.

- Yo creo que, para relacionarse con más gente, Sergio podría apuntarse a un...

13. QUIEN CUMPLE, GANA

A. Los concursantes, junto a sus amigos y a las psicólogas, llegaron a unos compromisos para cambiar de vida. Lee cada uno de ellos y compáralo con la lista que habéis elaborado en la actividad anterior. ¿Hay alguna idea igual o parecida a las que habíais pensado?

SERGIO

- Lo inscribieron en un grupo de excursionismo para que conociera gente, estuviera en contacto con la naturaleza y no pudiera conectarse a internet en todo el fin de semana.
- Lo apuntaron a un curso de salsa y merengue para que se soltara un poco y pudiera desinhibirse.
- Guardaron bajo llave toda su ropa negra y le compraron camisas y pantalones de colores claros para que cambiara de humor y de imagen y para que la gente apreciara el cambio.
- Hicieron una lista de amigos a los que hacía tiempo que no veía y los llamaron para que al menos dos veces por semana saliera a cenar o a tomar algo con alguno de ellos.
- Quedaron en que lo llamarían a horas intempestivas para proponerle planes imprevistos que supusieran un parón en su rutina diaria. Él se comprometió a aceptarlos.
- Además, Sergio se comprometió a hablar con al menos tres o cuatro personas cada día, aunque fueran vecinos, dependientes de una tienda, etc., y a sonreír a las personas con las que hablara.

ANABEL

- Le compraron un acordeón y la matricularon en un curso intensivo de solfeo y música para que reforzara la disciplina y la voluntad. Durante ese tiempo, debía ensayar al menos dos horas diarias. Le prepararon un plan semanal con un horario fijo para que tuviera una vida organizada y metódica.
- Le compraron una pecera y tres peces tropicales a los que tenía que cuidar y alimentar cada día para que se sintiera más responsable y comprometida con algo que dependiera de ella.
- Le compraron varios libros que tenía que acabar en seis meses, para que se acostumbrara a hacer alguna actividad ella sola.
- Le compraron la serie *Comida sana para toda la semana* en DVD para que aprendiera a preparar platos saludables y para que se acostumbrara a comer de forma tranquila y relajada.
- Llamaron a sus amigos para que durante seis meses no la invitaran a salir ni de noche ni a fiestas.
- Anabel, por su parte, se comprometió a salir solamente dos días a la semana y a dormir ocho horas diarias.

CD 17 **B.** Escucha a los testigos. ¿Crees que Sergio y Anabel han cumplido la mayoría de sus compromisos? ¿De qué manera?

PORTFOLIO **C.** Para terminar, dos de vosotros seréis Sergio y Anabel. Tenéis que preparar un discurso final en el que justifiquéis por qué merecéis ganar. Podéis trabajar con dos compañeros más. Mientras tanto, el resto de la clase, que será el jurado, discute sus puntos de vista sobre quién cumplió mejor con sus promesas. Tras las intervenciones de Sergio y Anabel, el jurado comunica su decisión y las razones que la han motivado.

7

En esta unidad vamos a

escribir un texto poético sobre la ciudad donde estudiamos español

Para ello vamos a aprender:

LUGARES CON ENCANTO

> las oraciones de relativo: el uso de **que, quien/es, cuyo/a/os/as** > el Participio en las oraciones relativas: la voz pasiva > algunos verbos de percepción y de opinión > a hablar de ciudades: describirlas y comentar sus cualidades > a hablar de creencias e informaciones previas sobre algo > a expresar sentimientos positivos, negativos o neutros sobre algo > vocabulario para describir ciudades y del ámbito de los viajes

Besalú, Girona (España)

1. DOS CIUDADES

A. Mirad estas dos fotografías y comentad de qué ciudades puede tratarse.

- Yo creo que la foto de arriba es...

B. Aquí tenéis la solución (al revés). ¿Habéis estado en alguna de esas ciudades? ¿Qué sabéis de ellas? Comentadlo entre todos.

arriba: **CÁDIZ**
abajo: **LA HABANA**

○ Yo sé que La Habana es la capital de...

C. Lee estos dos textos sobre las dos ciudades aparecidos en una revista de viajes. ¿Con cuál asociarías cada uno de los siguientes títulos?

- MAJESTUOSA DECADENCIA
- UNA CIUDAD CON MIL CARAS
- ENCRUCIJADA DE CULTURAS
- UN BALCÓN AL MAR
- EXTREMA AUSTERIDAD

1.

Fundada por lo fenicios en el 1100 a. C., Cádiz es la ciudad más antigua de Occidente. Los diferentes pueblos que aquí se establecieron dejaron su impronta cultural y su influencia aún perdura en el carácter de los gaditanos: fenicios, tirios, tartesos, griegos, romanos y árabes.

La antigua *Gades* fenicia y *Gadir* romana vive su época de máximo esplendor cuando en el siglo XVII se hace con el monopolio del comercio de ultramar. Pero este éxito económico y comercial también trae consigo los ataques de los piratas, por lo que en la ciudad abundan las construcciones con fines estratégicos y defensivos. Otra característica de la fisionomía gaditana son los enrejados de los balcones, con cuya vista suele deleitarse el visitante que pasea por la ciudad.

En pleno centro de Cádiz, podemos visitar el **Museo Histórico Municipal**, la **Torre Tavira**, una de las más emblemáticas de la ciudad, y el **Oratorio de San Felipe Neri**, monumento nacional en cuyas salas se debatió la Constitución liberal de 1812.

Otro de los encantos de esta ciudad es su privilegiada situación geográfica. La península en la que se encuentra ubicada, en plena costa atlántica andaluza, ha sabido conservar un importante legado histórico fruto de su importancia comercial junto a excelentes playas y una exquisita cocina regional. **La Costa de la Luz**, repartida entre las provincias de Huelva y Cádiz, ofrece, además, multitud de destinos que compaginan cultura y ocio. Y para los amantes de la naturaleza, nada mejor que recorrer el **Parque Nacional de Doñana**, declarado Patrimonio de la Humanidad por la UNESCO.

2.

La Habana debe su nombre al del territorio donde se construyó, *Habaguanex*, con cuyos jefes indígenas debieron tratar los colonizadores españoles cuando decidieron fundar allí la nueva ciudad en el siglo XVI. El primer nombre que recibió fue el de San Cristóbal de la Habana.

Casi todas las visitas a la capital cubana empiezan y acaban en el Malecón, un largo paseo que protege a la ciudad de las embestidas de ciclones y tormentas. En épocas de calma, es el escenario de los besos y abrazos de los enamorados y de los paseos tanto de los turistas como de los propios habaneros. Desde el Malecón se divisa la fortaleza de los **Tres Santos Reyes del Morro**, que custodia la entrada al puerto de La Habana. Esta es, sin duda, una de las mejores imágenes de la ciudad.

El visitante pronto descubre que La Habana presenta dos partes: una moderna y otra más antigua, la **Habana Vieja**, deslumbrante no solo por el ambiente que en ella se respira, sino por tratarse del conjunto colonial más rico de Latinoamérica. Además de la famosa **catedral**, uno puede encontrar lugares tan bellos como la pequeña **iglesia del Espíritu Santo**, el **Convento de Santa Clara** o el deteriorado, pero espléndido, **Convento de Belén**.

Aunque en algunas zonas nos podamos encontrar con un paisaje de casas destartaladas, solares vacíos o edificios superpoblados, ni el paso del tiempo ni los temporales ni la falta de medios han podido arrebatarle su encanto a la Habana Vieja. En la Habana Vieja del Restaurador hay hoteles magníficos y jardines donde una vez hubo viviendas, museos donde hubo palacios y restaurantes donde hubo villas burguesas. Allí encontramos locales como **La Bodeguita del Medio**, que fue uno de los lugares predilectos de Ernest Hemingway.

D. Piensa en una ciudad que conozcas y prepara una pequeña descripción. Tus compañeros tendrán que adivinar de qué ciudad se trata.

• Es una ciudad que nació en la época de la fiebre del oro. Un terremoto, el más famoso de la historia, casi la destruyó. Es también famosa por el movimiento hippie de los sesenta y...
○ Ya sé cuál es. Es...

E. Piensa en tu ciudad. ¿Qué títulos podrían encabezar un texto sobre ella? Escríbelos y coméntalo con tus compañeros.

• Yo soy de Roma y creo que una guía sobre Roma podría titularse: "Paraíso monumental" o...

2. CIUDADES COLONIALES

A. Lee las informaciones extraídas de una guía turística sobre Antigua y San Cristóbal de las Casas, dos ciudades coloniales en Guatemala y México, respectivamente. A partir de las diferentes informaciones, ¿qué adjetivos o expresiones relacionarías con cada una?

señorial	animada	bien conservada
peligrosa	lejana	un goce para los sentidos
ordenada	llena de vida	atractiva
caótica	una joya	gris
monumental	limpia	industrial
vieja	llena de color	aislada
antigua	especial	remota
elegante	un encanto	decadente
histórica	anclada en el pasado	

Antigua

- Sus calles, **a lo largo de las cuales** se alinean palacios, iglesias, conventos y casas de estilo colonial, forman una cuadrícula perfecta.
- Sus edificios, por **cuyo** extraordinario valor arquitectónico Antigua fue declarada Patrimonio de la Humanidad, no tienen más de dos pisos.
- Los colores pastel de los edificios son una de las características **por las que** se reconoce inmediatamente la ciudad.
- Los habitantes de Antigua, **a los que** se conoce como "panzas verdes", producen y consumen muchos aguacates.
- Es obligada la visita al mercado y sus puestos, **en los que** se pueden comprar productos y artesanía de la zona.
- La ciudad está rodeada por tres volcanes, **desde los cuales** hay unas impresionantes vistas.

San Cristóbal de las Casas

- La ciudad es un regalo para el visitante, especialmente **para quienes** llegan a México a descubrir su pasado colonial y revolucionario.
- San Cristóbal de los Llanos, Ciudad Real de Chiapa o Ciudad son dos de los nombres **por los cuales** fue conocida la ciudad en diferentes momentos de su historia.
- Fray Bartolomé de las Casas, un fraile español **en honor al cual** la ciudad fue bautizada con su nombre actual en 1848, fue un defensor de los derechos de los indígenas.
- Uno de los personajes ilustres nacidos en esta ciudad es el músico Alberto Domínguez Borraz, **cuya** composición más famosa es el bolero "Perfidia".
- En sus plazas se organizan mercados **donde** se vende hielo empapado en sirope a modo de helado.
- San Cristóbal de las Casas se encuentra en el estado de Chiapas, **cuya** riqueza natural es un atractivo más para los visitantes.

B. Observa las palabras destacadas en negrita y marca a qué otras palabras se refieren. ¿Entiendes cómo funcionan?

– Usamos ***el/la los/las que*** detrás de **preposición** para referirnos a

☐ personas ☐ lugares ☐ cosas

– Usamos ***el/la/los/las cual/cuales*** detrás de **preposición** para referirnos a

☐ personas ☐ lugares ☐ cosas

– Usamos ***quien/quienes*** para referirnos a

☐ personas ☐ lugares ☐ cosas

– Usamos ***cuyo/a cuyos/as*** para referirnos a cosas o a características de

☐ personas ☐ lugares ☐ cosas

3. LA PARTE DEL TODO

A. Observa estos pares de frases y marca a cuál corresponde cada interpretación.

a. La iglesia que está en el centro del pueblo es gótica.
b. La iglesia, que está en el centro del pueblo, es gótica.

☐ Solo hay una iglesia en el pueblo.
☐ Puede haber más de una iglesia en el pueblo.

a. Las hombres, que iban vestidos con traje, no fueron admitidos a la fiesta.
b. Los hombres que iban vestidos con traje no fueron admitidos a la fiesta..

☐ Todos los hombres iban con traje.
☐ Había otros hombres que sí fueron admitidos.

a. Los trabajadores de Pelu S.A., cuyos contratos se firmaron en 2000, recibirán un aumento de sueldo.
b. Los trabajadores de Pelu S.A. cuyos contratos se firmaron en 2000 recibirán un aumento de sueldo.

☐ Todos los trabajadores empezaron en 2000 y recibirán un aumento
☐ Algunos trabajadores empezaron a trabajar en 2000.

a. Los estudiantes que llegaron pronto acabaron el examen a las doce.
b. Los estudiantes, que llegaron pronto, acabaron el examen a las doce.

☐ Todos los estudiantes llegaron pronto.
☐ Algunos estudiantes llegaron pronto.

4. ME QUEDÉ ALUCINADA

A. En una web sobre viajes, algunos turistas han colgado sus testimonios sobre las cosas que más les sorprendieron de Nueva York. ¿Qué te parecen sus opiniones? Aunque no hayas estado, seguro que sabes muchas cosas sobre esa ciudad.

http://www.migranviaje.com/testimonios

MIGRANVIAJE.COM

inicio fotos relatos vídeos testimonios anécdotas contacto mi espacio

¿QUÉ TE SORPRENDIÓ DE NUEVA YORK?

- Yo pensaba que iba a encontrar mucho tráfico y mucho ruido, pero me pareció una ciudad bastante tranquila.
- Yo esperaba que iba a poder disfrutar de una oferta cultural muy amplia y variada. Me sorprendió ver que no había tantos conciertos y exposiciones como la gente dice.
- Yo tenía la idea de que en Nueva York había muchísimos famosos. Me decepcionó no ver a ninguno por la calle.
- Me habían dicho que era una ciudad gris, pero en absoluto tuve esa sensación. Me sorprendió que hubiera tantos parques y tanta zonas verdes.
- Yo había leído muchos libros de pequeña sobre la ciudad y desde siempre había querido ir allí. Cuando llegué, me sorprendió que fuera tan familiar; me sentí como en casa.
- Yo había oído que en Nueva York había edificios altísimos, pero no tenía ni idea de que lo fueran tanto. ¡Son una pasada!
- Me defraudó mucho la comida. Yo esperaba encontrar un montón de restaurantes de todo el mundo y a buen precio. Los que probé me parecieron carísimos y no me gustaron.
- Tiene fama de ciudad cosmopolita y realmente lo es. Pero me extrañó que el transporte público funcionara peor que en otras ciudades.
- No esperaba que hubiera tantos hispanos en Nueva York. Me quedé alucinada de la cantidad de español que se escucha por las calles.

B. ¿Podrías hacer comentarios similares sobre la última ciudad que has visitado o de otras que hayas visitado anteriormente?

- *Yo recuerdo que cuando fui a... pensé que iba a encontrar...*

5. PARTICIPIOS

A. En todas las frases de la derecha, que contienen datos sobre diferentes ciudades españolas, falta un participio. Escoge uno de los siguientes para completarlas.

fundada declarada expuestas
diseñada convertida construidos

B. Piensa en lugares de tu ciudad o de otras ciudades que conozcas y crea frases como las que acabas de leer.

a. Tarragona, ________ en el 218 a. C por los romanos, fue la capital de la *Hispania citerior* y alberga una de las construcciones arquitectónicas romanas más antiguas de todas las que se conservan fuera de Italia: sus murallas.

b. La ciudad de las Artes y de las Ciencias de Valencia, ________ por el famoso arquitecto Santiago Calatrava, es una joya de la arquitectura contemporánea.

c. La Plaza Mayor de Almagro, ________ conjunto Histórico-Artístico en 1972, alberga en su interior el famoso Corral de Comedias.

d. Las obras de Velázquez ________ en el museo del Prado constituyen la mayor colección del pintor sevillano.

e. Los jardines Sabatini, ________ en la cara norte del Palacio Real siguiendo los cánones neoclásicos, son una de las zonas de recreo favoritas de los madrileños.

f. La villa de Lerma, ________ en corte de recreo de Felipe III, conserva uno de los mejores conjuntos arquitectónicos de España de estilo herreriano.

6. TU ESTRELLA PERSONAL

En parejas, cada uno de vosotros (A y B) tiene que completar una estrella con las instrucciones correspondientes. Después, enseñaos vuestras respectivas estrellas e intentad adivinar a qué corresponden esos datos (¡sin leer las instrucciones del compañero!).

A

1. Anota el año en el que terminaste los estudios.
2. Escribe el nombre de la primera persona de la que te enamoraste.
3. Escribe el nombre de la primera escuela en la que estudiaste.
4. Escribe la primera palabra de español que aprendiste
5. Una razón por la que mentirías.
6. El número de pie que calzas.
7. Escribe el nombre de una ciudad a la que nunca irías/volverías de vacaciones.
8. ....

B

1. Escribe el nombre de un actor con el que nunca te casarías.
2. Anota el nombre de una ciudad en la que vivirías.
3. Escribe dos razones por las que estudias español.
4. Escribe el nombre de una persona con quien te sientes muy a gusto.
5. Un producto que te provoca alergia.
6. Tres cosas que te llevarías a una lista desierta.
7. El año en el que empezaste a estudiar español.
8. ....

- A ver... Martin Feldman, ¿es un actor al que te gustaría conocer?
- No.

7. YO FUI A...

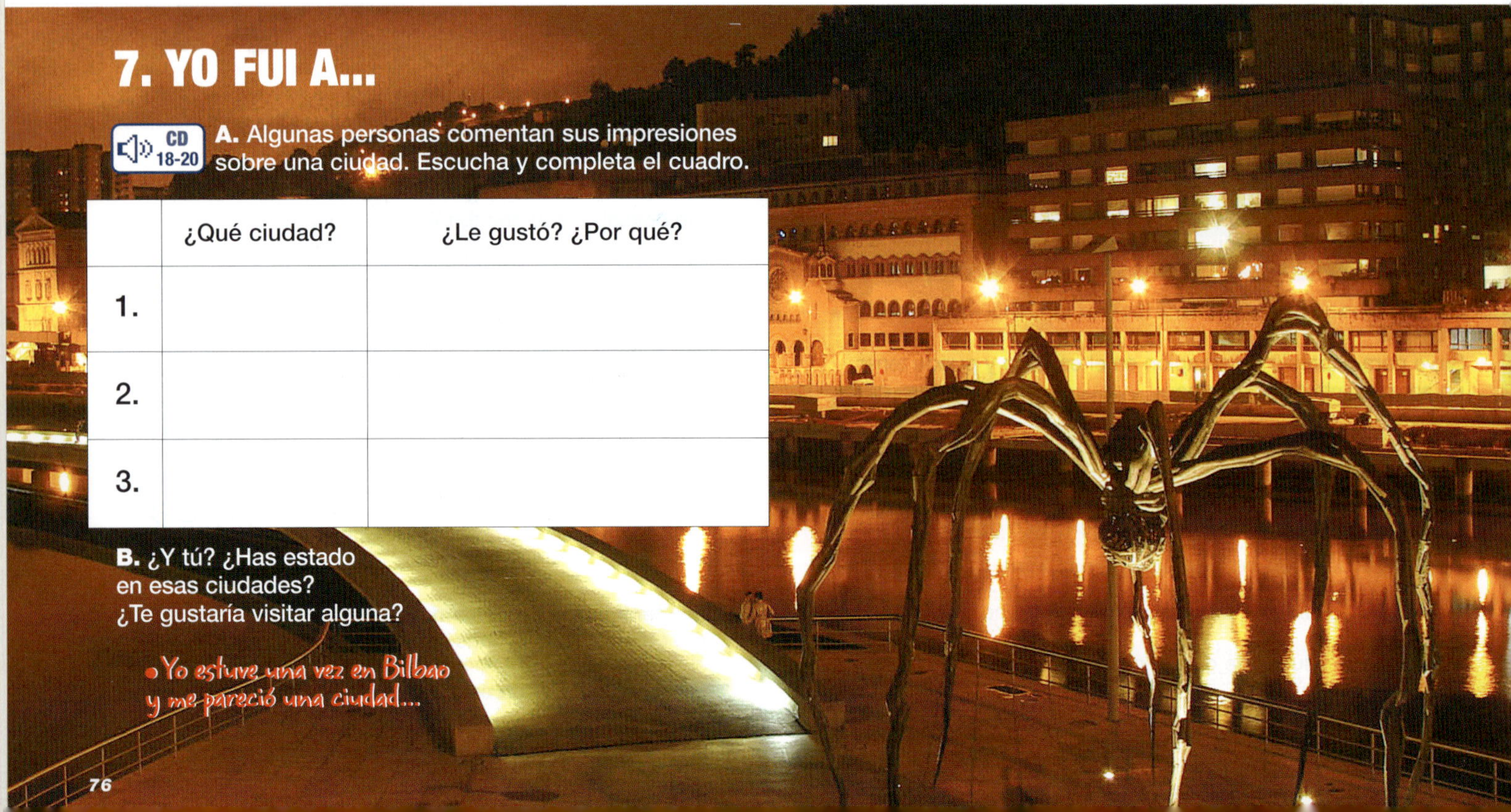

CD 18-20 **A.** Algunas personas comentan sus impresiones sobre una ciudad. Escucha y completa el cuadro.

	¿Qué ciudad?	¿Le gustó? ¿Por qué?
1.		
2.		
3.		

B. ¿Y tú? ¿Has estado en esas ciudades? ¿Te gustaría visitar alguna?

- Yo estuve una vez en Bilbao y me pareció una ciudad...

8. FELICIDAD ALTERNATIVA

A. Una serie de organizaciones han dado a conocer una lista de países clasificados según el grado de felicidad de sus habitantes. Lee el texto y di si estás de acuerdo con los criterios. ¿Cómo crees que se vive en tu país o en tu comunidad atendiendo a las ideas del texto?

Vanuatu encabeza "el otro G8"

El archipiélago de Vanuatu se encuentra en el Pacífico Sur, entre Australia y las islas Fiyi, y está formado por 83 pequeñas islas. Su población (unos 200 000 habitantes vive mayoritariamente de la pesca, no cuenta con reservas de petróleo y, además, desde hace poco, es el lugar más feliz de la Tierra.

Este es el resultado de un estudio que se ha basado en tres factores para decidir el "índice de felicidad": la esperanza de vida, el bienestar humano y las condiciones medioambientales. Estas son algunas de las conclusiones de dicho estudio, que pueden convertirse en una guía para alcanzar la felicidad alternativa:

Vivir en una isla: las islas puntúan mejor en el índice. Quienes viven en ellas muestran más autosatisfacción, tienen una esperanza de vida mayor y se ocupan más de su entorno.

Huir del G8: los ocho países más poderosos (Estados Unidos, Rusia, Francia, Reino Unido, Japón, Alemania, Italia y Canadá) no son ni de lejos los más felices. En parte, se debe al bajo nivel de satisfacción personal de sus habitantes y a la "ansiedad por el estatus", que nos hace confundir "tener más" con "ser más".

Conformarse con poco: los dominicanos, por ejemplo, con unos niveles de consumo muy bajo, alcanzan el puesto 27 en la escala de felicidad y se sitúan muy por encima de otros países en los que los niveles de consumo son muy altos.

Valorar al grupo: las sociedades donde la vida comunitaria desempeña un papel importante se consideran más satisfechas. Vivir en democracia y valorar más la lealtad o la creatividad que la riqueza ayuda a ser más feliz.

Mudarse a Centroamérica: una esperanza de vida de 70 años, una actitud positiva ante la vida y un uso racional de los recursos naturales convierten a esta región en la más feliz del planeta.

- En mi país también se consume mucho, así que...

B. Ahora, vais a pensar cuáles serían los criterios para determinar la calidad de vida o la satisfacción de los habitantes de una ciudad. Luego, elaborad un cuestionario basado en esos criterios y haced las preguntas a gente de la calle. ¿Están satisfechos con la ciudad en la que viven?

- Yo creo que uno de los criterios es el tamaño, si la gente piensa que es muy grande o muy pequeña, ¿no?
- Sí pero también es importante la cantidad de servicios. Si tienen bibliotecas, gimnasios, hospitales... Yo creo que podríamos preguntar algo así como...

9. CIUDAD DE VACACIONES

A. ¿Cómo es la ciudad donde vives durante la época de vacaciones? ¿Cambia con respecto al resto del año? Coméntalo con dos compañeros.

- En julio y en agosto, mi ciudad...

CD 21 **B.** Escucha un fragmento del poema "Pausa de agosto", de Mario Benedetti, que habla de cómo es Madrid en el mes de agosto. ¿Coincide lo que dice el poema con lo que acabáis de comentar sobre vuestra ciudad? ¿Hay ideas diferentes? Comentadlo entre todos.

Madrid quedó vacía
sólo estamos los otros
y por eso
se siente la presencia de las plazas
los jardines y las fuentes
los parques y las glorietas

como siempre en verano
madrid se ha convertido en una calma unánime
pero agradece nuestra permanencia
a contrapelo de los más

es un agosto de eclosión privada
sin mercaderes ni paraguas
sin comitivas ni mitines

en ningún otro mes del larguísimo año
existe enlace tan sutil
entre la poderosa
metrópoli
y nosotros pecadores
afortunadamente
los árboles han vuelto a ser
protagonistas del aire gratuito
como antes
cuando los ecologistas
no eran todavía imprescindibles

también los pájaros disfrutan
ala batiente de una urbe
que inesperadamente se transforma
en vivible y volable

los madrileños han huido
a la montaña y a marbella
a ciudadela y benidorm
a formentor y tenerife

y nos entregan sin malicia
a los otros que ahora
por fin somos nosotros
un madrid sorprendente
casi vacante despejado
limpio de hollín y disponible
(...)

10. PONGAMOS QUE HABLO DE...

A. Observa estas fotos de diferentes ciudades. ¿Te gustan? ¿Qué emociones y sensaciones te despiertan?

Córdoba (España)

Cancún (México)

Quito (Ecuador)

Buenos Aires (Argentina)

Santiago de Compostela (España)

Madrid (España)

Antigua (Guatemala)

• A mí la foto de Santiago de Compostela me gusta mucho. Me recuerda a...

PORTFOLIO

B. ¿Qué comparaciones y metáforas se te ocurren sobre la ciudad donde estás estudiando español? ¿Y sobre la tuya (si no se trata de la misma)? Si quieres, puedes darles forma de poema.

Granada, ciudad donde se funden las culturas,
cerca de las sierras donde se curan los jamones...

8

ANTES DE QUE SEA TARDE

En esta unidad vamos a

crear una campaña de concienciación social sobre algún problema que nos parezca interesante

Para ello vamos a aprender:

> construcciones temporales con **mientras, hasta (que), en cuanto, antes de (que), después de (que)** > **dicho/a/os/as, el/la/los/as citado/a/os/as, tal**
> diferentes recursos léxicos y gramaticales para cohesionar textos: uso de sinónimos, hiperónimos, hipónimos, pronombres...
> recursos para formar sustantivos
> vocabulario del ámbito del medioambiente

1. UNA CAMPAÑA

A. Acciona, una importante compañía, ha lanzado una campaña publicitaria. Aquí tenéis la página de entrada de su sitio web. ¿Cuál crees que es el tema de la campaña?

Todos tenemos derecho a disfrutar del mundo en el que vivimos. Las generaciones futuras también deberían poder hacerlo. Debería existir una manera de satisfacer nuestras necesidades actuales sin por ello disminuir las posibilidades de que las futuras generaciones satisfagan las suyas. ¿No te parece una buena manera de pensar en el futuro?

B. En la campaña se tratan algunos de los aspectos más importantes para asegurar un desarrollo de la economía compatible con el medioambiente. ¿Podrías relacionar cada problema, de los planteados a continuación, con las soluciones que aparecen en la página siguiente?

1. LA VIVIENDA

Todos queremos ver el mar desde el hotel, pero nadie quiere ver el hotel desde el mar. ¿Vamos a seguir construyendo hasta que no quede un solo kilómetro de costa sin urbanizar?
En España, los edificios representan el 32% de la emisión de de CO2 que se lanza a la atmósfera. El CO2 es un gas tóxico responsable del efecto invernadero, que está provocando el calentamiento global de la Tierra.

¿Qué podemos hacer?

2. LAS INFRAESTRUCTURAS

Todos queremos ir rápido a todas partes. Nadie quiere autopistas en todos lados.
Nuestro bienestar tiene peligrosas consecuencias. Solo en España se producen 35 millones de residuos de la construcción y demolición al año, una masa que cubriría noventa campos de fútbol hasta una altura de 25 metros.

¿Qué podemos hacer?

3. LA ENERGÍA

La demanda de energía sigue creciendo. Las fuentes siguen agotándose. ¿No deberíamos desarrollar fuentes alternativas de energía antes de que se agote el petróleo?
Si todos los países lograsen alcanzar el modelo de vida occidental, serían necesarios más de tres planetas Tierra para abastecernos de los recursos naturales y energéticos necesarios.

¿Qué podemos hacer?

4. EL AGUA

El agua potable es un bien cada vez más escaso. Las necesidades de agua son cada vez mayores. Las reservas de agua son cada vez menores. Mientras nos lavamos los dientes con el grifo abierto (un mal hábito en el que se consumen 12 litros de agua por minuto), 30 000 personas mueren al día por enfermedades relacionadas con agua en malas condiciones. La escasez de agua potable es una amenaza que afecta ya a 1000 millones de personas.

¿Qué podemos hacer?

5. EL TRANSPORTE

¿CÓMO VIAJAREMOS?
Todos queremos ir en coche. Nadie quiere respirar aire contaminado.
La amenaza más grave para nuestro planeta sigue siendo el efecto invernadero, provocado por las más de 1000 toneladas de gases contaminantes que llegan a la atmósfera por segundo.

¿Qué podemos hacer?

Construir viviendas ecoeficientes.

☐ Para que nuestros hogares y edificios contaminen menos, debemos impulsar el uso de materiales no tóxicos y no contaminantes en la construcción. Construir edificios que capten energía solar a través de paneles térmicos, que gestionen eficientemente el uso del agua, que utilicen lámparas de bajo consumo, que tengan zonas ajardinadas… Si lo hacemos, el ahorro energético de estas viviendas puede llegar hasta el 30% y emitir un 55% menos de CO2.
¿Por qué no construir de forma sostenible?

Apostar por la innovación.

☐ Si usamos materiales y componentes más duraderos y resistentes a la corrosión, alargaremos la vida útil de las construcciones. Rompiendo las reglas actuales de la construcción, usando nuevas tecnologías y productos reutilizables reduciremos el impacto de estos materiales en el medioambiente.
¿Empezamos a pensar más para destruir menos?

Buscar nuevas formas de energía que no se agoten ni contaminen.

☐ Están más cerca de lo que crees. El sol, el viento, el agua son fuentes inagotables de energía que contaminan tan poco que el impacto medioambiental que provocan es mínimo. La investigación y el desarrollo en este campo serán claves para nuestro futuro.
¿Por qué no explorar nuevos caminos?

Evitar el despilfarro, desalar, depurar y potabilizar a gran escala.

☐ ¿Para qué? Para que podamos depurar tanta agua como ensuciamos. Además, hasta que no aprendamos a vivir con menos agua, desalar el agua del mar es la mejor manera de "crear" agua potable.
¿La dejamos correr o racionalizamos su uso?

Utilizar biocombustibles.

☐ El uso de estos nuevos carburantes reduciría considerablemente la contaminación atmosférica y de las aguas, y los problemas asociados a este tipo de contaminación, como el asma. Además, en caso de que las grandes potencias decidieran usarlos, su importación favorecería a los países en vías de desarrollo, gracias al aumento de los ingresos.
¿Le ponemos freno a la contaminación?

C. ¿Qué te parecen las actuaciones propuestas? ¿Crees que son fáciles de realizar? ¿Aplicas o piensas aplicar personalmente algunas?

- *A mí me gustaría comprarme uno de esos coches que funcionan con gasolina y con metanol…*
- *Pues yo reciclo bastante: el papel…*

D. ¿Te parecen efectivas las campañas de este tipo?

*La fuente de los contenidos pertenece a Sostenibilidad.com, una iniciativa de ACCIONA

2. ANTES DEL MÓVIL

A. Lee el siguiente artículo sobre la telefonía móvil. ¿Estás de acuerdo con las afirmaciones que en él se hacen? ¿Te sientes reflejado en algun aspecto?

COMPAÑERO INSEPARABLE

¿Se acuerda usted de cómo era su vida antes de tener móvil o tal vez es tan joven que casi nació en la era del móvil? ¿Se resistió mucho tiempo y fue de esos que solo compraron su primer teléfono móvil después de que todos sus amigos y familiares tuvieran uno? ¿Fue uno de los primeros adeptos? ¿O para usted es algo totalmente natural ya que tiene uno desde que tiene uso de razón? Da lo mismo, porque seguro que usted, resistente, adepto o joven de la generación móvil, tiene uno de esos aparatos.

Son muchos los aspectos de la vida cotidiana que han cambiado gracias a la popularización de la telefonía móvil. Pero, como sucede a menudo con los grandes inventos o avances tecnológicos, los móviles se han impuesto de tal manera que ya casi no nos acordamos de cómo era la vida antes de empezar a llevar siempre nuestro teléfono en el bolsillo.

Sin duda, uno de los aspectos de nuestra vida social que más han cambiado después de que todo el mundo (sí, todo el mundo, ¡en España hay más de 40 millones de móviles!) tuviera un móvil, es la manera de quedar y, en cierta manera, el valor de las citas. Jóvenes y no tan jóvenes se citan (para tomar algo, para ir al cine, para verse en casa, etc.) de una manera diferente a como se hacía hace tan solo 10 años y antes de, finalmente, llegar a encontrarse, es frecuente que se envíen numerosos mensajes, hablen o se hagan las populares (y aún gratuitas) llamadas perdidas.

Pero hay un aspecto tal vez más importante de la revolución móvil y es el hecho de que, en muchos países en vías de desarrollo, la telefonía móvil se ha adelantado a la fija y ha llegado antes que esta a las clases populares. Así, en ciudades en las que la instalación de una línea fija estaba (por su elevado precio) fuera del alcance de muchísimas personas y en las que solo se conseguía tener un teléfono en casa después de esperar años, los móviles han aportado una solución rápida, flexible y, si no barata, al menos accesible.

B. ¿En qué otros aspectos crees que la telefonía móvil ha cambiado la vida de las personas? ¿Qué nuevas cosas nos permite hacer?

C. Piensa en algún otro invento o avance tecnológico que haya cambiado la vida de las personas. ¿Cuál? ¿En qué ha cambiado la vida de la humanidad?

3. CUANDO LLEGÓ EL INVIERNO

A. Relaciona las frases de la izquierda con su continuación más lógica. A veces existen varias combinaciones.

1. Las temperaturas bajan 2. Las temperaturas bajarán 3. Las temperaturas bajaron	a. **cuando llegue** el invierno. b. **cuando llegó** el invierno. c. **cuando llega** el invierno.
4. La temperatura del agua sube cada año 5. La temperatura del agua subirá 6. La temperatura del agua subió	a. **hasta que** la vida **se haga** imposible en el lago y los peces mueran. b. **hasta que** la vida **se hace** imposible en el lago y los peces mueren. c. **hasta que** la vida **se hizo** imposible en el lago y los peces mueran.
7. No se puede entrar en el parque 8. No se podrá entrar en el parque 9. No pudimos entrar en el parque	a. **mientras duró** la época de celo de los leones. b. **mientras dure** la época de celo de los leones. c. **mientras dura** la época de celo de los leones.
10. Las aves vuelven al lago 11. Las aves volverán al lago 12. Las aves volvieron al lago	a. **en cuanto empezaron** las lluvias. b. **en cuanto empiezan** las lluvias. c. **en cuanto empiecen** las lluvias.

B. Ahora, fíjate en las frases de la derecha y contesta a estas preguntas.

¿En cuáles hablamos del presente habitual? ¿Qué tiempo verbal se utiliza?
¿En cuáles hablamos del futuro? ¿Qué tiempo verbal se utiliza?
¿En cuáles hablamos del pasado? ¿Qué tiempo verbal se utiliza?

C. Busca un final para las frases de la izquierda y un principio para las de la derecha. ¡Completa las frases de manera lógica!

- Dejaremos de depender tanto del petróleo **cuando**...
- La humanidad dejó de depender tanto de la luz solar **cuando**...
- Debemos prohibir la explotación incontrolada de las selvas tropicales **antes de que**...
- Afortunadamente, el gobierno prohibió la explotación incontrolada de las selvas tropicales **cuando**...
- La población de osos fue disminuyendo **hasta que**...
- La población de osos continuará disminuyendo **hasta que**...

... **mientras** las reservas de agua disminuían.

... **mientras** las reservas de agua continúen siendo bajas.

... **en cuanto** apaguen el incendio.

... **en cuanto** apagaron el incendio.

4. UN INCENDIO

A. Lee la siguiente noticia sobre un incendio en España. ¿Sabías que en España cada verano los incendios representan un grave problema medioambiental? ¿Pasa lo mismo en tu país?

B. Fíjate en las estructuras destacadas. ¿Qué verbos las acompañan? ¿Crees que se pueden usar indistintamente los dos tiempos verbales? ¿De qué depende que se use una u otra?

ACCIDENTE CON INCENDIO EN MARCILLA DEL CAMPO

Hacia las 3 h de la noche de ayer se declaró un incendio en Marcilla del Campo. Al parecer, el fuego se inició en un coche que sufrió un accidente en la carretera comarcal K-233. El vehículo chocó contra un árbol y, **antes de que** el conductor pudiera evitarlo, el motor prendió fuego. Afortunadamente, las llamas comenzaron **después de que** el único ocupante del turismo lograra salir por su propio pie del interior del automóvil. El incendio se propagó rápidamente y alcanzó una zona boscosa de difícil acceso. Un dispositivo del cuerpo municipal de bomberos de Marcilla, alertado por el propio accidentado, se dirigió al lugar del siniestro pero, **antes de llegar**, sufrió una grave avería, lo que obligó a acudir a los bomberos de la cercana localidad de Pinilla. Las condiciones meteorológicas, sin embargo, fueron favorables a la extinción: el viento era casi inexistente y, **poco después de llegar** la dotación de bomberos de Pinilla, una fuerte tormenta ayudó a que el fuego no se propagara. Esta madrugada, antes de la salida del sol, se dio por extinguido el incendio.

5. UN INFORME

A. Aquí tienes el comienzo de un artículo sobre un tema relacionado con el agua. Léelo y decide, con un compañero, qué título le podríais poner. ¿Existen en tu país conflictos como el que presenta este artículo?

B. Ahora fíjate en las palabras subrayadas. Son sinónimos de otras palabras que aparecen anteriormente en el texto, las usamos justamente para no repetir. ¿A qué palabras equivalen en cada caso?

C. Las palabras en negrita sirven, en cambio, para señalar que el sustantivo que las sigue se refiere al mismo sustantivo que ya ha sido citado anteriormente. ¿Podrías usar algún otro recurso para hacer lo mismo?

En la región andina tradicionalmente los pueblos indígenas han gestionado el agua y han resuelto los conflictos alrededor de <u>este recurso</u> siguiendo sistemas propios, mediante lo que podríamos llamar una "cultura del agua" indígena. Sin embargo, en la actualidad **dichos** sistemas de gestión están en grave peligro ya que los gobiernos estatales de **estos** países han impuesto nuevas leyes y regulaciones que ignoran el derecho al agua del que han disfrutado durante siglos los pueblos <u>nativos</u> de la región. Los <u>estados</u> y las empresas privadas, al no reconocer **tales** derechos, ponen en peligro la supervivencia de las comunidades indígenas campesinas. (...)

6. LA ESCASEZ DE LA PRODUCCIÓN Y SU VIABILIDAD

A. Los lenguajes técnico y divulgativo suelen ser muy sintéticos gracias al uso de sustantivos que, en cierta manera, resumen frases. ¿Qué frases resumen los sustantivos en negrita? Fíjate en el ejemplo.

1. La **escasez** de alimentos provoca una **subida** de los precios.

   Los alimentos son escasos; eso provoca que los precios suban.

2. El **crecimiento** de la población dificulta la **recuperación** de las zonas naturales.
3. La **viabilidad** del proyecto depende de la **aprobación** de la ley.
4. Las ONG dan una respuesta más rápida a algunos problemas gracias a su **flexibilidad**.
5. La **rapidez** de la respuesta ante el fuego es esencial para evitar la **quema** de grandes extensiones.
6. La **realización** de este estudio será costeada por fondos europeos.
7. El gobierno ya ha demostrado su **incapacidad** ante estos nuevos fenómenos.

B. Ahora, completa este cuadro con los sustantivos, verbos y adjetivos correspondientes.

VERBO	SUSTANTIVO DE PROCESO/ACCIÓN
actuar	
	la realización
	la pérdida
decidir	
cambiar	
descubrir	
	la prueba
	la compra
suprimir	
	el aumento
	la disminución
contaminar	
reciclar	
ADJETIVO	**SUSTANTIVO DE CUALIDAD/PROPIEDAD**
bello/a	
	la igualdad
	la tranquilidad
sociable	
tímido/a	
escaso/a	
	la sinceridad
oscuro/a	
capaz	
alto	
ancho	
fino	
cierto	

C. Fíjate en los sufijos que usa el español para crear sustantivos. ¿De qué género son los sustantivos así creados? ¿Conoces otras palabras formadas con los mismos sufijos?

CONSTRUCCIONES TEMPORALES

MIENTRAS

EN FRASES REFERIDAS AL PASADO
- **Mientras en Europa los hombres vivían en cuevas**, en Egipto **florecía** una sofisticada civilización.
- **Mientras pudieron**, los bomberos **evitaron** que el fuego se extendiera.
- **Mientras el petróleo ha sido barato**, no **hemos buscado** otras alternativas.

EN FRASES REFERIDAS AL PRESENTE
- ¿Por qué los gobiernos no **hacen** nada **mientras los bosques tropicales desaparecen**?

EN FRASES REFERIDAS AL FUTURO
- El cambio climático **continuará** avanzando **mientras no tomemos conciencia del peligro que supone**.

DESPUÉS DE QUE

EN FRASES REFERIDAS AL PASADO
- El consumo de agua **disminuyó** mucho **después de que empezamos/empezáramos a usar agua de lluvia para regar**.

EN FRASES REFERIDAS AL PRESENTE
- Cada año, el consumo de agua **disminuye después de que el gobierno amenaza con restricciones**.

EN FRASES REFERIDAS AL FUTURO
- **Después de que el parlamento apruebe la ley**, los ayuntamientos **deberán** reciclar sus residuos.

ANTES DE QUE

EN FRASES REFERIDAS AL PASADO
- Los dinosaurios se extinguieron **antes de que** el hombre **poblara** la Tierra.

EN FRASES REFERIDAS AL PRESENTE
- Las aves empiezan a emigrar **antes de que empiece** el invierno.

EN FRASES REFERIDAS AL FUTURO
- ¿Sabremos solucionar los problemas energéticos **antes de que sea** demasiado tarde?

! Recuerda que cuando coincide el sujeto de la oración principal con el de una oración temporal introducida por **antes de** o **despues de**, el verbo de esta aparece en Infinitivo. Esto también ocurre cuando el sujeto de la frase temporal está claro por el contexto.

- **Después de apagar** el incendio, los bomberos se quedaron unas horas más para evitar nuevos focos.

NOMINALIZACIÓN

NOMBRES DERIVADOS DE VERBOS

Estos nombres pueden sustituir a una frase en la que la acción es la designada por el verbo de origen. Muchos sustantivos se forman a partir de verbos añadiendo a estos sufijos. Los más frecuentes son los siguientes.

-CIÓN/-CCIÓN/-SIÓN
- **La actuación de los equipos sanitarios tras el accidente** fue enormemente eficaz. (= los equipos sanitarios actuaron muy eficazmente tras el accidente)

! Los sustantivos terminados en **-ción/-cción/-sión** son femeninos y normalmente indican el proceso o el resultado de una acción.

elaborar → **la elaboración** reducir → **la reducción**
cocer → **la cocción** revisar → **la revisión**

-ADO/-ADA/-IDO/-IDA
- **El etiquetado de los productos alimenticios** debería estar más controlado. (= los productos alimenticios no se etiquetan con el suficiente control)

envasar → **el envasado** retirar → **la retirada**
silbar → **el silbido** salir → **la salida**

-MIENTO
- **El descubrimiento de nuevas enfermedades que afectan a los bosques** es una señal de la degradación del medio. (= se descubren nuevas enfermedades que afectan a los bosques)

levantar → **el levantamiento** sufrir → **el sufrimiento**
derrumbar → **el derrumbamiento** sentir → **el sentimiento**

! En algunos casos, el sustantivo presenta algún cambio con respecto al verbo.

disolver → **la disolución** inscribir → **la inscripción**
pedir → **la petición** crecer → **el crecimiento**

-AJE
- **El reciclaje** del papel permite ahorrar grandes cantidades de agua. (= reciclar permite ahorrar grandes cantidades de agua)

drenar → **el drenaje** almacenar → **el almacenaje**
embalar → **el embalaje** aterrizar → **el aterrizaje**

Otros sustantivos emparentados con verbos no presentan los sufijos anteriores y, por lo general, son masculinos.

consumir → **el consumo** *probar → **la prueba**
cultivar → **el cultivo** *citar → **la cita**
transportar → **el transporte**
usar → **el uso**

NOMBRES DERIVADOS DE ADJETIVOS

Estos nombres pueden sustituir a una frase en la que se expresa un cualidad (en general, frases con **ser** y **estar**).

-EZ/-EZA

- Parece que las administraciones no son sensibles a **la belleza de nuestros paisajes naturales.** (= nuestros paisajes naturales son bellos)

cálido → **la calidez** triste → **la tristeza**
escaso → **la escasez** firme → **la firmeza**

-URA

- **La altura de aquellos árboles** indica que el bosque es muy antiguo. (= aquellos árboles son más o menos altos)

fino → **la finura** hondo → **la hondura**
amargo → **la amargura** dulce → **la dulzura**

-IDAD

- Nuestros ríos dependen de **nuestra capacidad para defenderlos.** (= somos capaces de defenderlos o no)

oscuro → **la oscuridad** nacional → **la nacionalidad**
generoso → **la generosidad** regular → **la regularidad**

COHESIONAR TEXTOS

RECURSOS LÉXICOS

En muchos textos, es necesario retomar partes del discurso ya mencionadas y, en numerosas ocasiones, no queremos repetir con las mismas palabras aquello que ya hemos dicho. Para ello, podemos usar varios recursos.

SINÓNIMOS

El **incendio** se propagó rápidamente. Las causas del **fuego** son aún desconocidas.

NOMBRES REFERIDOS A UNA CATEGORÍA A LA QUE PERTENECE EL NOMBRE CITADO O A UNA CARACTERÍSTICA DEL MISMO

El accidente destrozó el **coche**. No obstante, los ocupantes abandonaron el **vehículo** por su propio pie.
Hará frío en **Madrid**: las temperaturas en la **capital** no pasarán de los cero grados.
Frida Kahlo tuvo una vida difícil. La **pintora mexicana**, recluida en una silla de ruedas...

En textos más formales, estos nombres pueden ir acompañados de adjetivos como **dicho/a/os/as** o expresiones como **el/la/los/las citado/a/os/as**.

Rayuela, de Cortázar, es un clásico de la narrativa del siglo XX. **Dicha** obra es, además, una de las más vendidas...

Cuando se usan estos recursos, no es extraño repetir el mismo nombre.

Un informe sobre el estado de la red ferroviaria ha desatado la polémica. En el **citado** informe se recogen datos que...

Cuando un nombre (circunstancias, caso, condiciones, etc.) retoma y resume una parte del discurso dicha anteriormente, es frecuente que vaya acompañado de **tal(es)**.

- ¿Van a ir a la montaña? ¿Sabéis que se prevén fuertes lluvias para este fin de semana?
- ○ Sí, sí, pero hemos decidido ir igual.
- En tal caso, llevaos un móvil y baterías de repuesto...

Las temperaturas seguían subiendo y la humedad era muy baja. En **tales circunstancias**, un gran incendio podía ser devastador.

Estos recursos se pueden aplicar también a frases, a ideas o a fragmentos completos de lo ya dicho anteriormente.

Las autoridades del país anunciaron que **no van a renovar el tratado internacional sobre la pesca de la ballena. La citada/esta/dicha/tal decisión** ya ha provocado diferentes reacciones de la comunidad internacional.

RECURSOS GRAMATICALES

Como ya sabes, los pronombres personales átonos se usan para referirse a personas, cosas y frases ya citadas que reaparecen en función de Objeto Directo o de Objeto Indirecto.

- Estuve con **Eva**; **la** encontré muy cambiada.
- Me dijeron **que estabas de vacaciones en Creta**. ¡No **lo** sabía!
- Ayer vi a **Juan** y a **Marta** y **les** di tu recado.

En ocasiones, se usan los pronombres personales tónicos para hacer referencia a personas y, con menos frecuencia (sobre todo en textos de registros más elevados), a objetos o a enunciados.

Nunca detuvieron a **Juan Balomo** a pesar de que **él** era el único sospechoso del crimen.
Las chicas del equipo argentino sabían que podían ganar. Además, el público estaba con **ellas**.
Los **fondos** recaudados se usarán con fines humanitarios: con **ellos** se comprarán medicamentos y alimentos que serán enviados a zonas castigadas por conflictos bélicos.
El Ayuntamiento debe decidir hoy **si se aprueba el nuevo plan urbanístico**: de **ello** depende el futuro de muchas familias de la zona.

! Para retomar una frase o un fragmento del discurso, se suele preferir **eso**.

- La nota mínima para entrar en la Facultad de Medicina es de 8,6. **Eso** hace que muchos alumnos no elijan esa carrera.

7. RECICLA

Una de las cuestiones importantes para el desarrollo sostenible es el tratamiento de los residuos. En parejas, escribid un texto en un registro culto planteando el problema y ofreciendo soluciones. Os podéis basar en las siguientes notas.

- **17 millones de toneladas de residuos al año en España**
- **más de 40 millones de habitantes**
- **70% de los residuos no tratados ⇢ directamente a los vertederos ⇢ eso produce gas metano ⇢ efecto invernadero**
- **50% de los residuos = materia orgánica**
- **materia orgánica = utilizable para la recuperación de suelos**
- **1 tonelada de papel reciclado = 15 árboles talados**
- **94% del plástico es reciclable**

8. VUELAN VUELAN

¿Os apetece jugar a un juego llamado "vuelan vuelan"? Podéis hacerlo con los verbos **volar**, **nadar**, **respirar**, **crecer**, **contaminar**, **reciclarse**, **gastar** u otros que se os ocurran.

INSTRUCCIONES

Uno de los participantes dice *"Vuelan vuelan..."* y deja un tiempo antes de decir un nombre. Si los animales u objetos que dicen realmente vuelan (por ejemplo, "los aviones"), todos los demás participantes deberán levantar la mano rápidamente (el último en hacerlo pierde un punto); pero si no vuelan, no deben levantar la mano (si alguien lo hace, pierde también un punto).

9. ¿FUE ANTES O DESPUÉS?

Aquí tienes una serie de afirmaciones que pueden resultar polémicas. Podéis discutirlas toda la clase poniendo en común las informaciones que tengáis al respecto.

Antes de que los españoles llegaran a América, los vikingos ya habían estado en Canadá.

Cuando las reservas de petróleo se acaben, el planeta entrará en una enorme crisis energética y todo cambiará.

Antes de que se acaben las reservas de petróleo, se descubrirá la manera de hacer funcionar los motores con agua.

Antes de que Nobel patentara la dinamita en Europa, los chinos ya la habían inventado, al igual que la imprenta.

Cuando los gobiernos decidan actuar realmente contra el efecto invernadero, será demasiado tarde y las ciudades de la costa de todo el mundo desaparecerán.

La selva amazónica continuará desapareciendo mientras los gobiernos de la zona no tomen medidas serias y prohíban totalmente la tala de árboles.

10. PELIGROS Y AMENAZAS

A. Los peligros que amenazan el medioambiente son muchos y muy variados. En parejas, pensad en cuáles son los que afectan a los siguientes ámbitos y haced, en una hoja, una pequeña lista.

LOS MARES

La contaminación. En muchos lugares, se tiran al mar directamente los residuos de...

LAS SELVAS TROPICALES

LOS RÍOS

EL CLIMA

B. Pasad vuestra hoja a otro grupo. Ellos deberán pensar cuáles son las mejores ideas y soluciones para cada uno de los peligros o amenazas al medioambiente que habéis señalado.

11. EL JUEGO DEL ABECEDARIO

¿Qué cosas se pueden encontrar en los lugares de las fotografías? Vuestro profesor os dirá una letra del abecedario. Cada uno deberá buscar algo que se puede encontrar en esos lugares que empiece por esa letra. ¿Quién acaba primero?

EN EL MAR

EN LAS MONTAÑAS

EN LOS RÍOS

EN LAS SELVAS Y EN LOS BOSQUES

12. UNA CAMPAÑA

CD 22 **A.** Las campañas publicitarias de concienciación social empiezan, en ocasiones, con un primer anuncio cuyo objetivo no es totalmente evidente. Vas a escuchar un anuncio correspondiente a una campaña de este tipo. ¿Cuál crees que es su objetivo? Discútelo con tus compañeros.

CD 23 **B.** Escucha ahora el anuncio que siguió al anterior. ¿Eran acertadas tus hipótesis?

13. ¿QUÉ PASARÁ SI...?

En parejas, intentad crear la cadena de causas y consecuencias más larga que podáis a partir de cada uno de los hechos propuestos.

- La subida radical de la temperatura del planeta.
- La destruccion de las selvas tropicales.
- El agotamiento de las reservas de petróleo.
- El estallido de una guerra nuclear.

- Si la temperatura de la tierra sube radicalmente, se producirá el deshielo de los polos. Si se produce el deshielo de los polos...

14. CREAR CONCIENCIA

A. Ahora, en grupos de tres o cuatro, vais a crear una campaña de concienciación ciudadana sobre un problema o una cuestión cercana a vosotros que os parezca importante, interesante o divertida. Podéis escoger una de estas tres posibilidades o pensar otra.

UNA CIUDAD O UN BARRIO MÁS SILENCIOSOS

Cómo crear un entorno menos ruidoso y evitar que las personas, los transportes, los establecimientos de ocio, etc., interfieran en la paz acústica.

UNA CIUDAD MÁS LIMPIA, ARMONIOSA Y ELEGANTE

Cómo conseguir una ciudad más bella, qué cambios proponemos, qué cosas prohibimos, cómo incentivamos a personas, comercios, instituciones, etc., para que todo sea más bello.

AHORRAR AGUA Y/O ENERGÍA

Qué hacer para gastar menos, reciclar más y no desperdiciar. Qué podemos hacer las personas con el gasto de agua de nuestras cocinas, baños, jardines... Qué pueden hacer las instituciones y las empresas con respecto al suministro de agua, al mantenimiento de parques, jardines, a la fabricación de material vinculado al consumo de agua...

B. Decidid ahora qué tipo de campaña vais a crear. Podéis darle forma de página web (con una página de entrada y, en la siguiente, varias secciones que desarrollen los diferentes aspectos de la cuestión) o de cartel publicitario (con textos que expliquen diferentes aspectos del problema que deseáis tratar).

C. Presentad vuestra campaña ante el resto de la clase.

9 VIVIR PARA TRABAJAR

En esta unidad vamos a

escribir una página de presentación para la web de una empresa

Para ello vamos a aprender:

> las subordinadas concesivas: **aunque, a pesar de**
> a reformular: **es decir; esto es; o sea**
> a ejemplificar: **un ejemplo, por ejemplo, a modo de ejemplo**
> a describir una empresa
> a hablar de un trabajo: cualidades, funciones, problemas y sentimientos
> algunas de las características de los textos escritos formales
> vocabulario del ámbito del trabajo y de los sentimientos

1. ¿EL TRABAJO ES SALUD?

A. ¿Has oído hablar del estrés laboral? ¿Qué profesiones crees que lo provocan más? Con un compañero, elabora una lista de posibles causas de estrés en el trabajo.

- *Yo creo que una de las profesiones con más estrés es la de médico porque...*

B. Lee ahora el siguiente artículo sobre trabajo y estrés. Compara lo que dice con la lista que habéis elaborado en el apartado anterior. ¿Hay coincidencias?

Cuando el trabajo escapa a nuestro control

¿Has perdido el interés y la motivación por tu profesión? ¿Te sientes quemado? Si es así, puede que seas una víctima más del estrés laboral, un trastorno que afecta cada vez a más personas y que es una de las primeras causas de bajas laborales en los países industrializados.
Por Menchu Inestrillas.

La competitividad, las jornadas interminables, la despersonalización o la rutina son factores que van minando la salud de los trabajadores lenta pero inexorablemente hasta que, un día, aparecen el insomnio, el agotamiento o la falta de apetito. El virus del estrés ya se ha instalado. A partir de ese momento, el individuo ve pasar la vida rápidamente, pero no participa en ella. Las consecuencias: sentimiento de frustración, apatía, falta de concentración, incapacidad para tomar decisiones, etc. Se suceden los olvidos y se incrementa la sensibilidad a la crítica. El estrés no es más que la preparación del cuerpo para un peligro; es decir, el organismo comienza a segregar ciertas sustancias para incrementar sus defensas y prepararse para un ataque.

Profesiones con más estrés
Aunque no existe un perfil del trabajador "estresado" definido como tal, porque nadie está a salvo de este síndrome, los especialistas han encontrado evidencias de que existe una conexión entre el grado de estrés y algunas profesiones. A continuación, veremos algunas de ellas.

Trabajadores en cadena
Una de las principales causas del estrés es el trabajo en cadena. En este tipo de trabajos, no se exige pensar y suele haber una gran desvinculación con la empresa, debido en parte al desconocimiento sobre el producto que se realiza y la importancia de su papel. Por eso, muchos de estos trabajadores se sienten perdidos y creen que su trabajo no tiene sentido. Pueden realizar, además, jornadas laborales maratonianas y acumular muchas horas, con lo que el desgaste físico y psicológico es todavía mayor.
Otras profesiones mecánicas y despersonalizadas: cajeros y personal de autopistas (peajes).

Mineros
Vivir bajo la amenaza de un peligro constante es una de las principales causas de estrés. Los mineros viven en alerta permanente y desarrollan su actividad en un entorno hostil: sin luz, sin aire puro, a muchos de metros de profundidad... Es, además, una angustia que se transmite a familiares y allegados, que esperan jornada tras jornada que vuelvan sanos y salvos a casa.
Otras profesiones peligrosas: policías y bomberos.

Pilotos
Los pilotos civiles son responsables de manejar en condiciones de seguridad aviones de carga y pasajeros, con la enorme presión psicológica que ello conlleva. En líneas aéreas con un gran volumen de operaciones, los pilotos pueden llegar a hacer hasta cinco vuelos diarios de corto recorrido o uno si se trata de vuelos transoceánicos. Aunque hagan escalas en lugares paradisíacos, no lo viven como unas vacaciones, sino como un descanso forzoso antes de volver a empezar la jornada que los devuelva a sus casas.
Otras profesiones de las que dependen vidas humanas: controladores aéreos y cirujanos.

Marinos
Los marinos, tanto del ejército como de la marina mercante, viven su trabajo en situación de confinamiento. Para ellos no existe el concepto de jornada laboral, sino el de quincena o mes de trabajo (los pescadores de altura pueden incluso pasar de tres a seis meses en el mar). Durante ese tiempo, están lejos de sus casas y casi no tienen contacto con nadie excepto con sus compañeros. La sensación de no poder escapar del barco, de no poder evitar la compañía de los compañeros, de no tener espacio físico para su intimidad acaba haciendo mella en estos profesionales, que pueden acabar siendo víctimas de una depresión.
Otras profesiones que implican un confinamiento: vigilantes y personal de centros nucleares o de investigación.

C. ¿A cuál de las profesiones anteriores no podrías dedicarte? ¿Por qué? ¿Qué te estresa más en el trabajo o en los estudios? Coméntalo con tus compañeros.

- *A mí lo que más me estresa es...*

2. CONCILIACIÓN LABORAL

A. ¿Habéis oído hablar de la conciliación en el mundo del trabajo? En parejas, anotad las palabras que asociais a ese concepto. Luego, ponedlas en común con el resto de compañeros y, entre todos, intentad dar una definición de conciliación laboral.

B. Ahora, leed este texto, que recoge las experiencias de empresarias y empresarios españoles en el terreno de la conciliación. ¿Qué idea destacaríais de cada uno de los entrevistados? ¿Por qué?

- *De Arantxa Urruti, yo destacaría lo de que los hombres no tienen que escoger entre trabajo y familia, porque me parece...*

Mujeres y hombres conciliadores

Por Chus Domínguez.

Las medidas de conciliación laboral (esto es, el equilibrio entre trabajo y familia) han demostrado ser rentables en numerosos países. Sin embargo, el empresariado español, mayoritariamente masculino, aún no ve sus ventajas. Son las mujeres, sobre todo las directivas, quienes más las aprovechan. Estas son algunas experiencias.

Arantxa Urruti: "Saber conciliar requiere una cierta actitud mental." Hace unos años dirigía una empresa con más de 60 empleados, pero, con el nacimiento de su segundo hijo, las cosas empezaron a complicarse. "En ese momento aparecieron las dificultades para equilibrar una vida laboral plena con la familiar", confiesa. Así que decidió abandonar la firma que había dirigido durante más de ocho años y, en 2004, fundó una consultora especializada en organización laboral y en diseñar planes de conciliación para otras empresas (concili@.com). Desde su actual puesto, disfruta del crecimiento de su empresa y del de sus hijos, pero se queja de la desigualdad que todavía existe entre hombres y mujeres: "a ellos ni se les plantea tener que escoger entre trabajo y familia".

Leandro Miralles. "Hay que asumir riesgos." Hace años que en la empresa que dirige Leandro intentan ofrecer cierta flexibilidad horaria a los trabajadores. "Estamos convencidos de que es mucho más rentable trabajar con gente que sabe equilibrar sus necesidades personales con las exigencias de su puesto. Es una reacción en cadena; es decir, cuanto más aumenta la satisfacción personal del trabajador, más aumenta su motivación y su compromiso con el trabajo. Además, gracias a la tecnología, resulta mucho más fácil organizar el trabajo de otra manera."

Raquel Rojo: "No hay garantía de que aunque uno trabaje muchas horas, su trabajo sea mejor." Las nuevas generaciones empiezan a cuestionarse las largas jornadas laborales. En palabras de Rojo, "¿Por qué promocionar a quien necesita más horas para hacer el trabajo? Lo malo es que desde la dirección de una empresa tradicional las cosas no suelen verse así". Según esta joven empresaria, "muchos directivos se han educado en la idea de que hay que estar aquí, en la oficina, para trabajar, o sea, si no te veo, no te creo. Tampoco sirve de nada que la empresa implante una política de conciliación si al empleado que se va antes a casa su jefe lo mira mal. He visto casos de trabajadores que se acogerían a medidas conciliadoras, pero lo cierto es que no se atreven a hacerlo por temor a las represalias. El mensaje de las empresas debería ser 'me interesas como profesional y como persona y me interesa lo que haces'. Solo así se puede contar con buenos profesionales."

Melania García Melero. "Aunque educar sea cosa de dos, acabamos conciliando las mujeres." "Cómo compaginar trabajo y familia es cosa de dos, aunque, de hecho, acabamos siendo las mujeres las que cedemos o renunciamos a ciertas aspiraciones profesionales para dedicarnos a la familia. Aunque tengamos cierto protagonismo biológico a la hora de traer hijos al mundo, no creo que debamos asumir en exclusiva la tarea de criar a los hijos: los hombres saben y pueden ejercerla tan bien como nosotras. Lo que pasa es que, ahora mismo, el tema de la conciliación no está pensado para la gran mayoría de la clase trabajadora, es decir, que está planteado de tal manera que solo lo pueden aprovechar los altos cargos. Se deberían crear y potenciar más puestos con jornada parcial de cuatro o seis horas. De esta forma, muchos trabajadores podrían sentirse laboralmente activos, independientes económicamente y satisfechos como madres o padres de familia, aunque no ganaran mucho dinero, claro."

C. En tu entorno, ¿cómo se resuelve el problema de conciliar el trabajo con la vida privada? Comentad entre todos casos que conozcáis.

3. AUNQUE

A. Marca en este cuadro la opción equivalente a lo destacado en negrita en cada una de las conversaciones que aparecen debajo.

- ☐ Tal vez tienes razón en que (el trabajo) está lejos del centro. No me importa tu opinión.
- ☐ Acepto lo que dices: (el trabajo) está lejos del centro.
- ☐ (El trabajo) está lejos del centro.
- ☐ No sé si (el trabajo) está lejos del centro o no.

1.
Carlota: ¿Qué tal tu nuevo trabajo?
Juan: Es muy interesante, **aunque <u>está</u>** lejos del centro.

2.
Carlota: ¿Vas a aceptar ese trabajo?
Juan: Creo que sí. Todavía no sé dónde me van a destinar pero **aunque <u>esté</u>** lejos del centro, es un trabajo muy interesante.

3.
Carlota: Ese trabajo está muy lejos del centro, ¿por qué no buscas otro?
Juan: ¿Y qué? **Aunque <u>esté</u>** lejos del centro, es un trabajo muy interesante. No me apetece buscar otro.

4.
Carlota: Ese trabajo está muy lejos del centro, ¿por qué no buscas otro?
Juan: Sí, es verdad. Pero **aunque <u>está</u>** lejos del centro, es un trabajo muy interesante. No me apetece buscar otro.

B. Lee las siguientes afirmaciones y reacciona con tu opinión. Intenta utilizar **aunque**.

a. Los chicos maduran más tarde que las chicas, por eso no deberían estudiar juntos.
b. Desde que está prohibido fumar en bares y restaurantes, la gente fuma menos.
c. La ropa puede ser un elemento de discriminación. Es mejor que los niños lleven un uniforme en la escuela.
d. La democracia no es el mejor sistema político.

- Pues yo creo que aunque los chicos maduren más tarde, es bueno que...

C. Lee estas frases y observa el conector destacado en negrita. ¿Funciona igual que **aunque**?

- La fiesta fue un éxito, **a pesar del** calor.
- La despidieron, **a pesar de** haber trabajado más de 20 años en la empresa.
- **A pesar de** tener mucha experiencia, no le dieron el puesto.
- No habla bien inglés, **a pesar de que** ha vivido muchos años en Londres.
- Nos mudaremos a Viena, **a pesar de que** la vida aquí es más barata.
- **A pesar de que** hayan rechazado nuestra propuesta, seguiremos intentándolo.

4. APRENDER A ESCRIBIR

CD 24 **A.** Un universitario está haciendo un estudio sobre el proceso de escritura. Escucha la entrevista que hace a una compañera de la facultad y completa el cuadro.

¿Escribe mucho o poco?	
¿Qué tipo de texto?	
¿Le resulta fácil o difícil?	
¿Qué estrategia o técnica utiliza?	

B. ¿Y tú? ¿Qué tipo de textos escribes normalmente? ¿Cuáles te resultan más fáciles de escribir? ¿Cuáles más difíciles? ¿Tienes alguna estrategia o técnica para escribir? Piénsalo y coméntalo con tus compañeros.

La modesta vida del creador del karaoke

El japonés Daisuke Inoue vive sin saborear la gloria del éxito mundial de su invento

GLORIA TORRIJOS DOMINGO - 02-07-2006

El japonés Daisuke Inoue es el creador de la primera máquina de karaoke, ese invento tan enormemente popular en el mundo. Sin embargo, su vida ha transcurrido al margen de la fama, a la que saltó, aunque sólo en Asia, y, como todo en él, de forma modesta cuando un canal de la televisión de Singapur reveló en 1996 que él era el creador de la primera máquina con la que millones de personas se atreven a ser cantantes por un día.

[...]

Ahora, cuando han transcurrido más de tres décadas desde su invención en 1971, la máquina de karaoke se ha convertido en un producto de la globalización, que igual se emplea en chiringuitos de las costas españolas que en grandes hoteles de Estados Unidos y Asia.

En Japón se usa en hospitales, para curar la depresión y la soledad, y, en general, en todo el mundo, sirve para romper el hielo en reuniones y como complemento del aprendizaje de lenguas extranjeras. En algunas iglesias sirve para ayudar a cantar los salmos.

Sin embargo, excepto una fama tardía y escasa, Inoue no ha recibido ningún royalty por su invención porque no la registró, como otros muchos artículos que ha creado y que ha preferido "que patenten otros, pues esa operación cuesta mucho dinero", según declaró en Osaka.

[...]

Ambos productos [un detergente y un repelente de insectos], creados por él y patentados por otros, son vendidos por su empresa Inoue, y son, junto con su título honorífico de asesor de la Asociación Japonesa de Karaoke, lo único que le vincula ahora a su invento, con el que habría ganado, de haberlo registrado, 150 millones de dólares, según calcula su amigo, profesor universitario y traductor Robert Scott Field.

5. DE PROFESIÓN, INVENTOR

A. Lee el texto de la izquierda. Se trata de un fragmento de un artículo publicado por el periódico *El País* sobre el inventor del karaoke.

B. Los textos cambian dependiendo del interlocutor y de la intención del emisor. ¿Cómo expresarías las mismas informaciones que aparecen en el texto si se las contaras a un amigo? Ten en cuenta estas cuestiones.

1. ¿Usarías el mismo vocabulario?
2. ¿Harías frases igual de largas?
3. ¿Estructurarías la información de forma tan ordenada?
4. ¿Usarías los mismos conectores?

C. Vuelve a leer el texto y contesta a las preguntas.

1. ¿Cuáles son los temas de cada párrafo?
2. ¿Cuáles son las palabras clave en cada párrafo?
3. ¿Cuántas palabras o expresiones encuentras en el texto para referirse a **invento** y a **Daisuke Inoue**? ¿Cuáles?

ORACIONES CONCESIVAS

Las oraciones subordinadas concesivas sirven para expresar una dificultad o una oposición que no impide el cumplimiento de lo dicho en la oración principal. **Aunque** es el conector más frecuente para introducir este tipo de oraciones.

- **Aunque** obtuvo una buena puntuación en las pruebas, Carlos no consiguió el trabajo.

Cuando utilizamos **aunque** para introducir hechos con los que queremos informar a nuestro interlocutor, el verbo va en Indicativo.

- He comprado una casa preciosa, **aunque** está un poco lejos del centro.
- **Aunque** le dije que era un secreto, se lo ha contado a todo el mundo.
- No he podido hablar con Jaime, **aunque** lo he llamado varias veces.

Si consideramos muy probable el cumplimiento futuro de un hecho, normalmente utilizamos el Futuro o **ir a** + Infinitivo.

- **Aunque** mañana **estaré/voy a estar** muy cansada, hoy voy a trabajar hasta muy tarde.

Cuando queremos presentar hechos que no sabemos si se han cumplido o se cumplirán, utilizamos el Presente de Subjuntivo.

- **Aunque** mañana **haga** frío, iremos de excursión. (= no sé si hará frío, pero no importa)
- Aceptaré el trabajo, **aunque** me **paguen** poco dinero. (= no sé si me pagarán poco o mucho, pero no importa)
- **Aunque haya dicho** la verdad, no parecía sincero. (= no sé si ha dicho la verdad o no, pero no importa)

A veces, nos interesa retomar lo dicho por nuestro interlocutor presentándolo como algo cierto. En esos casos, usamos los tiempos del Indicativo.

- Los pisos están carísimos, ¿no?
- ○ Sí, pero, **aunque están** muy caros, tenemos que comprarnos uno, ¿no? Necesitamos un lugar donde vivir.

Para retomar lo dicho por nuestro interlocutor presentándolo como una opinión con la que no estamos forzosamente de acuerdo, usamos el Presente de Subjuntivo.

- Los pisos están carísimos, ¿no?
- ○ Sí, pero, **aunque estén** muy caros, tenemos que comprarnos uno, ¿no? Necesitamos un lugar donde vivir.

Cuando **aunque** introduce hechos que consideramos muy poco probables en el futuro, usamos el Pretérito Imperfecto de Subjuntivo.

- **Aunque** Eva **se opusiera**, aprobaríamos el nuevo presupuesto. (= no consideramos probable que Eva se oponga)
- **Aunque tuviera** mucho dinero, no me compraría un coche. (= es poco probable que tenga mucho dinero)

! Para suavizar el desacuerdo con nuestro interlocutor, usamos formulas como **bueno sí, pero...**, **la verdad es que...**

- ¿No estás cansado de trabajar tan lejos? Debe de ser muy pesado pasarte dos horas al día en el tren, ¿no?
- ○ **Bueno, sí, pero la verdad es que** aunque está lejos del centro, es un trabajo con unas condiciones muy buenas.

A PESAR DE (QUE)

Este conector tiene un valor semejante al de **aunque**, pero se diferencian en que **a pesar de** que puede combinarse con sustantivos, pronombres o infinitivos. Cuando se combina con verbos conjugados, estos suelen ir en Indicativo.

A pesar de + sustantivo/pronombre
- **A pesar del ruido**, el piso está muy bien.
- **A pesar de ti y de tu falta de interés**, conseguiré terminar el proyecto a tiempo.

A pesar de + Infinitivo
- **A pesar de no tener** un trabajo estable, nunca he tenido problemas económicos.
- **A pesar de haber ido** a la Universidad, a Luis no le resulta fácil encontrar un trabajo.

A pesar de que + verbo conjugado
- **A pesar de que** los precios **suben**, el consumo no baja.
- No es muy popular, **a pesar de que** lo han entrevistado en muchos programas de televisión.

REFORMULAR

es decir, (**que**)
o sea, (**que**)
esto es,

- *El cambio de compañía telefónica es gratis;* ***es decir, (que)*** *no tienes que pagar como se hacía hasta ahora.*
- *El horario de trabajo en la empresa es continuo,* ***o sea, (que)*** *no tenemos pausa para comer.*
- *Hay mucha gente que opina que los alimentos transgénicos pueden ser muy nocivos,* ***esto es****, que pueden provocar graves trastornos de salud.*

EJEMPLIFICAR

por ejemplo,
un ejemplo:
a modo de ejemplo,

- *Es necesario integrar el ejercicio físico en nuestra vida diaria. Actividades tan sencillas como,* ***por ejemplo****, ir al trabajo a pie o utilizar las escaleras en lugar del ascensor resultan muy saludables.*
- *Reducir el consumo energético está en nuestras manos.* ***Un ejemplo****: apagar luces cuando salimos de una habitación es una manera sencilla de ahorrar luz.*
- *Muchas especies protegidas siguen en peligro de extinción;* ***a modo de ejemplo****, tenemos el caso del lince ibérico.*

DAR COHERENCIA Y COHESIÓN A UN TEXTO

Como ya sabes, un texto es algo más que una sucesión de frases. Para escribir un buen texto, debemos tener en cuenta una serie de aspectos.

LA COHESIÓN LÉXICA

Muchas veces debemos retomar un mismo concepto, por lo que, en muchas ocasiones, es conveniente utilizar sinónimos o palabras de un mismo campo semántico.

> **BAJAN LAS TEMPERATURAS**
>
> Este año los termómetros van a registrar las temperaturas más bajas de los últimos 10 años. Este descenso se debe a una ola de frío polar que nos visitará hasta el próximo mes de febrero y que...

LA COHESIÓN GRAMATICAL

En un texto bien cohesionado, aparecen diversos mecanismos que permiten hacer referencia a elementos que ya han aparecido antes o que aparecerán después.

ARTÍCULOS (determinados o indeterminados),
SUSTITUCIÓN MEDIANTE PRONOMBRES,
ELIPSIS (palabras que se omiten porque todavía permanecen presentes en el contexto inmediato del texto).,

Además, es necesario establecer relaciones entre las diferentes partes del texto mediante **conectores**, que pueden ser de los siguientes tipos:

CAUSALES: **porque**, **por eso**, **como**...;
TEMPORALES: **primero**, **luego**...;
CONCESIVOS: **aunque**, **a pesar de**...;
CONSECUTIVOS (de la información o de la argumentación): **es por eso que**, **así pues**, **por tanto**...
etc.

> **MARADINHO LESIONADO**
>
> Un jugador clave del Brasas F.C., Maradinho, se lesionó en el partido de ayer ante el Atlético Dridma. Miles de espectadores vieron caer al delantero después de luchar por un balón alto contra Rufia Ness, el defensa del equipo contrario. Al parecer, la cabeza de Maradinho impactó de forma brusca contra el hombro de su adversario. El astro brasileño permaneció inconsciente durante más de un minuto y, posteriormente, dado que no mostraba signos de recuperación, los camilleros salieron a la hierba a recogerlo. “No me di cuenta de que Maradinho venía hacía mí, si no, habría intentado evitarlo”, comentó Rufia Ness, muy afectado, en la rueda de prensa posterior al partido. El equipo médico que atendió a la estrella del Brasas F.C. dará esta tarde un parte (médico). Al cierre de esta edición, el jugador, a pesar de lo aparatoso del choque, ya había abandonado el hospital. Paco López, entrenador del Brasas, ha declarado que, muy probablemente, Maradinho deberá quedarse fuera de la convocatoria del próximo domingo. Así pues, López no tendrá más remedio que incluir en el once inicial a Lupetti, que lleva seis partidos sin jugar.

6. ENTREVISTA DE TRABAJO

CD 25 **A.** Pedro y Marisa se han presentado a una entrevista de trabajo para un puesto de directivo en una empresa editorial. Escucha los comentarios de los entrevistadores y marca a quién correponden las siguientes informaciones.

Candidatos: Marisa y Pedro		
– Tiene una amplísima experiencia en *marketing*.		
– Ha trabajado en una pequeña editorial.		
– Gracias a su gestión, la empresa llegó a ser líder en el sector.		
– En menos de dos años asumió la dirección del departamento.		
– Aunque empezó promocionando las novedades editoriales, a los tres meses de estar en la empresa logró ser jefe de proyectos.		
– Entre sus tareas se incluía la de coordinar a todo el equipo de redactores.		

B. ¿Quién crees que obtendrá el trabajo?

- Para mí, Marisa tiene la ventaja de que...

7. EXAGERADOS

A. Imagina que quieres conseguir uno de estos trabajos. Prepara una presentación oral de tu experiencia lo más atractiva posible (exagera todo lo que quieras).

• camarero de un restaurante • decorador de fiestas de cumpleaños para niños • entrenador de un equipo de fútbol de 3ª división • cantante de rock en fiestas de pueblo • repartidor de pizzas a domicilio • profesor de gimnasia de una escuela en un pueblo

- Yo trabajé en un restaurante muy exclusivo. Entre mis funciones destacaba la de...

B. Formad grupos con los compañeros que han escogido las mismas profesiones, realizad vuestras presentaciones y escoged al que mejor lo haga.

8. JEFES

CD 26-27 **A.** Rosa y Juan Luis nos comentan sus experiencias laborales con sus jefes. Escucha y anota en tu cuaderno las respuestas de cada uno a estas preguntas.

¿Cómo era el jefe o la jefa?

¿Aprendieron algo de sus jefes?

¿Tienen un buen o un mal recuerdo?

B. ¿Y tú, tienes buenos o malos recuerdos de tus jefes o profesores? Piensa en uno. Coméntalo con tus compañeros. ¿Quién tuvo el jefe/profesor más liberal, cercano, agradable...?

- Yo recuerdo un jefe supersimpático que nos invitaba cada día a tomar algo después del trabajo. Supongo que era una compensación por nuestro esfuerzo.

C. En pequeños grupos, elaborad una lista con las seis características más importantes de un buen jefe. Las expresiones del cuadro os pueden ayudar, pero podéis añadir otras.

SER	SABER	TENER
• accesible • organizado/a • emprendedor • tolerante • dinámico/a • creativo/a • seguro/a	• transmitir mensajes de forma positiva • trabajar de forma autónoma • tomar decisiones • dar la cara • delegar • dar/inspirar confianza • transmitir entusiasmo/seguridad • reconocer sus errores	• capacidad de análisis • mucha experiencia • una buena formación académica • capacidad de mando • capacidad de identificarse con la empresa/el equipo/el proyecto • capacidad de trabajar en equipo • mucha seguridad en sí mismo/a ....

- Yo creo que un jefe tiene que ser una persona muy cercana, accesible.
- Sí, pero a veces un jefe...

9. PONER PEGAS

Organizaos en parejas (A y B). A va a intentar convencer a B de que acepte una propuesta. Por su parte, B tiene que plantear inconvenientes. Escoged una de las dos opciones que os proporcionamos. Antes de la negociación, preparad vuestros argumentos.

1. Vamos a pasar dos semanas de vacaciones en Mallorca (en un hotel de cuatro estrellas) para mejorar nuestro español.
2. Vamos a tener clases particulares los dos juntos durante dos semanas, 6 horas al día.

- Vamos a ir a Mallorca para aprender español. Ya verás como aprendemos mucho.
- Hombre, no sé. A mí me parece que hay otros lugares a los que podríamos ir...

10. ¿ESTÁ BIEN ESCRITO?

Los alumnos de un curso de español tenían que escribir una carta de presentación para un trabajo. ¿Qué te parece la que ha escrito esta alumna? ¿Qué nota le pondrías? ¿Estás de acuerdo con lo que ha subrayado la profesora? ¿Detectas otros errores? Haz las correcciones que consideres necesarias y reescribe el texto.

Hola señores: — *Demasiado informal*

Reformular

Como vi su anuncio el pasado viernes 9 de este mes en el periódico "La Tribuna", he decidido escribirles para solicitar el puesto de relaciones públicas en su empresa.

Demasiado directo

En mi currículo verán que tengo la formación y la experiencia que piden. Me gusta el dinamismo y soy capaz de afrontar los retos que un trabajo como el que ustedes ofrecen supone y soy muy sociable. Me gusta el trabajo en equipo y soy capaz de integrarme en cualquier entorno de trabajo. Responsabilidad e iniciativa son otras de las aptitudes que me caracterizan, así como la capacidad de planificación y organización de mis tareas.

Desde que me licencié en Psicología en 1999, he trabajado en el departamento de recursos humanos en diferentes empresas. Desde 2005 trabajo para SARAMODAS. Sin embargo, siento que el trabajo me parece rutinario y creo que ha llegado la hora de plantearme nuevos objetivos.

¿Con qué idea de la frase anterior se contrapone la información que introduce «sin embargo»? No se entiende la oposición.

Reformular. Da la impresión de que eres una persona inconstante, apática. Di lo mismo de forma más positiva.

Les escribo mi teléfono personal y mi dirección de correo electrónico por si me quieren preguntar algo. En caso de que mi currículo sea de su interés, estaré encantada de defender mi candidatura en una entrevista personal.
Quedo a la espera de sus noticias.

Hasta pronto,
Martha Coogan

B

+++ Bien explicar qué quieres en el primer párrafo.

¿Este párrafo encaja aquí? ¿Qué información aporta? ¿Es más importante que la experiencia?

Hay poca información sobre tu labor en Saramodas.

¡ojo!

Intenta encontrar expresiones más adecuadas para este tipo de texto.

11. TRABAJO TEMPORAL

A. La empresa de trabajo temporal "TT Labores" está construyendo su página web para darse a conocer entre sus posibles clientes: las empresas que necesitan cubrir un puesto y las personas que buscan trabajo. En grupos, qué enlace de la página os gustaría desarrollar (el que va dirigido a empresas o a candidatos) y escribid el texto promocional. Debajo tenéis algunas ideas, pero podéis pensar otras.

- Historia.
- Trabajar con nosotros es fácil.
- Qué ventajas tienes como colaborador de TT Labores.
- Velamos por tu seguridad en el trabajo.
- Asumimos tu formación.

- Historia.
- Entendemos mejor que nadie tus necesidades.
- Cómo trabajamos: formamos e identificamos las habilidades de nuestros candidatos.
- Presupuestos y pedidos sin compromiso.

B. Cuando acabéis de redactar el texto, haced una primera revisión y entregádselo a otro grupo. Vosotros también recibiréis un texto: analizad la corrección gramatical y la distribución de la información e incluid las notas que creáis convenientes para que el otro grupo pueda mejorarlo. Cuando recibáis las correcciones del texto que habéis escrito, reelaboradlo y escribid la versión definitiva.

10 COMO NO LO SABÍA...

En esta unidad vamos a
juzgar algunas decisiones y sus consecuencias

Para ello vamos a aprender:

> combinaciones de pronombres: **se lo**
> el Pretérito Pluscuamperfecto de Subjuntivo > el Condicional Compuesto
> algunos conectores de causa y consecuencia > a valorar hechos pasados
> a hablar de hechos no realizados en el pasado y de sus consecuencias
> a hacer reproches > a transmitir lo que dijeron otros en el pasado
> a hablar de habilidades > vocabulario del ámbito de la educación

1. CAMBIAR EL MUNDO

A. Una serie de iniciativas para mejorar el mundo se presentan a un concurso. ¿Cuál te parece más necesaria? Coméntalo con un compañero.

Educación gratuita para todos

Una organización sin ánimo de lucro lleva seis años intentando mejorar la educación en países subdesarrollados. La fundación "Aprender sin Fronteras", que se nutre de ayudas económicas de socios colaboradores y apadrinamientos, ofrece educación gratuita a los más pobres en varios países.

El objetivo de "Aprender sin Fronteras" es rescatar a los niños de la obligación de trabajar desde edades muy tempranas y ofrecer un sistema educativo alternativo al oficial. "Muchos de nuestros alumnos habrían acabado trabajando en fábricas por un sueldo bajísimo y no hubieran podido ir a la escuela más de dos semanas seguidas sin nuestras becas". Desde su creación en los años noventa, más de 15 000 alumnos han pasado por sus aulas y ya están cursando estudios superiores, convirtiéndose así en dueños de su destino. "Si hubiéramos recibido ayuda institucional, habríamos podido llegar a muchísimos más niños. Desgraciadamente, contamos con medios muy limitados" afirma Edurne Gorostiza, la subdirectora de la organización.

Cursos de escritura para niños con problemas de conducta

Un grupo de psicólogos, grafólogos y pedagogos imparten talleres gratuitos en los barrios más desfavorecidos para niños con problemas de conducta, emocionales y de fracaso escolar. Su método se basa en la grafoterapia. En la letra se refleja nuestra personalidad, quiénes somos, cómo nos comportamos y cuáles son nuestros miedos. A través de la letra, los expertos de la asociación han sido capaces de detectar problemas como la depresión infantil en una niña de siete años. "Afortunadamente, lo detectamos a tiempo. Si no, su depresión habría tenido consecuencias imprevisibles". Pero la escritura también es una herramienta de cambio: si un niño con depresión logra hacer rectos sus renglones inclinados, estará promoviendo un cambio de actitud.

El principal objetivo de la asociación es ofrecer a los niños con problemas una alternativa a la psiquiatría. "En muchos casos, si no hubiéramos detectado a tiempo el problema, los niños habrían sufrido retrasos escolares y, en los casos más extremos, habrían podido ser expulsados de sus respectivos centros. Eso habría supuesto una gran limitación para su futuro desarrollo social y profesional", según palabras de Horacio González, coordinador de los cursos.

- *A mí me parecen muy interesantes los talleres de escritura porque...*

B. Con un compañero, imaginad un taller o un curso que creáis necesario. Exponed vuestra idea al resto de la clase: ¿a quién va dirigido? ¿Por qué? ¿Para qué es necesario?

- *Yo creo que sería muy necesario un curso para...*

C. ¿Y tú de qué manera podrías ayudar a los demás? ¿Tienes alguna habilidad? ¿Cómo aprendiste?

- *Yo sé tocar la guitarra. Me enseñó mi padre cuando era pequeña. Podría dar clases de música a niños.*

2. ESCUELAS ALTERNATIVAS

A. Lee el siguiente artículo sobre una escuela un tanto especial. ¿Qué te parecen sus alternativas pedagógicas? ¿Llevarías a tus hijos a esa escuela? Haz una lista de argumentos a favor y en contra. Coméntalo con un compañero.

- Yo creo que sí llevaría a mis hijos a una escuela democrática. Pero supongo que, luego, en casa, yo también tendría que tener un modelo democrático de familia.
- Pues yo...

B. ¿Y tú en qué tipo de escuela has estudiado? Coméntalo con la clase. Encontrad a aquellos de vosotros que...

pasaban más tiempo en la escuela.

fueron castigados más veces.

eran los más empollones.

fueron a la escuela más estricta.

hacían más novillos.

- Yo estudié en una escuela de monjas. Era una escuela solo de chicas y la calidad de la enseñanza no era muy buena, pero a mí me encantaba.

UNA ESCUELA DIFERENTE

Esta semana, dentro de la serie de reportajes que dedicamos al mundo de la educación, visitamos una escuela democrática: Valle Libertad. Por Luisa Ríos.

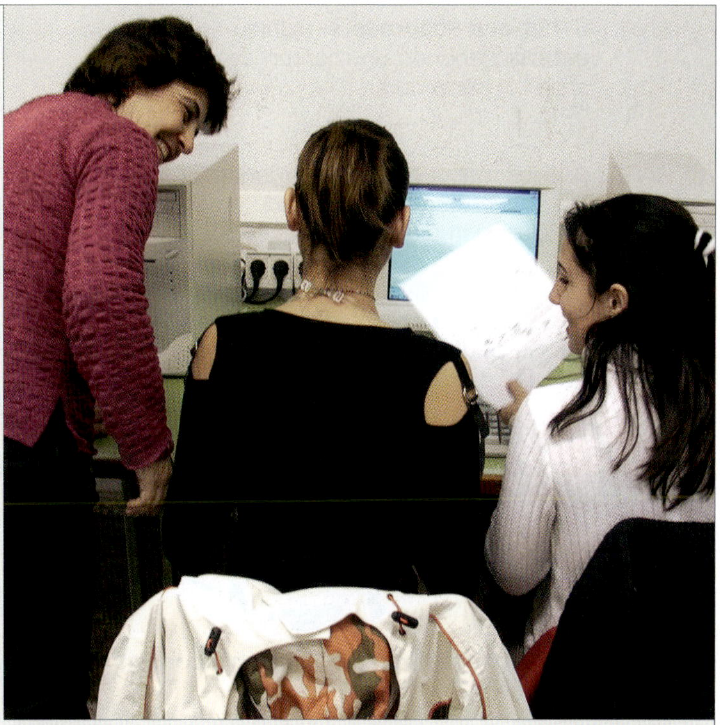

La escuela Valle Libertad es un centro fundado en 2000 por un grupo de padres preocupados por proporcionar a sus hijos un entorno educativo agradable y libre, siguiendo el modelo de las escuelas democráticas como Summerhill (Inglaterra) y Sudbury Valley School (Estados Unidos). Una escuela democrática se caracteriza por dos principios básicos: la posibilidad de que los alumnos escojan si quieren asistir a clase y la dinámica de asambleas, en la que cada persona, sea alumno, profesor o funcionario, tiene derecho a hablar y a votar, manteniéndose el principio de que todos los votos valen lo mismo. En la asamblea se decide el calendario de la escuela, las asignaturas, el precio de la matrícula, las normas de la escuela, las reglas de convivencia, las soluciones a los problemas que surgen en el día a día, etc.

"Educamos teniendo en cuenta la felicidad del individuo. Todas nuestras aulas son opcionales, los alumnos pueden escoger las que desean frecuentar y las que no. Este año en la asamblea se decidió contratar a un experto en inteligencia emocional pero si los niños hubieran pedido clases de astronomía, habríamos buscado a alguien experto en ese tema" afirma Luisa Caballero, co-fundadora del centro. No existe el castigo porque, según la filosofía del centro, el niño es bueno por naturaleza. No existen exámenes ni notas. Los alumnos son los encargados de valorar su propio esfuerzo y su proceso de enseñanza-aprendizaje.

Los alumnos aprenden por ellos mismos a leer o se introducen en cualquier tema cuando les interesa. Cada uno decide qué, cuándo y cómo aprender. Cuando un alumno se siente preparado, se autoenseña. En ese proceso, puede solicitar la ayuda de los tutores cuando lo considere necesario. No hay un currículo diseñado previamente. Los profesores son solo tutores o guías. Los alumnos mayores también pueden ayudar a aprender a los más pequeños. "Hace unos años llegó un alumno expulsado de más de ocho escuelas "tradicionales". Sus profesores habían dicho a sus padres que el niño no aprendería nunca porque no tenía capacidad de concentración. Hoy estudia física avanzada en Estados Unidos", comenta Purificación Prados, una de las profesoras de Valle Libertad.

3. ¿SE ARREPIENTEN?

A. Fíjate en las siguientes frases. Algunas personas comentan decisiones que tomaron en algún momento de sus vidas. ¿Crees que se alegran de haberlas tomado o se arrepienten? Coméntalo con tus compañeros.

LUIS: Si no **hubiera roto** con Juanita, nunca **habría conocido** a Luisa, el amor de mi vida.

ANA: Si **hubiera aceptado** el trabajo en Singapur, **estaría** ganando un montón de dinero, pero no **sería** feliz.

SARA: ¡Menos mal que decidí ir en avión! Si **hubiera ido** en tren, no **habría llegado** a tiempo a la inauguración del congreso.

EDITH: Si no **hubiera comprado** este apartamento, **habría podido** ir más de vacaciones, pero no **habría podido** salir de casa de mis padres.

ELOY: No **habría llamado** tan tarde, si **hubiese sabido** que se acostaban tan temprano.

- *Yo creo que Luis se alegra de haber roto con Juanita porque...*

B. Completa las frases según tu opinión y coméntalas con un compañero.

1. Me hubiera gustado nacer en ....
   porque así ....
2. Me hubiera encantado vivir en el siglo ....
   .... porque así ....
3. Habría sido el niño más feliz del mundo si ....
   ....
4. Si hubiera sido chico/a, ...
   ....
5. Estaría totalmente agotado/a si ....
   ....

4. REPROCHES

A. Lee lo que cuentan algunas personas sobre decisiones propias o de otros. Relaciona cada intervención con la reacción de la derecha que consideres más adecuada.

1 Al final, decidí no decirle a mi madre que me iba de vacaciones.

2 Mi hijo quería hacer un viaje a La India, pero no tenía dinero y no fue.

3 Mira, es que mañana no podré venir a trabajar porque tengo un examen en la universidad.

4 Le pedí a mi hermano unas fotos de cuando era pequeña, porque él guarda todas las fotos de la familia, para un álbum que estoy haciendo. Pues no me las quiso dar. ¿A ti te parece normal?

5 Encontré un piso que no era muy caro y muy céntrico, pero, al final, no me lo compré. La verdad es que ahora me arrepiento.

☐ ¡Hombre! **Te las** tendría que haber dado, ¿no?

☐ Bueno, no pasa nada, pero **me lo** podrías haber dicho antes. Ahora tengo poco tiempo para encontrar una sustituta.

☐ Y con razón, porque ahora están carísimos. Tendrías que habér**telo** comprado...

☐ Sinceramente, creo que deberías habér**selo** dicho.

☐ Pues podrías habér**selo** pagado. ¡Pobrecillo!

CD 28-32 **B.** Ahora, escucha y comprueba si has acertado.

C. Observa las palabras marcadas en negrita. Son pronombres ¿Sabes a qué o quién se refiere cada uno de ellos? ¿Qué diferentes posiciones pueden ocupar en la frase?

5. CAUSAS Y CONSECUENCIAS

A. Conecta los elementos de cada caja para formar frases con sentido. Luego, ponedlas en común. ¿Alguna de esas frases sirve para comentar alguna experiencia personal tuya? Coméntalo con tus compañeros.

De lo bueno que era de jovencito,	1	a	**que** me costó un montón adaptarme a la universidad.
Como mis padres no tenían mucho dinero,	2	b	tuve que ponerme a trabajar para pagarme los estudios.
Gracias a que tenía mucha memoria,	3	c	**ya que** mis padres eran los directores de la escuela.
No podía faltar nunca a clase	4	d	**a causa de** una hepatitis.
Pasé **tantos años** estudiando en el mismo colegio,	5	e	**por culpa del** ruido.
No aprobaba nunca los exámenes	6	f	todo el mundo se aprovechaba de él.
Pasé muchos meses enfermo sin ir a la escuela	7	g	no me pude matricular.
La carrera de Medicina me pareció **tan aburrida que**	8	h	aprobaba casi sin estudiar.
Había **tanta gente** en la cola de la facultad **que**	9	i	**porque** no estudiaba nada.
No pude dormir en toda la noche	10	j	la dejé en el segundo curso.

1 ☐ 2 ☐ 3 ☐ 4 ☐ 5 ☐ 6 ☐ 7 ☐ 8 ☐ 9 ☐ 10 ☐

B. Conecta las dos partes de cada frase con el conector que te parezca más adecuado. Puedes tener que modificar algunos elementos para que la frase sea correcta. ¿Tus compañeros lo han hecho igual? ¿En qué contextos se usarían las diferentes opciones?

Corre demasiado.
Algún día tendrá un accidente.

Corre tanto que algún día tendrá un accidente.

Las empresas contratan a más mujeres.
Las mujeres rinden más que los hombres.

....

El ministro de Sanidad suspende una reunión.
Tiene un problema intestinal.

....

No pude terminar el partido de tenis.
Tenía un dolor muy fuerte en el brazo.

....

Un millonario da 1 000 000 de euros a un policía.
El policía le salvó la vida.

....

Decidimos irnos a la playa.
Hacía mucho calor.

....

Eran muy diferentes.
Se separaron al poco tiempo de casarse.

....

Le dio un ataque de ansiedad.
Tenía exámenes, hacía calor, todos lo presionaban...

....

PRETÉRITO PLUSCUAMPERFECTO DE SUBJUNTIVO

Imperfecto de Subjuntivo del verbo **haber**	+	Participio
hubiera/hubiese		
hubieras/hubieses		trabajado
hubiera/hubiese		comido
hubiéramos/hubiésemos		vivido
hubierais/hubieseis		
hubieran/hubiesen		

CONDICIONAL COMPUESTO

Condicional de del verbo **haber**	+	Participio
habría		
habrías		trabajado
habría		comido
habríamos		vivido
habríais		
habrían		

ESTRUCTURAS CONDICIONALES

- Si me **hubieras/hubieses llamado** al móvil,
  (= no me llamaste al móvil)

→ me **habrías encontrado.**
me **hubieras/hubieses encontrado***.
(= no me encontraste)

* Cuando usamos el Pretérito Pluscuamperfecto de Subjuntivo en las dos partes de la estructura condicional, normalmente en una se usa la forma con **-r-** (**hubiera**) y en la otra la forma con **-s-** (**hubiese**).

- Si **hubiera/hubieses aprobado** el examen,
  (= no aprobé el examen)

→ no me **tendría que pasar el verano estudiando**.
(= tengo/tendré que pasarme el verano estudiando)

No siempre es necesario expresar la condición; en muchas ocasiones se sobreentiende o está implícita en el contexto.

- *Al final, decidí no decirle a mi padre lo del divorcio.*
- ❍ *Pues yo, sinceramente, (si eso me hubiera pasado a mí) se lo hubiera dicho.*

- *No, María no vino a la fiesta y nos aburrimos muchísimo.*
- ❍ *Seguro que con ella os hubierais reído un montón (si hubiera ido a la fiesta).*

REPROCHAR

Para hacer reproches sobre algo que ha sucedido, disponemos de diferentes recursos.

Condicional	+	Participio Perfecto (Infinitivo + Participio)
Debería/s		**haber llegado** un poco antes.
Tendría/s que		**habérselo dicho** a tu familia.
Podría/s		**habérnoslo comentado** antes.

Los recursos anteriores sirven tambien para lamentarse de algo que ha hecho uno mismo.

- El examen me ha salido fatal. **Debería haber estudiado** más.

USO Y POSICIÓN DE LOS PRONOMBRES

- *Quería comprar**le** **a mi marido** la **última novela** de Haruki Murakami, pero era muy cara.*
- ❍ *Pues **se la** tendrías que haber comprado, es buenísima.**
- ❍ *Pues tendrías que habér**sela** comprado; es buenísima.**
- ~~*Pues tendrías que se la haber comprado.*~~

! ***le/les** + **la/lo/las/los** = **se** + **la/lo/las/los**

INFORMAR SOBRE CAUSAS Y RAZONES

Porque + oración
- Siempre sacaba buenas notas **porque** tenía una gran capacidad para memorizar.

Por + sustantivo/Infinitivo
- Le han dado el trabajo **por** su experiencia en este sector.
- El otro día me multaron **por** aparcar en doble fila.

Como + oración
- Ayer, **como** no tenía nada que hacer, me fui al cine.

Debido a + sustantivo / **Debido a que** + oración
- **Debido a** las fuertes lluvias, la organización decidió suspender el partido.
- Los vecinos tuvieron que abandonar el edificio **debido a que** la policía estaba buscando pruebas.

A causa de + sustantivo
- Iván Gómez, la estrella de la selección española, no jugará el mundial **a causa de** una lesión.

Si la causa se presenta como algo que tiene efectos positivos:

Gracias a + sustantivo / **Gracias a que** + oración
- Hemos logrado superar la crisis **gracias al** esfuerzo de toda la empresa.
- Hoy en día, la comunicación es mucho más rápida que antes **gracias a que** existe Internet.

Si la causa se presenta como algo que tiene efectos negativos:

Por culpa de + sustantivo / **Por culpa de que** + oración
- He vuelto a llegar tarde al trabajo **por culpa del** tráfico.
- Llegamos tarde al cine **por culpa de que** tú quisiste entrar en aquella tienda de discos.

RETOMAR CAUSAS CONOCIDAS

Cuando una causa es una información conocida por los interlocutores, solemos expresarla antes de la consecuencia con los siguientes conectores: **como**, **dado que**, **ya que**, **puesto que**).

COMO

El uso de **como** obliga normalmente a colocar la causa antes de la consecuencia.

- **Como** el niño no se encuentra muy bien, es mejor que anulemos lo de la cena. ¿La dejamos para el sábado?

* En la lengua oral, es frecuente añadir la causa de algo con **como** después de una información. En este caso, la entonacion de la oración causal queda en suspenso.

- Te he comprado flores. **Como** sé que te gustan tanto...

! Cuando **como** introduce una oración con un verbo en Subjuntivo, esta tiene un valor condicional (a menudo con un matiz de amenaza).

- **Como** no me expliques inmediatamente lo que ha pasado, hoy no sales a jugar.

AL + INFINITIVO

Tiene un valor similar al de las contrucciones con **como**.

- No creo que me den el trabajo. **Al no hablar inglés**, lo tengo muy difícil, la verdad. (= como no hablo inglés...)

YA QUE/PUESTO QUE/DADO QUE

Con estos conectores introducimos exclusivamente causas que se presuponen conocidas.

- ***Ya que*** *esta tarde vas a ver a Rosario, ¿le puedes dar este CD?*

En un registro más cuidado (prensa, informes, etc.) es frecuente el uso de **dado que** y **puesto que**.

- ***Dado que*** *la obra ha tenido tanto éxito, van a mantenerla en cartel un mes más.*
- ***Puesto que*** *se investiga muy poco sobre esta enfermedad, todavía no se dispone de un tratamiento eficaz.*

CONSTRUCCIONES ENFÁTICAS CON VALOR CAUSAL

Cuando la causa se asocia a la intensidad de algo, disponemos de varios recursos para expresarla.

TAN + ADJETIVO + **QUE**

- Era **tan alto que** en los hoteles nunca tenían camas adecuadas para él.

TANTO/A/OS/AS + SUSTANTIVO + **QUE**

- Tenía **tanto dinero que** decidió darle una parte a una ONG.
- He comido **tanta tarta que** creo que no voy a comer nada más en tres días.
- Tenía **tantos problemas** con el jefe **que** al final tuve que dejar el trabajo.
- Tuve que tomar **tantas pastillas que** me puse fatal del estómago.

VERBO + **TANTO** + **QUE**

- **Me gustaban tanto** los pantalones **que** no pude resistirme y me los compré.

CON/DE

- **Con lo inteligente que es**, no le costará aprobar el curso.
- **Con lo poco que estudias**, nunca aprobarás las oposiciones.
- **Con todo lo que ahorras**, dentro de poco podrás comprarte la casa.
- **Con tanta lluvia**, no apetece salir de casa.
- **De (lo) bueno que es**, todo el mundo se aprovecha de él.
- **De (la) pena que tenía**, no paraba de llorar.
- Acabé odiando aquella canción **de tanto oírla**.

6. ¿QUÉ HUBIERA PASADO SI...?

A. Vamos a hacer hipótesis sobre sucesos pasados. A ver quién tiene la respuesta más original o divertida.

¿QUÉ HUBIERA PASADO SI...

...los Beatles no se hubieran separado?

...no se hubiera inventado/descubierto el chicle?

...Bill Gates hubiera estudiado Medicina?

...no hubieran desaparecido los dinosaurios?

...los barcos de Colón se hubieran hundido antes de descubrir América?

B. En grupos de tres, pensad algunas preguntas como las anteriores para que las conteste otro equipo. ¿Qué equipo ha hecho la pregunta más original? ¿Cuál ha dado la respuesta más divertida?

7. PORQUE SÍ

A. Une las diferentes informaciones sobre cada situación con el conector que te parezca más adecuado y, en tu cuaderno, forma frases como en el ejemplo. En algunos casos, puedes hacer pequeños cambios en las frases.

- En un safari fotográfico, Pedro quería hacer fotos de cerca a los leones.
- Salió del coche. El león lo atacó.
- Desde entonces, tiene pavor a los animales salvajes.

- Carolina salía cada noche hasta las tantas.
- Llegaba tarde a clase cada día y no participaba mucho.
- Suspendió los exámenes y tuvo que repetir curso. Se enfadó mucho.

- En su ciudad no había trabajo. Enrique se fue a vivir a la capital.
- Todo era muy caro. No encontró trabajo.
- Se volvió a su casa.

- A Nacho se le estropeó el ordenador.
- Intentó arreglarlo él mismo.
- Lo rompió completamente y se tuvo que comprar uno nuevo.

- Jorge fue a comprar un abrigo.
- Tenía mucha prisa y no lo miró bien.
- Se lo probó en casa y descubrió que la cremallera estaba estropeada.
- No le quisieron devolver el dinero.

- Los pasajeros esperaron más de nueve horas en el aeropuerto y nadie les informó del porqué del retraso.
- Se quejaron y organizaron una "revolución" en la terminal 4.
- Les dieron algo de comer, pero no les devolvieron el dinero.

- Marcos salió de excursión a pie por el desierto a las 12 del mediodía.
- No llevaba cantimplora ni agua.
- Se deshidrató completamente y lo llevaron a un hospital de urgencias.

- Se pusieron de moda las casas en el campo.
- Vanesa compró una bastante cara para venderla y ganar mucho dinero.
- El mercado inmobiliario perdió valor. Vendió la casa por menos dinero del que costó. Se arruinó completamente.

• Pedro fue a un safari y, como quería hacer unas fotos de cerca, salió del coche y un león lo atacó. Por eso, desde entonces, les tiene tanto pavor a los animales salvajes.

B. Expresa tu punto de vista sobre cada una de las situaciones anteriores. Luego, ponlas en común con las de tus compañeros.

(no) debería/n haber + Participio
(no) tendría/n que haber + Participio

• Tendrían que haberlos llevado a un hotel o haberles dado comida y, por supuesto, deberían...

8. BIOGRAFÍAS ESCOLARES

A. Piensa en tu biografía escolar y marca las frases con las que te identificas. Coméntalo con tus compañeros en pequeños grupos de tres. ¿Con quién tienes más cosas en común?

- [ ] Sacaba malas notas en casi todas las asignaturas.
- [ ] Estaba entre los primeros de la clase.
- [ ] Iba muy bien en historia.
- [ ] Tenía muy buen oído para la música.
- [ ] Era un as con el balón.
- [ ] Se me daban fatal las mates.
- [ ] Casi nunca hacía los deberes.
- [ ] Iba a un internado.
- [ ] Nunca me quedaba a comer en la escuela.
- [ ] Algunas veces no iba a clase; me quedaba jugando por ahí.
- [ ] Copiaba en los exámenes.
- [ ] El mejor profe que tuve se llamaba .... Me gustaba porque ....
- [ ] El peor castigo fue que .... porque ....

9. GRANDES DECISIONES

CD 33-35 **A.** Vas a escuchar una serie de testimonios de personas que hablan sobre decisiones que tuvieron que tomar. Escucha y completa el cuadro.

B. Piensa en decisiones importantes que has tenido que tomar en tu vida. ¿De cuál estás más contento/a? ¿Cuál crees que ha cambiado más tu vida? ¿Te ayudó alguien a tomarla? ¿Qué personas te han ayudado más a tomar decisiones? Prepara individualmente lo que vas a contar y coméntalo con tus compañeros.

- A mí una vez me surgió la posibilidad de comprar una casa muy vieja. La verdad es que estaba hecha una ruina, pero estaba muy bien de precio. Estuve un tiempo indecisa y al final la compré, la arreglé y la vendí por el triple. Ahora, me dedico a rehabilitar casas.

	Problema	Decisión	Buena o mala decisión ¿Por qué?
1	Seguir bailando o tener tiempo libre.	Dejó el ballet.	
2			
3			

10. ¿HABRÍA HECHO LO MISMO?

A. Aquí tienes dos noticias aparecidas en un periódico. Léelas, contesta a las preguntas que aparecen debajo y comenta las respuestas con tus compañeros.

Condena de cinco años para el "ladrón de medicinas"

Rogelio Flores fue condenado ayer por asalto, robo y negligencia criminal. A pesar de la comprensión del jurado, el popular "ladrón de medicinas" deberá enfrentarse a una pena de cinco años de cárcel.

Rogelio Flores, fotografiado ayer.

Hace unos meses, Rogelio robó más de 50 dosis de un medicamento que se se encontraba en fase de experimentación y se lo administró a su esposa sin ningún tipo de control médico. La opinión pública se puso a su favor cuando se supo que esta padecía desde hace años una rara enfermedad degenerativa para la que, hasta el momento, no existe tratamiento.

Los esfuerzos de la pareja por superar la enfermedad los llevaron a los laboratorios Chero, los cuales estaban experimentando con un fármaco que había dado buenos resultados en ratones y chimpancés. Rogelio intentó por todos los medios que las autoridades médicas y judiciales permitieran que su esposa recibiera el tratamiento, pero tanto unos como otros se negaron ya que el nuevo medicamento no se había probado en humanos.

La desesperación llevó al marido a cometer el delito por el que acaba de ser condenado. "No me arrepiento. Volvería a hacerlo otra vez si tuviera ocasión", declaró el acusado ante el tribunal. Por su parte, a la esposa de Rogelio, que ha experimentado una notable mejoría, le ha sido retirado el tratamiento, aunque se espera que pueda reiniciarlo en breve.

A

La alcaldesa de Cotabillas, destituida de su cargo y puesta a disposición judicial

Remedios Anaya, hasta ayer alcaldesa de Cotabillas, ha admitido que falseó el número de jornadas trabajadas por algunas familias para que pudiesen alcanzar el mínimo exigido por ley y cobrar el subsidio de desempleo.

La alcaldesa en su despacho hace unos meses.

La ex alcaldesa, que desde hace años luchaba para reformar la ley agraria, afirma que "aunque fue mi propio partido el que elaboró esa ley, está claro que no cumple sus objetivos. Un jornalero necesita probar que ha trabajado ochenta jornadas para cobrar el subsidio, pero la realidad es que nadie trabaja más de 40".

Dicha reforma, sin embargo, todavía no ha sido aprobada debido a las continuas presiones políticas. "Todo el mundo sabe que algunos terratenientes se enriquecen firmando jornadas de trabajo que jamás han existido y les interesa que la situación siga igual. Pero hay quienes no pueden pagar ese chantaje y sus únicos recursos son las escasas jornadas de trabajo y el subsidio", denunció la alcaldesa en rueda de prensa antes de abandonar el Ayuntamiento.

Remedios Anaya afirmó no haber obtenido beneficio alguno por ayudar a las familias que acudieron a ella y se declaró "víctima de una maniobra de ciertos sectores de mi propio partido cuyo único fin es desacreditarme y parar así la reforma de una ley que se ha demostrado que no funciona."

B

A

1. ¿Tenían derecho los laboratorios a negarse a ayudar a Rogelio?
2. ¿Puede la ley decidir sobre este tipo de casos?
3. ¿Puede la sociedad condenar este tipo de actos?
4. ¿Cómo habrías actuado tú en la situación de Rogelio? ¿Por qué?
5. ¿Debemos cumplir siempre las leyes?

B

1. ¿Actuó bien la alcaldesa al ayudar a sus vecinos?
2. Si la alcaldesa no hubiera sido del partido que aprobó la ley, ¿debería haber accedido a lo que le pedían esas familias? ¿Por qué?
3. ¿Qué hubieras hecho tú en el lugar de la alcaldesa? ¿Por qué?
4. ¿Debemos cumplir siempre las leyes?

PORTFOLIO

B. En grupos, vais a discutir sobre las noticias anteriores. Escoged una y, dentro de cada grupo, formad dos bloques: los que están a favor de la actitud del protagonista de la noticia y los que están en contra. Preparad vuestros argumentos por escrito para discutir con los compañeros del otro bloque.

- Yo habría hecho lo mismo que...

C. Después de la discusión en el grupo, ¿ha cambiado en algo tu postura? ¿Qué argumento del otro bloque te ha parecido más convincente?

- A mí me ha convencido lo que ha dicho Peter sobre...

D. Ahora, entre todos, comentad a qué conclusiones habéis llegado sobre el cumplimiento de las leyes.

MÁS EJERCICIOS

• Este es tu "cuaderno de ejercicios". En él encontrarás actividades diseñadas para fijar y entender mejor cuestiones gramaticales y léxicas. Estos ejercicios se pueden realizar individualmente, pero también los puede usar el profesor en clase cuando considere oportuno reforzar un determinado aspecto.

• También puede resultar interesante hacer estas actividades con un compañero de clase. Piensa que no solo aprendemos cosas con el profesor; en muchas ocasiones, reflexionar con un compañero sobre cuestiones gramaticales te puede ayudar mucho.

1. MANERAS DE VIVIR

1. a. Completa las conjugaciones de estos verbos.

hablar

3ª persona plural Pretérito Indefinido	Pret. Imperfecto de Subjuntivo	
hablaron	habla**ra**	habla___
	habla___**s**	habla**ses**
	hablara	habla___
	hablá___	hablá**semos**
	habla**rais**	habla___
	habla___	habla**sen**

comer

3ª persona plural Pretérito Indefinido	Pret. Imperfecto de Subjuntivo	
comieron	comie___	comie___
	comie**ras**	comie___
	comie___	comie___
	comié**ramos**	comié___
	comie___	comie___
	comieran	comie___

vivir

3ª persona plural Pretérito Indefinido	Pret. Imp. de Subjuntivo	
vivieron	vivie___	vivie___
	vivie___	vivie___
	vivie___	vivie___
	vivié___	vivié___
	vivie___	vivie___
	vivie___	vivie___

b. Ahora, fíjate en estos dos modelos de verbos irregulares y escribe las formas de los verbos que faltan.

	3ª pª pl Pret. Indefinido	1ª pª sing. P. Imperfecto de Subj.	
decir	dijeron	dijera	dijese
ser	fueron	fuera	fuese
tener			
poner			
traer			
venir			
estar			
pedir			
oír			
producir			
saber			
hacer			
morir			
caber			
ir			
querer			
andar			
leer			
haber			
poder			
salir			
sentir			

2. **Completa cada una de las oraciones conjugando los verbos que faltan en Condicional o en Pretérito Imperfecto de Subjuntivo.**

1. • Si las hipotecas estuvieran más baratas, ________________ (**comprar**, **nosotros**) una casa.
2. • ¿Ya te has enterado de que Juan y Mónica se han separado?
   ○ Ay.... Estos dos siempre igual. Si no ________________(**ser**) tan cabezotas, no tendrían tantos problemas.
3. • Me acabo de comprar una bici nueva y no sé cómo deshacerme de la vieja. A ninguno de mis amigos les interesa.
   ○ Si yo fuera tú, ________________ (**poner**) un anuncio en internet para venderla.
4. • La verdad es que últimamente no estoy nada bien en el trabajo. Me aburre y ya no me motiva...
   ○ Pues yo si no ________________ (**estar**) a gusto con mi trabajo, lo dejaría.
5. • ¿Tú te ________________ (**hacer**) un tatuaje si te lo ________________ (**pedir**) tu pareja?
   ○ Uy, no sé... Nunca me había planteado una cosa así.
6. • Óscar y yo somos un desastre. Todavía no sabemos qué vamos a hacer en las vacaciones y solo falta una semana.
   ○ Sabes que si ________________ (**querer**, **vosotros**), ________________ (**poder**) venir con nosotros a esquiar, ¿verdad?
7. • ¿Este es el cuadro que pintó Alberto? Es horrible, ¿no?
   ○ Si ________________ (**saber**, tú) lo que le costó hacerlo, no ________________ (**decir**) eso.
8. • ¿Tú con cuál ________________ (**quedarse**) si ________________ (**poder**) escoger? ¿Este o este?

3. En tu cuaderno, completa las siguientes frases pensando en tus propias experiencias o sentimientos.

Solo dejaría mi trabajo / mis estudios si...
Si pudiera tener un poder especial...
Sería un poco más feliz si...
Si tuviera que vivir en otro país...
Si fuera más joven...
Si de pronto ganara un millón de euros...

4. a. Las siguientes frases están inspiradas en los textos que han aparecido en la unidad. Completadlos con las preposición necesaria en cada caso: **a**, **con**, **de** o **en**.

1. No quiero renunciar .... nada por estar con otra persona.
2. Ser soltero está .... moda.
3. Si estuviera .... pareja, no haría muchas de las cosas que hago.
4. Estoy dándole vueltas .... la idea de formar mi propia familia yo sola.
5. Soy muy consciente .... que no puedo recuperar lo que perdí con mi divorcio.
6. Yo, si pudiera elegir, en lugar de estar sola, preferiría estar bien .... alguien.
7. Disfruto mucho .... la relación con mis hijos.
8. Cuando pienso en si volveré a encontrar a alguien, me doy cuenta .... que mis exigencias son mucho mayores.
9. No renuncio .... la idea de compartir de nuevo mi vida .... otra persona.
10. Si tuviera que elegir entre solo o mal acompañado, me quedaría .... la primera opción.

b. Lee el siguiente texto sobre cómo aprender a usar algunas preposiciones. ¿Te parece útil? ¿Has utilizado alguna vez la técnica de la que habla?

Aprender a usar las preposiciones puede ser una de las cosas más difíciles cuando se estudia una lengua extranjera. Y es que, aunque a veces este tipo de palabras tiene un funcionamiento que sigue unas pautas, hay muchos casos en los que no existen reglas que nos puedan ayudar. Un truco para comprobar qué preposición necesitamos en un caso concreto es usar algún buscador de internet y ver el número de resultados que obtenemos.

Una vez sabemos qué preposición necesitamos, lo ideal es recordarlo, pero hay tantos casos, que es fácil confundirse. Uno de los recursos al que recurren muchos estudiantes es el de la mnemotecnia, que consiste en hacer asociaciones para recordar algo. Aprenderse una rima, una frase, unas iniciales, etc., puede ser un instrumento eficaz al que recurrir en caso de que tengamos dudas sobre cómo se construye una expresión o qué elementos la forman.

Cada persona puede hacer sus propias asociaciones, por lo que esta técnica es algo muy personal: las fórmulas de cada uno son las mejores. A veces, unas iniciales coinciden con una palabra de la propia lengua; otras, creamos una rima que nos resulta divertida o simplemente una frase que diga algo de nosotros mismos. No hay que olvidar, sin embargo, que estos recursos son una ayuda para ciertas ocasiones, cuando escribimos, por ejemplo, pero que no nos harán hablar mejor como por arte de magia.

c. Estos son algunos de los recursos que algunos estudiantes han empleado para aprender a usar algunas de las expresiones que aparecen subrayadas en las frases de **A**. ¿Te sirven a ti también? Si no es así, intenta crear tus propios trucos. En clase, puedes compartirlos con tus compañeros.

PAUC (pertenecer a un colectivo)

Soy un fanático de las preposiciones.

¿Renunciarías al amor por amor?

Darle demasiadas vueltas a algo, a veces marea.

Nunca trates de parecer lo que no eres.

5. a. A veces, nos pasan cosas que nos hacen cambiar. Lee en qué han cambiado las siguientes personas y relaciónalo con los acontecimientos que aparecen debajo.

Juan. Se ha vuelto muy desconfiado.

Sara. Se ha vuelto más puntual.

Fernanda. Se ha vuelto más reservada.

Agustín. Se ha vuelto una persona muy depresiva.

a. Tuvo un grave problema de salud.
b. Le contó un secreto a un amigo y todo el mundo se enteró.
c. Fue víctima de una estafa.
d. Perdió un trabajo por llegar siempre tarde.

b. ¿Cómo crees que se han vuelto estas personas? Puede haber varias posibilidades.

- **Ana**
Antes se pasaba el día con sus amigos.
Ahora le gusta estar mucho tiempo sola.
Se ha vuelto...

- **Jaime**
Antes no le importaba gastarse su dinero en lo que le gustaba.
Ahora prefiere gastar solamente lo imprescindible.
Se ha vuelto...

- **Laura**
Antes era una persona muy activa en el trabajo, en casa...
Ahora prefiere descansar y hacer lo mínimo.
Se ha vuelto...

- **Carlos**
Antes siempre necesitaba a alguien que le ayudara en todo.
Ahora lo hace todo solo.
Se ha vuelto...

- **Silvia**
Antes dejaba sus cosas en cualquier parte de la casa.
Ahora necesita que cada cosa esté en su sitio.
Se ha vuelto...

c. ¿Y tú? ¿Has cambiado en algo con el tiempo algún aspecto de tu vida? ¿Cómo te has vuelto? ¿Por qué? Escríbelo en tu cuaderno.

6. a. En cada intervención, escribe la continuación que consideres más adecuada en función del conector empleado. ¿En qué contexto se podría decir cada una?

1

a. No me molestan las responsabilidades que conlleva vivir en pareja; **de hecho**

b. No me molestan las responsabilidades que conlleva vivir en pareja; **al contrario**

c. No me molestan las responsabilidades que conlleva vivir en pareja; **lo que pasa es que**

... a veces hay cosas que se hacen un poco pesadas.
... me encantan.
... la mayoría son cosas que me hacen sentir bien.

2

a. Soy una persona a la que le gusta la soledad; **pero**, **por otro lado**,

b. Soy una persona a la que le gusta la soledad; **además**

c. Soy una persona a la que le gusta la soledad; **en lugar de**

... no creo en la pareja.
... quedar con mis amigos, muchas veces me voy al cine solo o me quedo en casa leyendo.
... también disfruto haciendo cosas con mi pareja.

3

a. A mí no me importa vivir sola; **lo que pasa es que**

b. A mí no me importa vivir sola; **además**

c. A mí no me importa vivir sola; **en realidad**

... voy a empezar pronto los exámenes y me vendrá bien.
... hay momentos en los que prefiero la compañía.
... es lo que me apetece.

b. Piensa frases sobre temas que hayan aparecido en la unidad y en dos posibles continuaciones en las que emplees al menos dos conectores diferentes.

7. Completa las frases con los siguientes verbos o expresiones, que sirven para hablar de lo que nos gusta, de cómo somos o de cómo nos sentimos ante las cosas.

echar de menos/echar en falta	sentirse	encantar
tener miedo	gustar	sentir	llevar (bien/mal)
ser	dar miedo/envidia (algo a alguien)	disfrutar

1. ● ¿Qué tal con Juan? Parece muy simpático, ¿no?
   ○ Pues sí, la verdad es que .... muy a gusto con él.

2. ● ¿No estás cansado de tener que cambiar siempre de lugar de trabajo?
   ○ Para nada. Yo .... mucho conociendo sitios nuevos.

3. ● ¿Cómo te definirías?
   ○ Pues... Creo que .... una persona tranquila, amiga de sus amigos y sincera.

4. ● No entiendo cómo Juan ha podido decirle que no a Sonia. Es la mujer perfecta.
   ○ Hombre, yo lo entiendo. Acaba de sufrir un desengaño y supongo que por eso .... de empezar una nueva relación.

5. ● ¿Qué es lo que más .... viviendo tan lejos de tu país?
   ○ Lo que más, a mi familia y a mis amigos. Bueno, y también la comida, porque aquí no hay los mismos productos.

6. ● La verdad es que no soy una persona muy sociable.
   ○ Ah, pues a mí .... conocer gente nueva.

7. ● ¿Qué tal .... lo de vivir solo?
   ○ Pues bastante mal por ahora, la verdad.

8. ● ¿Y a ti que es lo que más .... de vivir en pareja?
   ○ Pues supongo que tener a alguien a quien contarle mis cosas más íntimas.

9. ● ¿Tú sabes algo de Luis? No lo veo desde que se separó.
   ○ Sí, lo vi el otro día y estaba supercontento. Parece que .... la vida de soltero.

10. ● Desde que se fue María .... un poco solo, la verdad.
    ○ ¿De verdad? ¡Pero si tienes un montón de amigos!

11. ● ¿A ti no .... hacerte mayor y estar solo?
    ○ Pues no, aunque te parezca increíble, no .... la necesidad de compartir mi vida con nadie.

12. ● ¿A ti no .... la gente que tiene mucho dinero?
    ○ En absoluto. Prefiero vivir con menos y más tranquilo.

13. ● ¿Qué es lo que más .... en la vida?
    ○ Yo diría que quedarme sin amigos, no lo soportaría; pero prefiero no pensar en ello.

8. Algunas personas han dicho estas frases. ¿Te identificas con lo que dicen? Escribe tus reacciones en tu cuaderno.

1. Disfruto un montón pasando el fin de semana en casa.
2. Me da mucha envidia la gente que tiene perro.
3. Con mis amigos, soy muy exigente.
4. Me da miedo no encontrar a mi media naranja.
5. Llevo fatal lo de hacerme mayor.
6. Me siento muy realizado con mi trabajo.

9. Paco es un chico que se ha independizado recientemente. Su madre ha ido a visitarlo y le ha dicho algunas cosas. Conjuga los verbos de sus intervenciones en el tiempo adecuado.

- Paco, tu casa es un desastre. Tienes que contratar a alguien que (venir) .... a limpiar al menos una vez por semana.
- Paco, tienes que comprar más muebles. Como mínimo deberías tener una mesa en la que (comer) ....
- Paco, estás muy solo, hijo. ¿No te gustaría encontrar a alguien que te (mimar) .... y que te (dar) .... un poco de cariño?
- Paco, ¿es que nuncas lavas la ropa? Tienes que comprarte una de esas lavadoras que (consumir) .... poquísimo, que además ahora están muy baratas.
- Paco, qué lejos vives. No he encontrado a nadie que (poder) .... traerme y he tenido que tomar dos autobuses.

10. a. Te proponemos la lectura de un artículo sobre animales de compañía, pero, antes, anota en tu cuaderno todas las ideas que se te ocurran relacionadas con el tema.

b. Ahora, haz una primera lectura del texto y comprueba cuántas de las ideas que has pensado aparecen en él. ¿Crees que falta alguna idea importante en un texto como este?

Animales de compañía

Cuando los seres humanos se dieron cuenta de que podían domesticar a los lobos y emplearlos como eficaces cazadores o de que la fuerza de los caballos y de los bueyes les podían hacer la vida más fácil, comenzó una relación entre las personas y los animales que, en la actualidad, va mucho más allá del uso de estos como meros instrumentos de trabajo.

Hoy en día, sabemos que tener un animal de compañía puede reportar múltiples beneficios, siempre y cuando actuemos con responsabilidad y aceptemos el compromiso que esto supone. Adoptar una mascota también puede tener desventajas, por lo que que debemos valorar los pros y los contras a la hora de poner un animal en nuestras vidas.

Los animales pueden aportarnos bienestar y brindarnos la oportunidad de interactuar con otro ser vivo de manera positiva. Volver a casa después de un día duro y encontrarnos con la alegría de nuestra mascota nos hace sentirnos valorados. El amor incondicional y la amistad que nos dan traen consigo un sentimiento de felicidad, a la vez que estimulan nuestra capacidad de cariño y hacen que llevemos mejor la rutina diaria.

Existen estudios que demuestran que los animales son una fuente de salud y equilibrio para los seres humanos. Los beneficios terapéuticos de tener una mascota van desde el aumento de las expectativas de vida hasta la reducción del estrés y de la presión sanguínea. En casos como los de las personas ancianas, por ejemplo, los perros pueden servir para ofrecer mucha compañía, para mantenerlas ocupadas o para obligarlas a hacer ejercicio con los paseos. Muchas de estas personas agradecen también la sensación de protección que estos animales proporcionan.

También está comprobado que para los niños que cambian de residencia con frecuencia o que sufren la ausencia de los padres durante sus horas de trabajo, los animales que se pueden tocar y acariciar son una fuente de afecto y seguridad, lo que les ayuda a ser felices en una situación adversa. Para los niños con problemas de autoestima, el sentirse responsables de un ser vivo resulta de gran ayuda como parte de una terapia.

Sin embargo, a pesar de que muchos investigadores parecen estar de acuerdo en que las mascotas tienen efectos positivos en la conducta humana y en la salud, no debemos olvidar nuestra responsabilidad cuando estamos a cargo de un animal. Si los adultos esperamos que nos resulten beneficiosos, pero no estamos dispuestos a darles nada a cambio, deberíamos pensarnos dos veces el tener una mascota. Asimismo, es perjudicial que un niño considere a su mascota como un juguete de usar y tirar. Los padres que decidan adquirir una mascota para sus hijos deben tener en cuenta, entre otras cosas, que la edad idónea para que un niño pueda tener un animal es aquella en la que es consciente de las obligaciones y los deberes que ello comportará.

Otro aspecto importante que no debemos olvidar a la hora de plantearnos el tener una mascota es el riesgo para la salud. Aunque se trata de una minoría de casos, algunas personas como mujeres embarazadas, niños muy pequeños o pacientes con deficiencias inmunitarias pueden manifestar problemas al estar en contacto con ciertos animales. Sin embargo, muchos de estos problemas se pueden minimizar con unas pautas básicas de higiene. No dormir con nuestra mascota, no compartir la comida con ella, no darle besos, no permitir que nos lama o lavarse bien las manos después de tocarla son algunas de las recomendaciones que harán que tengamos una relación saludable con nuestro animal.

Amigos de siempre y nuevos amigos

Las mascotas preferidas suelen ser los perros y los gatos, aunque en los últimos años se ha puesto de moda la adquisición de animales exóticos, desde hurones o conejos enanos hasta cocodrilos o serpientes pitón. Estos animales suelen suponer un mayor costo, tanto en su compra como en los cuidados que requieren.

Conviene, por tanto, estar informado de lo que supondrá convivir con un animal de características especiales. Además, debemos tener en cuenta que muchos de ellos sufren un importante cambio de hábitat y de alimentación cuando son sacados de sus entornos naturales, por lo que no es recomendable adquirir un ser vivo que vaya a sufrir en el hogar. En casos como los de serpientes, iguanas, arañas, escorpiones, tortugas o pequeños roedores, la construcción de un terrario resulta aconsejable con el fin de reproducir sus propios hábitats.

Por otro lado, hay que decir que muchos de los dueños que al principio se muestran ilusionados con la adquisición de una especie rara, acaban cansándose por diversas razones: no se pueden domesticar, no hacen caso, no aprenden a hacer sus necesidades en un lugar concreto... Además, algunos de los propietarios terminan por darse cuenta de que son solamente los propietarios de un ser vivo, no sus amigos ni tan siquiera sus amos, y acaban abandonándolo, con los consiguientes peligros para el animal o para la población. Si aun así estamos decididos a adquirir un animal exótico, debemos recordar que la gran demanda ha provocado la aparición de un tráfico ilegal de animales exóticos, en ocasiones especies protegidas, que muchas veces llegan a su destino enfermos o con daños provocados por un trato inadecuado. Por eso, lo más seguro es adquirir nuestra mascota en una tienda especializada que ofrezca las garantías necesarias.

c. Ahora, vuelve al texto, selecciona dos palabras de cada párrafo que desconozcas o sobre las que quieras saber más y busca información sobre ellas (significados posibles, con qué palabras suelen combinarse...). Te puede ayudar trabajar con un diccionario y con internet.

d. En clase, comparte con tus compañeros lo que has aprendido sobre las palabras que has seleccionado.

11. Muchas veces, junto con nuestros deseos expresamos las cosas que los hacen difíciles o imposibles. Lee las siguientes frases y escoge las continuaciones lógicas.

1. Si quisiera, no le costaría nada aprobar los exámenes;
2. Si mejorara el tiempo, el fin de semana podríamos ir a la playa;
3. Si me tocara la lotería, daría la vuelta al mundo;
4. Me encantaría ir contigo al cine, de verdad;
5. Si me lo pudiera permitir, comería fuera cada día;
6. Daría cualquier cosa por tener un perro;

1.	2.	3.	4.	5.	6.

a. pero es que tengo que estudiar.
b. pero como no juego nunca...
c. lástima que sea tan caro.
d. pero ya sabes lo vago que es.
e. la pena es que me producen alergia.
f. pero, bueno, en la tele han dicho que seguirá lloviendo.

12. En tu cuaderno, haz una lista de las ventajas y los inconvenientes que tiene para ti vivir solo.

VENTAJAS	INCONVENIENTES

13. Completa los pares de frases con **por** o **para**. ¿Cómo expresarías en tu lengua la idea de causa o de finalidad que aparece en los ejemplos?

1
a. Han despedido a un trabajador .... defender los derechos de un compañero.
b. Los trabajadores de Indiflex se han manifestado esta mañana .... defender los derechos de un compañero.

2
a. Ronaldete, expulsado .... protestar.
b. Ronaldete admite que se acercó al árbitro .... protestar, pero afirma que el colegiado lo expulsó antes de decir nada.

3
a. Una de las cosas que más me gusta hacer los fines de semana es cocinar .... mi mujer. Y ella, encantada, claro.
b. Me hice cocinero .... mi mujer: ella siempre me decía que lo hacía muy bien y me animaba a hacer cursos. Total, que un día decidimos montar un restaurante.

4
a. ¿Sabes que Juan Espinosa se está entrenando .... ser el mejor atleta español de todos los tiempos?
b. ¿Sabes que a Juan Espinosa le han dado un premio .... ser el mejor atleta español de todos los tiempos?

5
a. Siempre me levanto muy temprano .... llegar siempre puntual a clase.
b. Mi profesora de español me ha felicitado .... llegar siempre puntual a clase.

14. Una revista ha seleccionado las mejores respuestas que sus lectores han enviado en los últimos meses a la sección "¿Y tú qué harías?". ¿Por qué no escribes lo que harías tú en esas mismas situaciones? Puedes llevar tus respuestas a clase y ponerlas en común con las de tus compañeros para elegir las mejores.

¿Y tú qué harías si pudieras ser presidente de los Estados Unidos?

No quiero ni pensarlo. El poder corrompe hasta las mejores almas.

César R. (Oviedo)

¿Y tú qué harías si te dijeran que el mundo se acaba mañana?

Si me lo dijera mi mejor amigo, me iría de fiesta con él hasta el final. Si me lo dijera mi madre, le daría un beso y me iría de fiesta con mi mejor amigo. Si me lo dijera Miss Universo, le diría que le queda poco tiempo de reinado y me iría de fiesta con mi mejor amigo.

Carlos G. (Córdoba)

¿Y tú qué harías si tú y la persona más fea del mundo del otro sexo fuerais los únicos habitantes del planeta?

Cerrar los ojos e intentar ver la persona que lleva dentro. Al final, seguro que seríamos perfectos el uno para el otro.

Helena V. (Tenerife)

¿Y tú qué harías si quisieras demostrarle a tu pareja que la quieres más que nada en este mundo?

La miraría a los ojos. Sería suficiente.

Ana G. (Vigo)

¿Y tú qué harías si tu pareja decidiera cambiarse de sexo?

Llorar como una nenaza y preguntarme: ¿por qué a mí?, ¿por qué siempre me toca a mí?

Sara B. (Guadalajara)

2. ASÍ PASÓ

1. Lee las situaciones propuestas y marca las respuestas que consideres más adecuadas.

1. Estas tres personas fueron ayer al teatro. Teniendo en cuenta que no puedes entrar cuando la representación ya ha comenzado, ¿cuál de ellas dirías que pudo ver la obra?

   - ☐ Andrés: Yo llegué cuando **estaba empezando** la obra.
   - ☒ Carla: Yo llegué justo cuando **estaba a punto de empezar** la obra.
   - ☐ Mónica: Yo llegué justo cuando ya **había empezado** la obra.

2. Ayer hubo una avería en los ordenadores de una oficina de Hacienda durante todo el día. Estas tres personas habían ido a realizar algunos trámites. ¿Quiénes van a tener que volver otro día?

   - ☒ Nuria: El sistema se averió justo cuando **estaban a punto de atenderme**.
   - ☒ Alberto: El sistema se averió justo cuando **me estaban atendiendo**.
   - ☐ Ana: El sistema se averió justo cuando ya **me habían atendido**.

3. Alfonso es un poco maniático y no le gusta que lo interrumpan mientras come. ¿Cuál de estas llamadas telefónicas crees que lo molestó más?

   - ☐ Ana me llamó cuando **iba a comer**.
   - ☒ Felipe me llamó cuando **estaba comiendo**.
   - ☐ Andrea me llamó cuando ya **había comido**.

2. Las siguientes frases están construidas siguiendo el mismo esquema: intención + causa/circunstancia + consecuencia. Inventa informaciones adecuadas para completar lo que falta en cada caso.

INTENCIÓN	CAUSA	CONSECUENCIA
Quería ir a la fiesta	pero, como me rompí una pierna,	al final no pude ir.
Quería comprarme un coche	y, como en esa época mi cuñado vendía el suyo,	
Pensaba dejar este trabajo		y por eso decidí quedarme.
Iba a preguntarle si quería quedar para salir algún día		Total, que me dio vergüenza y no lo hice.
Pensaba quedarme unos días más descansando en el campo	pero mi madre se puso enferma	
	pero un amigo nos dijo que era una buena inversión	y por eso decidimos comprarlo.

3. Vuelve a los textos de la página 20 y reflexiona sobre los siguientes aspectos relacionados con el vocabulario. Puedes trabajar con diccionarios o con buscadores de internet.

Texto A

1. ¿Qué palabras se usan para hacer referencia al lugar donde se celebraba el concierto? ¿Qué otras se podrían usar?
2. ¿Había muchos o pocos espectadores?
3. ¿Qué sinónimo de **canción** es el más usado en el texto?
4. ¿Qué diferentes adjetivos califican la palabra **canción** en todo el texto? crucial, magistral
5. ¿Qué otros adjetivos te sugiere la palabra **canción**?
6. ¿Echas de menos alguna información que esperarías encontrar en la crónica de un concierto?

Texto B.

1. ¿Qué palabras se usan para hacer referencia a las personas que asistieron a la cena? ¿Qué otras se podrían usar?
2. ¿Qué palabras se refieren a la cena? ¿Qué otras se podrían usar? evento, acto
3. ¿De qué maneras diferentes se dice cómo iban vestidos los asistentes?
4. ¿Con qué palabras o expresiones se describe la ropa?
5. ¿Qué otras informaciones sabes dar en español sobre cómo es una prenda de vestir?
6. ¿Echas de menos alguna información que esperarías encontrar en la crónica de un evento así?

Texto C

1. ¿Qué palabras se usan para hacer referencia al partido? ¿Qué otras se podrían usar?
2. ¿Qué palabras se usan para hacer referencia a **marcar un gol**? ¿Qué otras se podrían usar?
3. ¿Cómo dirías de otra manera las siguientes expresiones?
   - **Cedió el mando del partido.**
   - **No dejaba respirar al Villarreal.**
   - **Las cosas se torcieron.** Se han cambiado las tornas
   - **Un final de infarto.**
4. ¿Echas de menos alguna información que esperarías encontrar en la crónica de un partido de fútbol?

4. Escribe tres pequeños textos que acaben con la información que te damos en cada caso.

Aquella jornada fue para muchos el momento más importante de la historia reciente del país.

En aquel preciso instante, Javier se dio cuenta de que se había equivocado.

Fue entonces cuando el público se levantó de sus asientos y comenzó una ovación que duró más de cinco minutos.

5. Conecta los pares de frases con alguno de los siguientes marcadores temporales. En algunos casos puede haber varias opciones.

En aquellos años
En aquella época
Entonces
En aquella ocasión
A partir de ese momento

1. El barco se empezó a hundir tras el choque.
   La gente se puso histérica y empezó a correr.

   El barco se empezó a hundir tras el choque. A partir de ese momento...

2. Después de la Guerra Civil, la situación en España no era nada fácil.
   Muchos españoles se vieron obligados a emigrar.

   En aquella ocasión

3. Juan y Marta eran superamigos hasta que empezaron a trabajar juntos.
   Su relación se fue deteriorando.

   A partir de ese momento

4. El Dridma y el Cabar, que hoy se enfrentan en la final de la Copa del Rey, se enfrentaron por primera vez en 1964.
   El Dridma ganó por 3-0.

   En aquella ocasión

6. a. Elige entre Indefinido, Imperfecto o Pluscuamperfecto para completar la siguiente crónica.

El concierto que empezó con 70 años de retraso

El Grec ofreció anoche el programa que iba a dirigir Casals el 19 de julio de 1936

Xavier Pujol - Barcelona EL PAÍS - Cultura - 18-07-2006

Con 70 años de retraso, un concierto que (tener) .... que ser suspendido debido al estallido de la Guerra Civil (tener) .... lugar, por fin, anoche en Barcelona, en un acto cargado de emotividad. El concierto original (estar)......................... previsto para las seis de la tarde del domingo 19 de julio de 1936 en el teatre Grec de Montjuïc –donde (celebrarse) .... ayer–, y la entrada (valer) .... tres pesetas. La Orquesta Pau Casals y el Orfeó Gracienc (ir) .... a interpretar la Novena Sinfonía de Beethoven, que ya entonces (ser) .... considerada universalmente un símbolo de paz. Y el director (ir) .... a ser el propio Casals.

[...]

Pau Casals

En la tarde del 18 de julio, Pau Casals (dirigir) .... la orquesta que (llevar) .... su nombre y el Orfeó Gracienc en el último ensayo de la obra antes del estreno del día siguiente. Gran parte de la obra ya (ser) .... ensayada y sólo (faltar) .... repasar el último movimiento, que incluye el célebre Himno a la alegría. (ser) .... entonces cuando un emisario venido directamente del Palau de la Generalitat (entregar) .... a Casals un mensaje del consejero de Cultura, Ventura Gassol, en el que este (comunicar) .... al músico el alzamiento militar contra la República y le (instar) .... a suspender el ensayo y el concierto pues (temerse) .... que la violencia estallara de un momento a otro en la calle. Casals, intuyendo que lo que (acabar) .... de suceder (ir) .... a tener gravísimas consecuencias, (dirigirse) .... a los músicos y cantantes diciéndoles: "Queridos amigos, no sé cuándo podremos volver a estar juntos, propongo que antes de separarnos terminemos la obra". Todo el mundo (estar) .... de acuerdo y así (ocurrir) .... que, mientras en el Palau de la Música (cantarse) .... "Y todos los hombres serán hermanos" en las calles se (estar) .... empezando a preparar las barricadas. Casals (confesar) .... años más tarde a sus biógrafos que en aquellos momentos las lágrimas no le (dejar) .... ver la partitura.

Por razones obvias —la desaparición de Casals y muchos de los protagonistas de aquella velada—, el de anoche no (poder) .... ser una copia exacta de aquel concierto. Pero (dar) .... fin a un silencio de 70 años e (hacer) .... justicia. Y así lo (entender) .... el público.

b. En clase, forma un grupo con algunos compañeros y elegid uno de los cuatro párrafos que componen el texto. Comparad los tiempos que habéis usado cada uno en el apartado anterior. Preguntad al profesor las dudas que tengáis.

c. Luego, realizad una puesta en común: cada grupo leerá el párrafo que ha analizado. ¿Que posibilidades diferentes han aparecido?

7. a. Los siguientes sustantivos y adjetivos aparecen en los textos de la página 21. ¿Cuáles combinarías entre sí? Trata de formular enunciados donde aparezcan y anótalos en tu cuaderno.

Sustantivos	Adjetivos
tristeza	dudoso/a
agua	viscoso/a
navegación	grande
drama	maloliente
crudo	ecológico/a
reputación	errático/a
marea	difícil
error	negro/a
imagen	colosal
mancha	impropio/a
desastre	enorme
	tremendo/a

b. Vuelve a los textos sobre la catástrofe del Prestige, marca dónde aparecen los sustantivos y los adjetivos anteriores y contesta a estas preguntas.

1. ¿Los adjetivos aparecen antes o después del sustantivo?
2. ¿Crees que hay casos en los que se podría invertir la colocación?
3. ¿En qué casos piensas que es imposible alterar el orden?

c. ¿De cuáles de los adjetivos que aparecen en el apartado **a** son sinónimos los siguientes?

gigante	enorme	oscuro	negro
complicado	difícil	fuerte	
apestoso	maloliente	inadecuado	impropio
cuestionable	dudoso	magnífico	grande

d. Aunque dos palabras sean sinónimas, no siempre se pueden usar indistintamente. Intercambia los adjetivos anteriores y sus sinónimos en los ejemplos de los textos y en los que has pensado tú. ¿Funcionan? ¿Observas diferencias de uso? Toma notas para comentarlo en clase.

8. En las siguientes frases, la palabra **gente** puede sustituirse por palabras más específicas. En tu cuaderno, escribe las frases con las palabras adecuadas haciendo los cambios oportunos cuando sea necesario.

1. El avión se empezó a mover bruscamente por culpa de la tormenta y, claro, la **gente** se puso histérica y empezó a gritar.
2. Cuando Julio Iglesias anunció la última canción de la noche, la **gente** se puso a silbar y a gritar que quería más.
3. Cada vez hay más concursos de televisión en los que la **gente** decide quién gana, ¿no?
4. El nuevo presidente prometió mejorar la calidad de vida de la **gente** en un plazo de dos años.
5. Durante la comida, los novios aprovecharon para agradecer a la **gente** su asistencia a la ceremonia.

9. a. Completa la siguiente transcripción de un programa informativo conjugando en Indefinido o en Imperfecto los verbos que aparecen entre paréntesis.

Presentador: Más de 25 000 personas (disfrutar) .... anoche en Buenos Aires de un concierto inolvidable del mítico grupo Los Fírex, un concierto que también (tener) .... como protagonista la lluvia.

Reportera 1: Mucho público anoche, unas 25 000 personas, para ver la reunión de Los Fírex tras más de diez años alejados de los escenarios y la verdad es que no (defraudar) ....: (saber) .... ganarse a los asistentes repasando todos sus éxitos y ofreciendo alguna que otra sorpresa de lo que será su nuevo trabajo discográfico. La única nota negativa de la velada (ser) .... la lluvia: media hora después del comienzo del espectáculo y cuando los espectadores (disfrutar) .... de un concierto inolvidable, (empezar) .... a caer una tromba de agua que (obligar) .... a suspender la actuación durante más de media hora. A pesar de todo, en cuanto (dejar) .... de llover y los técnicos (acondicionar) .... el escenario, Los Fírex (volver) .... a salir e (hacer) .... las delicias de sus fans durante más de hora y media ininterrumpida.

b. Ahora, como si fueras el reportero, crea tú el contenido de la siguiente noticia inventada a partir de la introducción del presentador. Ten en cuenta todo lo que sabes en tu lengua sobre este tipo de noticias y usa el diccionario.

Presentador: Y ahora, en el ámbito cultural, destacamos la entrega, ayer, en nuestro país de los premios de la Academia de las Artes Escénicas.

c. En clase, compara tu versión con la de dos compañeros más. Juntos, reflexionad sobre las siguientes cuestiones.

- ¿Habéis usado las mismas palabras o ideas?
- ¿Habéis descubierto vocabulario nuevo en español?
- ¿Habéis usado bien los tiempos verbales?
- ¿Están bien conectadas las informaciones que habéis dado?

d. ¿Podéis elaborar un único texto a partir de los tres textos que habéis escrito individualmente?

3. ¿Y TÚ QUÉ OPINAS?

1. Contesta a las siguientes preguntas.

1. ¿Qué entiendes tú por llevar una vida sana?
2. ¿Por qué crees que en la actualidad hay tanta gente que practica yoga, meditación...?
3. ¿Tu lugar y hora ideales para dar un paseo? ¿Por qué?
4. ¿En qué parte del cuerpo te gusta más que te den un masaje?
5. ¿Alguna vez has tenido que adaptarte a una situación difícil para ti?
6. ¿Cuánto tiempo al día dedicas a tu trabajo o a tus estudios? ¿Crees que es poco, demasiado o lo justo?
7. ¿Para qué cosas te gusta tomarte tu tiempo?
8. Si tuvieras toda la semana que viene libre, ¿cómo aprovecharías el tiempo?

2. Conjuga los verbos de las siguientes frases, en las que una serie de personas valoran ciertas cosas.

1. ● ¿Sabes que en el colegio de mi sobrino obligan a los alumnos a estudiar religión?
   ○ Hombre, a mí no me parece mal que los niños (conocer) .... aspectos de la religión, pero no creo que se les (deber) .... obligar a estudiarla.

2. ● ¿Ya os habéis enterado? Parece ser que a partir de la semana que viene (tener, nosotros) .... que quedarnos un rato más cada día y venir a trabajar los sábados por la mañana. ¿A ti te parece normal?
   ○ Hombre, no sé. Yo encuentro razonable que nos (pedir, ellos) .... que hagamos un esfuerzo, porque la verdad es que tenemos mucho trabajo. Pero creo que lo de los sábados (ser) .... un poco excesivo.

3. ● Esta mañana he leído que en algunos países han prohibido tener perros peligrosos.
   ○ ¿Ah, sí? Pues me parece muy bien. A ver, yo no veo mal que la gente (tener) .... animales, pero si pueden ser peligrosos creo que es normal que los (prohibir, ellos) ....

4. ● Ayer vi un debate en la tele sobre lo del carné por puntos y por lo que decían, yo no sé si va a ser bueno o no. Unos decían que no es cierto que (ir) .... a disminuir los accidentes y otros estaban convencidos de que (ser) .... una buena medida.
   ○ Hombre, todavía no está claro que (ir) .... a funcionar, pero a mí me parece bien que (intentar, ellos) .... hacer algo. Es que cada año hay más accidentes.

5. ● No entiendo por qué mis padres obligan a mi hermana a ir a clases de ballet. Está clarísimo que no (gustar, a ella) .... nada. ¡Nunca quiere ir!
   ○ Supongo que piensan que (ser) .... muy bueno para ella, ¿no?
   ● Ya, pero dudo mucho que (ser) .... bueno que la (obligar, ellos) .... a hacer algo que no le interesa.

3. Completa las siguientes frases en las que se alude a unas determinadas condiciones.

1. A mí no me interesa lo que hagas fuera de la empresa, ... no interfiera en tu trabajo.
2. Está bien hablar de los méritos y de las cualidades de cada uno .... no parezca que presumes o que eres un sabelotodo.
3. .... te lo propones y estudias duro, conseguirás aprobar el curso.
4. El tratamiento de esta enfermedad es efectivo .... se sigue al pie de la letra.

4. Unas personas han hecho una serie de peticiones. Imagina qué les pueden haber dicho para aceptar poniendo condiciones o para rechazar la petición justificándolo.

Sara, 22 años. Dependienta.
Le ha pedido el coche a su madre para irse fuera el fin de semana con sus amigos (hace una semana que tiene el carné de conducir).

Su madre
Acepta con condiciones:

Rechaza:

Ignacio, 46 años. Constructor.
En una reunión con el alcalde de su ciudad, le ha propuesto construir 200 viviendas de bajo coste para jóvenes, pero para hacerlo deben ocupar una parte de un parque.

El alcalde
Acepta con condiciones:

Rechaza:

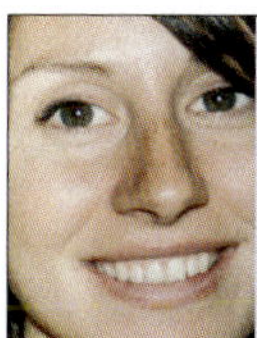

Ana, 26 años. Diseñadora gráfica.
Le ha pedido a Alfredo, su mejor amigo, que le deje el piso para celebrar su fiesta cumpleaños. El año pasado ya se lo dejó y le rompieron varias cosas.

Alfredo
Acepta con condiciones:

Rechaza:

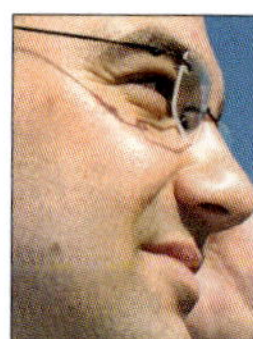

Abel, 40 años. Empresario.
Se ha reunido con los vecinos de una plaza para que se posicionen a favor de la apertura de una discoteca.

El portavoz de los vecinos
Acepta con condiciones:

Rechaza:

Juan, 34 años. Profesor de español.
Le ha pedido a Marta, su cuñada, que le preste 2000 euros para invertir en la bolsa. Juan todavía le debe 500 euros que le había prestado hace unos meses.

Marta
Acepta con condiciones:

Rechaza:

Elena, 22 años. Estudiante de Ingeniería.
Ha pedido permiso a su comunidad de vecinos para poder hacer una fiesta en su piso el martes de la semana que viene.

Estela. Presidenta de la comunidad.
Acepta con condiciones:

Rechaza:

5. a. ¿Qué sustantivos o verbos corresponden a las siguientes palabras?

preservar		proteger	
organización		convivir	
apoyo		usar	
adscripción		recuperar	
promoción		construir	
cuidar		crecimiento	
disfrutar		consumir	

b. Ahora, utiliza las palabras anteriores para completar las declaraciones aparecidas en un diario local de una ciudad española (a veces es posible más de una opción).

Carlos Suárez, presidente de la asociación Una ciudad para todos.

- Intentamos favorecer la .... entre los jóvenes y la gente mayor. Pensamos que no es bueno que las nuevas generaciones olviden ciertos valores y, al mismo tiempo, creemos que los mayores pueden .... del contacto con los jóvenes y sentirse mucho más útiles. Nuestro trabajo consiste básicamente en .... actividades y eventos para promover el contacto entre las distintas generaciones.

Mónica Martínez, concejala de Medioambiente.

- Estamos trabajando para concienciar a los ciudadanos de la importancia de hacer un .... razonable de los recursos de los que disponemos: el .... de agua y electricidad se ha disparado y por eso es muy importante crear planes adecuados de sostenibilidad. En muchas ocasiones, se trata simplemente de tener un poco de ....: no dejar grifos abiertos, apagar la luz cuando no la necesitamos...

Francisco López, nuevo director del museo de la ciudad.

- Entre los objetivos que nos hemos propuesto llevar a cabo se encuentran un plan de .... del patrimonio artístico de la ciudad y la creación de un departamento para .... a jóvenes artistas, a los que hasta ahora les costaba encontrar una salida para su trabajo. La .... de lo antiguo y la .... de lo moderno son claves para que la vida artística de la ciudad goce de buena salud.

Margarita Crespo, empresaria.

- Los empresarios estamos muy preocupados por la política del ayuntamiento: la .... del medioambiente está muy bien, pero nuestra ciudad necesita crecer y para ello es necesaria la .... de nuevas viviendas. Es así de simple, por eso no vemos con buenos ojos la propuesta de .... al movimiento de ciudades tranquilas.

6. a. Lee esta entrevista a un experto que opina sobre cómo serán las ciudades del futuro. ¿En qué lugar del texto colocarías los fragmentos que aparecen en los círculos? Escribe el número correspondiente en los cuadros blancos.

LAS CIUDADES DEL FUTURO

E. P.: [...] no hay un consenso [...] sobre cómo deberían ser las nuevas ciudades del futuro. ¿Cuál es tu opinión?

J. F.: Yo veo las ciudades del futuro no como un problema de arquitectura, sino como un problema social y económico. Si queremos diseñar ciudades que funcionen, estas deben contemplar las condiciones de cada área geográfica. La ciudad tiene que estar diseñada y basada en materiales que sean de fácil acceso en ese área. Las ciudades también tienen que estar diseñadas para funcionar bien para todas las personas. Tiene que haber lugares para reunirse, y el transporte debe estar incorporado directamente al sistema de la ciudad: en lugar de miles de automóviles moviéndose hacia la ciudad, debería haber un sistema de "cinturón móvil de transporte" [...].

E. P.: ¿Y cuáles son los nuevos materiales que tienes en mente? [...] ¿Vamos a dejar de lado el ladrillo y el cemento?

J. F.: El nuevo material del que estarán hechos los edificios del futuro será probablemente el hormigón conformado. Es decir, una forma en la superficie interior y otra forma en la superficie exterior. También estarán compuestos de materiales con memoria de forma: materiales que puedan recordar la forma en que fueron originalmente concebidos. Por ejemplo, si hiciéramos una cúpula de material con memoria, y luego la aplanáramos, y pusiéramos en un área cientos de estas cúpulas planas —como discos fonográficos—, si luego les aplicamos una corriente eléctrica adoptarán la forma de cúpula: estos son materiales con memoria de forma. [...] La memoria de forma quiere decir que si tienes que diseñar un edificio, este se fabrica bajo ciertas condiciones, dándole una forma, y una vez que el edificio ya tiene una forma se puede aplanar —a una cierta temperatura—, trasladarlo al lugar elegido y aplicarle una corriente eléctrica: entonces adquirirá la forma que se le dio originalmente. (1)

E. P.: [...] Tus ciudades circulares están formadas por ocho o nueve círculos ¿Puedes explicarnos qué hay en cada uno de estos círculos?

J. F.: Todos los nuevos materiales del futuro, quizá el hormigón, estarán reforzados con fibra de carbono. En el centro del interior de la fibra de carbono habrá hilos de iones, y estos se podrán manipular por medio de campos magnéticos que asumirán la dirección más adecuada para reforzar y hacer más fuerte una estructura.

E. P.: Una vez que se haya construido esta especie de modelo de ciudad circular ¿qué habrá en cada uno de los círculos? Empecemos por el círculo exterior.

J. F.: Cada ciudad se diseñará como una ciudad universitaria que ayude a mantener al día a todos los ciudadanos en todo lo que es nuevo, y cómo se relaciona la ciudad con otros sistemas vivos. La ciudad también debe contener centros de arte, de música, escuelas, dentistas, tiendas,... de manera que las personas no tengan que ir en coche en una dirección para ir al dentista y en otra para ir a las tiendas y en otra dirección para el trabajo. (2)

E.P.: Tú dices que en una economía en la que escaseen los recursos, se necesita dinero para distribuirlos; pero también dices que la situación ya ha cambiado. Gracias a la tecnología y a la ciencia, tendremos una abundancia de recursos. [...] Pero, ¿quién se encargará de producir patatas y otras verduras y frutas? No vendrán de los laboratorios. ¿En qué parte de tus ciudades las produciremos?

J. F.: Bueno, en las ciudades mismas, el perímetro exterior de la ciudad puede estar dedicado a la agricultura. Puede haber una agricultura hidropónica, que no necesita suelo. Al final –y esto no está muy lejos– seremos capaces de cultivar el tejido mismo de las manzanas en lugar del árbol entero. Y lo cultivaremos en largos tubos de ensayo y seremos capaces de alimentar el tejido; y más adelante podremos cultivar tejido de hígado, tejido cerebral, de alguna manera tal y como hoy cultivamos la penicilina en una placa de Petri. (3)

E. P.: De manera que la agricultura del futuro es la agricultura urbana: estará plenamente incorporada a los procesos de la vida en una gran ciudad ¿Es así, no?

J. F.: Sí, así es. El sistema de la ciudad tiene que dar satisfacción a todas las necesidades urbanas. Esto no puede producirse de golpe, sino gradualmente; pero la dirección a seguir es aproximadamente esta. Nadie puede prever cómo será el futuro realmente. [...] El futuro de la ciencia y la tecnología está mucho más allá de la comprensión que nos brinda el tipo actual de tecnología. Es por esta razón que tenemos que apoyar la investigación científica y no los planteamientos políticos de los problemas que no funcionan y solo acarrean problemas adicionales para el futuro. Para dar una idea de dónde estamos: hoy día hay señales de tráfico en las autopistas que anuncian que la calzada está mojada y resbaladiza; nosotros eliminaremos estas señales y añadiremos abrasivos a la calzada para que no resulte resbaladiza cuando está mojada. [...] Muchos problemas que tenemos hoy en día se deben, en realidad, a negligencias técnicas. [...] El futuro de la ciencia y la tecnología puede resolver fácilmente estos problemas.

Texto extraído de www.rtve.es/tve/b/redes/

☐ **(a)** En resumen: la ciudad debe ser un sistema autosuficiente similar al cuerpo humano. El cuerpo humano contiene millones y millones de células que trabajan juntas para conservar el organismo humano. La ciudad del futuro debe ser completamente autosuficiente, debe poder regenerarse y debe generar suficiente energía para que funcione. La ciudad debe estar controlada por ordenadores —porque los ordenadores de hoy pueden controlar hasta 500 trillones de bits de información por segundo; no hay ningún ser humano que pueda hacer eso—.

☐ **(c)** Esto significa que no necesitaremos a personas que levanten edificios, sino que los edificios mismos tendrán una memoria interna no muy diferente de la que tiene la semilla de una planta. Cuando pones una semilla en la tierra, esta, actuando en conjunción con el entorno, actualiza toda la memoria de la forma de un árbol o de una planta. O sea que la semilla contiene las características genéticas que formarán el árbol, la flor o cualquier otro objeto. Estos serán los métodos del futuro de la arquitectura. La arquitectura del futuro tendrá componentes con memoria que formarán el mismo edificio: las paredes, las texturas, los colores, construido todo ya en el interior.

☐ **(b)** La agricultura del futuro no estará en la tierra, en grandes granjas, sino que consistirá principalmente en el control y modificación de células vivas. Esta es la dirección general del futuro de la agronomía o tecnología agrícola.

b. Con tus propias palabras, resume cada una de las intervenciones del experto en una frase. Anótalo en tu cuaderno.

4. SE VALORARÁ LA EXPERIENCIA

1. Subraya la opción adecuada en cada caso.

1. Solo podrán optar a la adjudicación de las plazas quienes no **hayan vivido/vivan** nunca en Argentina.
2. Las becas van dirigidas a estudiantes que demuestren **haber vivido/vivir** en la actualidad en la UE.
3. Todas aquellas personas que **se hayan presentado/se presenten** al concurso en ediciones anteriores deberán volver a presentar toda la documentación requerida.
4. Esta convocatoria va dirigida a todos aquellos que **hayan terminado/terminen** sus estudios superiores en los últimos dos años.
5. Solo serán admitidos quienes demuestren **haber nacido/nacer** antes de 1990.
6. Todos aquellos que decidan **haberse presentado/presentarse** al examen pueden dejar sus datos en conserjería.

2. Completa cada una de las siguientes oraciones con alguno de estos tres elementos.

aquellas personas **quienes** **todos aquellos**

1. La convocatoria va dirigida a .... nacidas entre 1980 y 1985.

2. .... no tengan experiencia recibirán formación a cargo de la empresa.

3. .... que pasen las tres primeras fases de la selección deberán desplazarse a nuestras oficinas centrales en Madrid para realizar las últimas pruebas.

4. Solo podrán acceder a la selección final .... superen todas las pruebas con una media superior a 8,5.

5. .... que hayan sido premiadas en ediciones anteriores del concurso no podrán presentarse.

6. .... que pasen la primera fase, serán entrevistados por un tribunal de expertos.

3. En las siguientes frases, se especifica quién realiza o ha realizado la acción, pero en algunos casos es demasiado redundante o bien se puede sobreentender fácilmente. Transfórmalas para ocultar al "actor" de las acciones (recuerda que tienes dos maneras de hacerlo).

1. **Durante la manifestación, los manifestantes provocaron numerosos desperfectos.**

   Durante la manifestación se provocaron...
   Durante la manifestación fueron provocados...

2. **Este verano, los incendios han quemado numerosos bosques de toda la Península Ibérica.**

3. **En el último mes, la policía ha cerrado más de 20 locales por problemas de ruido.**

4. **Las librerías han vendido más de 40 millones de ejemplares de *El código Da Vinci*.**

5. **Cada día, los productores de carne sacrifican miles de animales para el consumo humano.**

6. **Cada año, los vendedores venden más de diez toneladas de patatas solo en la comunidad gallega.**

7. **En la inauguración de la exposición, los camareros servirán un aperitivo.**

8. **El próximo verano, el Gobierno convocará oposiciones para diferentes áreas de la Administración.**

4. a. En la columna de la derecha tienes las respuestas de un cantante a algunas preguntas que sus fans le han hecho a través de un chat. ¿Puedes relacionar las preguntas con las respuestas? Verás que faltan algunas palabras, pero eso no te impedirá entender el sentido de las respuestas.

fans

1. Antes que nada, decirte que tu último disco me parece fantástico. En muchas canciones haces referencias a tu familia y a los problemas que has tenido, sobre todo con tu padre, ¿intentabas que el disco fuera tu terapia particular para superar todo aquello?

• • • •

2. Hace poco leí que habías tenido problemas con algunos fans porque te acosaban. ¿Te resulta dura la fama?

• • • •

3. Nunca has venido a tocar a Galicia. ¿Lo harás en tu próxima gira?

• • • •

4. Me encanta tu manera de vestir. ¿Cuál es tu secreto para ser siempre tan original?

• • • •

5. Soy fan tuya desde que empezaste y, aunque me gusta todo lo que has hecho, mis discos favoritos son los primeros: eran más salvajes y las letras eran más inconformistas. ¿Por qué ese cambio en tus últimos dos discos?

• • • •

6. ¿Te ha cambiado mucho la vida el ser padre? ¿Cómo lo llevas?

1	2	3	4	5	6
↓	↓	↓	↓	↓	↓

a. Pues no lo sé, nunca me lo había planteado. Pero supongo que lo importante es no .... **ninguna tendencia** en concreto y ser tú mismo: ponerte cosas que te gusten y con las que te sientas bien.

b. Bueno, ya se sabe que cuando eres adolescente te gusta .... **con las normas** y mi caso no fue una excepción. Supongo que en aquella época mi música debía reflejar todo eso, pero hace tiempo que siento la necesidad de expresar otras cosas. Yo era consciente de que muchos de mis fans se iban a sorprender y de que, probablemente, a muchos de ellos dejaría de gustarles lo que hago, pero necesitaba .... un giro a mi carrera y lo hice.

c. Bueno, en realidad, la concepción del disco no .... **a ninguna intención** en concreto: simplemente, cuando empecé a escribir las letras, fue lo que me salió de forma más natural y tampoco quería cambiarlo solo porque eran temas difíciles o demasiado personales. En ese sentido, los que se compren el disco pueden estar seguros de que hay parte de mí dentro de él.

d. La verdad es que al principio me daba un poco de miedo, porque mi agenda no es precisamente la más adecuada para tener una familia en condiciones. Pero lo que he aprendido con el tiempo es que no todo tiene por qué .... **en torno a la música** y que hay otras cosas que me importan. Cada vez intento concentrar más las giras y no pasar fuera de casa más de dos semanas.

e. Pues a veces se hace un poco pesado ir por ahí y que te paren constantemente, pero el problema al que te refieres fue mucho más allá y unas personas se colaron en mi casa. En fin... Creo que siempre se me ha dado bien .... **con mis fans** y espero que puedan entender que tengo una vida privada que me gustaría conservar.

f. Bueno, con la gira del primer disco fui a tocar a algunas ciudades de por ahí, pero claro por aquel entonces no era tan conocido como ahora. De todas maneras, hablaré con mi mánager, que es quien se .... **de conseguir los conciertos,** para que lo tenga en cuenta.

b. Estos son los verbos que faltan en las respuestas. Escríbelos en su lugar correspondiente conjugándolos cuando sea necesario.

girar / dar / encargarse
seguir / romper / tratar / responder

5. a. ¿Para qué trabajos crees que se pueden exigir los siguientes requisitos?

REQUISITOS	TRABAJOS
Experiencia en conducción de furgonetas	
Capacidad de relación	
Dotes de venta	
Conocimientos de ofimática	
Buena condición física	
Buena presencia	
Disponibilidad para trabajar los fines de semana	
Capacidad de comunicación	
Vehículo propio	

b. ¿Cómo serían los siguientes anuncios de trabajo en tu país? El último anuncio, decídelo tú.

SE PRECISA CONDUCTOR/A

SE PRECISA DEPENDIENTE

SE PRECISA RELACIONES PÚBLICAS

SE PRECISA ....

6. a. Aquí tienes una serie de palabras que han aparecido en la unidad. Toma notas sobre cada una teniendo en cuenta las preguntas que aparecen en el cuadro. Puedes trabajar con diccionarios y buscadores de internet.

tendencia
criterio
exposición
espectador
obra
requisito
solicitud
convocar
asistir

→

1. En tu lengua, ¿hay una palabra igual o parecida para decir lo mismo?
2. ¿Hay una palabra parecida pero no significa lo mismo?
3. ¿Se dice de forma completamente diferente?
4. ¿La palabra española y su equivalente en tu lengua se usan en los mismos contextos? ¿Tienen matices diferentes?
5. ¿Hay alguna otra observación que te ayude a entender mejor cómo se usa esa palabra en español?

b. Ahora, escoge otras palabras de la unidad que te interesen y haz las mismas reflexiones que en el apartado anterior.

7. a. Completa el siguiente cuadro.

Verbo	**Sustantivo**	**Participio**
exponer	....	....
....	....	concedido
....	elección	....
....	....	realizado
romper	....	....
....	....	optado
transgredir	....	....
respetar	....	....
lograr	....	....
....	....	concebido
descubrir	....	....
....	....	colaborado
participar	....	....

b. **Reproduce el sentido de las siguientes frases utilizando palabras de la misma familia de las marcadas en negrita y realizando las adaptaciones necesarias.**

1. Los exámenes **se realizarán** durante el mes de mayo.
   La realización de los exámenes tendrá lugar en mayo.
2. El conde Brequio habla con los medios de sus motivos para romper con Carmen Mora.
   El conde Brequio habla con los medios de los motivos de su .... con Carmen Mora.
3. Es muy importante **elegir** bien la obra que se va a exponer.
   Es muy importante hacer una buena .... de la obra que se va a exponer.
4. Una nueva **exposición** del Museo del Prado mostrará la obra más vanguardista de varios artistas nobeles.
   ....
5. Finalmente, el Dridma no podrá **optar** al título de liga tras su derrota frente al Cabar.
   ....
6. Los votantes son conscientes de todo lo que este Gobierno **ha logrado** durante su mandato y por ello creemos que conseguiremos un nuevo triunfo en estas elecciones.
   ....

c. **Ahora, elige cuatro palabras del cuadro del apartado a que no hayas usado y escribe frases con ellas. ¿Puedes expresar lo mismo de maneras diferentes?**

1. ....
   ....
2. ....
   ....
3. ....
   ....
4. ....
   ....

5. LA VIDA ES PURO TEATRO

1. Lee el siguiente texto. ¿En tu lengua existen recursos parecidos a los destacados en negrita? ¿Cómo los expresarías?

DE MUCHAS MANERAS

En español, como en todas las lenguas, no existe una única forma de decir las cosas, sino que existen diferentes recursos para expresar la manera en la que realizamos (o recibimos) una acción.

Si alguien nos pregunta cómo nos ha ido algo, los clásicos **bien** y **mal**, aunque siempre resultan útiles, pueden ser insuficientes para matizar o enfatizar nuestra respuesta. Y es que no es lo mismo, por ejemplo, responder a la pregunta **¿Cómo estás?** con un simple **Bien** que con un **Superbién** o, en el caso contrario, con un **Mal** o un **Fatal**. Además de una mayor concreción, el uso de este tipo de expresiones enfáticas en lugar de los genéricos **bien/mal** muy probablemente despertará un mayor interés en nuestro interlocutor.

Siguiendo con el interés que alguien pueda tener sobre cómo nos encontramos, nuestras posibilidades se abren con solo poner una pequeña cola a algunos adjetivos; **estupendamente** o **divinamente** son quizás los más frecuentes. Este sencillo recurso es especialmente útil cuando queremos referirnos a cómo llevamos a cabo una actividad. Así, por ejemplo, podemos **pasear tranquilamente**, **escuchar una conversación atentamente**, **mirar fijamente a otra persona**, **hablar pausadamente**... aunque quizás los haya también que prefieran **hablar de manera pausada**. ¡Allá cada uno con la cantidad de palabras que quiera gastar!

Resulta curiosa la cruda literalidad con la que, en muchas ocasiones, el español nos da cuenta de cómo suceden las cosas. Recordemos el caso, por ejemplo, de aquel pobre hombre que por no pagar la cuenta en el bar fue expulsado del establecimiento **a golpes** según la prensa local y **a patadas**, para ser más exactos, según algunos testigos presenciales. Por supuesto, cuando el señor le contó lo sucedido a sus amigos se limitó a decir que no volvería a aquel bar porque lo habían obligado a marcharse **de muy malas maneras**.

También encontramos otros ejemplos en los que la literalidad queda fuera de juego y debemos saber interpretar adecuadamente lo que oímos. Esto sucede, por ejemplo, cuando, por los motivos que sean, alguien se marcha **corriendo** de un lugar o conduce **a toda pastilla**. Ni en el primer caso es necesario que la persona imite a un atleta ni en el segundo el conductor ha tomado su medicación antes de ponerse al volante. Debemos estar atentos, asimismo, cuando alguien nos comenta que un examen le ha salido **de vicio** o **de película**, ya que, en ambos casos, deberemos felicitarlo por su éxito.

Más claros parecen los casos en los que nos volvemos un poco poetas y hacemos uso de las comparaciones. Es esta una de las especialidades de las madres orgullosas, que no paran de decirle a todo el mundo que su niña pequeña canta **como los ángeles** o que empezó a ir a la piscina hace dos días y ya nada **como un pez**. Pero, ¡ojo!, no nos preocupemos cuando diga que la mayor está estudiando **como una loca** para sus exámenes: seguro que la madre está tan o más orgullosa de la primogénita que de su niñita.

2. ¿Con qué persona de cada pareja te identificas más? Justifícalo.

Paco cocina **de maravilla**.
A Andrea la cocina se le da **fatal**.

A Ana le encanta estar **en silencio**.
Carlos se pasa el día **escuchando música**.

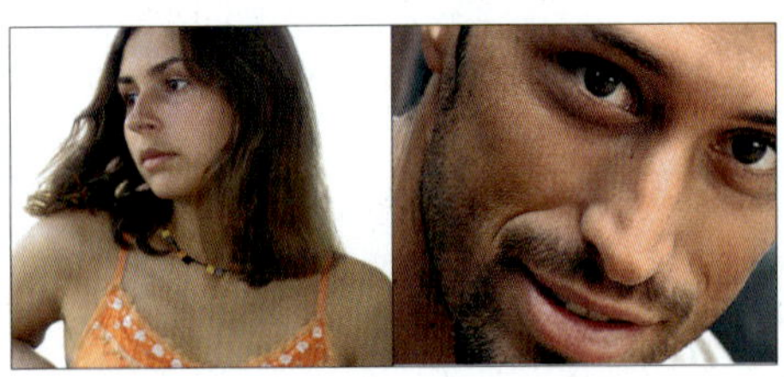

Mónica siempre come **muy despacio**.
Marcos siempre come **a toda prisa**.

Carmen siempre habla **a gritos**.
Toni habla **muy bajo**, tanto, que a veces no se entiende lo que dice.

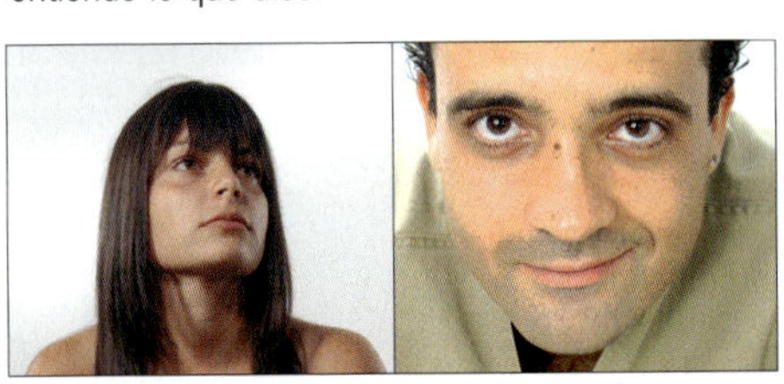

A Alicia le gusta conducir **tranquilamente**.
Jonathan siempre conduce **como un loco**.

Cristina siempre hace las tareas de la casa **de mala gana**.
Jaime siempre hace las tareas de la casa **con gusto**.

3. a. Decide cuál es el mejor final para cada frase.

1. Este año me he puesto a	a. la ropa en el armario.
2. Para la boda de mi hermano no me pondré	b. muy contento.
3. He puesto	c. buscar piso porque me quiero independizar.
4. Cuando dijeron su nombre, se puso	d. que aquí no se pueden usar.
5. Siempre que ve a su novia se pone	e. ni traje ni corbata.
6. Apaga el móvil. En ese cartel pone	f. de pie y dijo: ¡Presente!

b. Ahora, reescribe las frases anteriores sustituyendo las construcciones con el verbo **poner** por uno de estos verbos.

COLOCAR EMPEZAR A DECIR ALEGRARSE LLEVAR LEVANTARSE

4. Completa las conversaciones con las palabras adecuadas del cuadro.

mejor triste elegante mal como una fiera

1. • ¿Qué te pasa? ¿Te encuentras bien?
   ○ No es nada. Es que siempre que tengo un examen me pongo .... del estómago.
2. • No sé qué le pasa a Juan últimamente. Le he preguntado si había hecho los deberes y se ha puesto ....
   ○ No te enfades con él. Creo que tiene problemas en casa.
3. • Acabo de cruzarme con Sara en la entrada. ¿No se había quedado en casa con gripe?
   ○ Sí, ayer estuve con ella en su casa y estaba fatal, pero le preparé un remedio que siempre me daba mi madre y se ha puesto ....
4. • Mañana tengo una entrevista de trabajo y no sé qué ropa llevar.
   ○ Hombre, pues no sé... Pero para esas cosas siempre es mejor ponerse un poco............................., ¿no?
5. • Qué .... se ha puesto tu madre cuando nos hemos ido, ¿no?
   ○ Sí, es que supongo que le gustaría pasar más tiempo conmigo.

5. a. En tu cuaderno, expresa de otra manera las ideas expresadas con las perífrasis en negrita.

1. ● ¿Conoces a Marina, la nueva mujer de Andrés?
   ○ Ah, pues no. No sabía que **se había vuelto a casar**.

2. ● Ayer me enteré de que el profe de gimnasia participó en unas olimpiadas cuando era más joven.
   ○ ¿No lo sabías? Fue campeón de España de salto de altura, pero tuvo que **dejar de competir** por una lesión.

3. ● Mamá, ¿puedo comer un trozo de pan?
   ○ Bueno, pero espera cinco minutos, que **acaba de salir** del horno y todavía está caliente.

4. ● ¿Se puede saber por qué llegas tan tarde?
   ○ Lo siento, pero es que estaba tan cansada que sin darme cuenta he apagado el despertador y **he seguido durmiendo**.

5. ● Estoy harto del perro de Andrea: cada vez que me ve **se pone a ladrar** como un loco.
   ○ ¿Ah, sí? Pero si es un perro muy cariñoso...

6. ● ¿Todavía no **has terminado de vestirte**? Venga, date prisa que nos están esperando.
   ○ Ya voy, ya voy...

b. Ahora, expresa las ideas que aparecen en negrita utilizando las perífrasis adecuadas.

1. ● Tengo que darle estos papeles a Carlos urgentemente y no consigo encontrarlo.
   ○ ¿Has mirado en el despacho de García? **Yo lo he visto por ahí hace un momento**.

2. ● Me he comprado un muñeco divertidísimo: cuando pones música, **empieza a bailar**.
   ○ ¡Ay! ¿Cuándo dejarás de gastar el dinero en tonterías?

3. ● ¿Te apetece venir esta tarde a tomar algo con Carla y conmigo? Vamos a ir al centro sobre las seis.
   ○ Sí, vale. Hoy me toca limpiar, pero **cuando lo tenga todo listo** voy para allá.

4. ● ¿Sabes que Diana y Alberto **están juntos otra vez**?
   ○ ¿En serio? ¡No me lo puedo creer!

5. ● ¡Venga! ¡Arriba! ¡Es hora de levantarse!
   ○ ¡Hoy es sábado, mamá! Déjanos **dormir más**...

6. ● ¿Tú sabes qué le pasa a Isabel? **Hace dos meses que no viene a verme** y antes venía casi cada día.
   ○ Pues ahora que lo dices, hace mucho que yo tampoco la veo.

6. Estas son las indicaciones de un director de teatro para disponer los objetos en el escenario tal como lo ha imaginado. También ha hecho un boceto, pero no está terminado. ¿Puedes dibujar los objetos que faltan (en el texto, en negrita) en su lugar correspondiente? Antes de empezar a dibujar, lee el texto completo.

Vista de una habitación. En la pared de la izquierda, una ventana; en la de la derecha, una puerta. Los espectadores pueden ver el pasillo que hay detrás de la pared derecha. Dentro de la habitación, delante de la ventana, hay un escritorio y una **silla**. Sobre la mesa hay una **lámpara** y algunos papeles revueltos medio escritos. Debajo del escritorio hay una **papelera**. A la izquierda del escritorio hay un **ramo de flores** tirado en el suelo. En el centro de la habitación hay una cama y, a los lados, dos **mesillas de noche**. Sobre cada mesilla hay una **lámpara**. Encima de la mesilla de la derecha hay un **despertador**. Sobre la mesilla de la izquierda, un **marco con una fotografía**. Encima de la cama hay una **maleta** abierta y, al lado, un montón de ropa desordenada. Al lado de la mesilla derecha hay un armario con las puertas abiertas. Dentro del armario solo se ven unas **perchas** colgadas sin ropa.

7. a. Escribe cada uno de los sustantivos de la lista al lado de su definición. Luego, escribe el adjetivo correspondiente para describir a una persona.

desgana	**timidez**	**angustia**	**tranquilidad**	**enfado**	**extrañeza**
alegría	**relax**	**tristeza**	**cariño**	**sorpresa**	**nerviosismo**
impaciencia	**desolación**	**inquietud**	**entusiasmo**	**fastidio**	**ansiedad**

	sustantivo	adjetivo
– Estado de reposo.	relax	relajado/a
– Efecto provocado por algo que se sale de lo normal o de lo esperado.		
– Estado de angustia extrema.		
– Miedo a hablar o a actuar, sobre todo en presencia de extraños.		
– Alteración del ánimo acompañada de ira.		
– Disgusto provocado por un contratiempo.		
– Exaltación positiva del ánimo.		
– Incapacidad para saber esperar.		
– Estado de excitación provocado por la falta de tranquilidad.		
– Sensación opresiva de miedo o padecimiento.		
– Impresión provocada por algo que no se espera.		
– Sensación que provoca un suceso favorable.		
– Sensación que deprime el ánimo, provocada normalmente por un suceso negativo.		
– Cualidad que implica la ausencia de nerviosismo, inquietud o excitación.		
– Estado de agitación que puede ir acompañado de un movimiento físico que la refleje.		
– Estado anímico en el que a una persona no le apetece hacer nada o ninguna actividad en concreto.		
– Preocupación o impaciencia provocadas por algo que va a ocurrir.		
– Sentimiento de amor o afecto hacia alguien o algo.		

b. ¿Qué relaciones puedes establecer entre los sustantivos anteriores? Completa los cuadros.

Ideas contrarias	Ideas similares	Causa-efecto
tranquilidad/inquietud		

8. a. Completa con las palabras de la lista esta descripción del comienzo de una obra teatral. No te olvides de conjugar los verbos.

sin	**quedarse**
hacia	**lentamente**
delante de	**sobresaltada**
encima	**fijamente**
girarse	**al**
acercarse	**mientras**

.... Ana duerme, una figura sin identificar entra por la ventana y va .... la cama .... hacer ruido. El desconocido .... quieto .... la cama y mira a Ana .... Tras unos segundos, ... a la mesilla y deja .... un pequeño paquete y una nota. A continuación, ... y camina .... hacia la ventana. Sin embargo, ... salir, tropieza y Ana se despierta ....

b. ¿Qué crees que pasa después? Continúa la descripción indicando con detalle cómo y cuándo suceden las cosas. Si quieres, puedes emplear algunas de las palabras o expresiones que te sugerimos a continuación.

levantarse	reconocer
ponerse	susto
lentamente	encima
asomarse	llamar
sin dudarlo	de repente

9. ¿Qué situaciones o hechos concretos crees que pueden provocar que una persona se quede de las siguientes maneras?

tranquila

hecha polvo/destrozada

sin habla

dormida

quieta

preocupada

de piedra

en los huesos

10. Lee el siguiente texto sobre educación postural. ¿Sigues las recomendaciones del artículo? ¿Qué cosas haces de diferente manera? Escríbelo.

Cómo hacerlo bien

Una buena calidad de vida debe comenzar por el cuidado de nuestro cuerpo y de nuestra mente. Muchas personas creen que basta con dedicar una parte de su tiempo a hacer ejercicio, pero no debemos olvidar un elemento importante para sentirnos bien: la postura corporal.

De la manera en la que nos colocamos al desarrollar cualquier actividad depende que nuestro cuerpo se encuentre bien o, por el contrario, que se resienta y nos alerte con señales de dolor de que algo no está bien. De entre las actividades que normalmente desarrollamos en nuestra vida diaria hay dos que destacan por el número de horas que nos ocupan: dormir y trabajar.

Felices sueños

Hay quien se duerme incluso de pie en el autobús o en el metro de camino al trabajo y los que lo hacen inclinándose sobre su mesa rendidos tras una larga jornada laboral. Sin embargo, lo más importante y beneficioso es, por supuesto, dormir en el momento, en el lugar y de la forma adecuados.

El tiempo justo

– La mayoría de adultos necesitan unas siete u ocho horas de sueño, aunque al hacernos mayores podemos necesitar menos horas de descanso prolongado durante la noche.
– La prueba de que hemos descansado lo suficiente será que no nos dormimos durante ningún momento del día.

La cama adecuada

– Es recomendable usar un colchón firme, ni duro ni blando, que se ajuste a las curvas de la columna.
– Aunque pueda parecer obvio, nunca debemos dormir en una cama que sea más pequeña que nuestro propio tamaño.
– Para proteger las cervicales, conviene usar una almohada ni muy fina ni muy gruesa: su función es mantener el cuello alineado con la columna.

Dormir sano

– Es aconsejable cambiar de postura con frecuencia.
– La postura fetal parece ser la mejor postura para dormir: tumbados de lado, con las caderas y las rodillas flexionadas, apoyándonos sobre un hombro.
– Si dormimos boca arriba, debemos proteger la zona lumbar: colocarnos un cojín bajo las rodillas para que mantenerlas flexionadas suele funcionar.
– La peor postura para dormir es boca abajo. Si estamos acostumbrados y no podemos dormir de otra manera, podemos colocarnos un poco de lado e intentar rotar ligeramente los hombros para que el giro del cuello no sea tan radical.

Levantarse de la forma correcta

– Para proteger nuestra espalda, no debemos levantarnos de golpe. Es mejor hacerlo en dos fases: nos sentamos de lado dejando las piernas fuera de la cama y, luego, nos ponemos de pie con la espalda recta.

¡Siéntate bien!

Según la Organización Mundial de la Salud (OMS), cuatro de cada cinco adultos han experimentado alguna molestia en la espalda a lo largo de su vida. Gran parte de estos casos son de gente que pasa muchas horas trabajando sentada y que, por lo general, adopta posturas poco convenientes.

Evitar lesiones de espalda

– Mantener la espalda recta contra el respaldo del asiento, con los hombros hacia atrás y las rodillas a la altura de la cadera de manera que el peso del cuerpo se distribuya entre la silla y el suelo.
– Evitar todas aquellas posturas en las que la espalda esté curvada o hundida en el asiento.
– No es bueno mantenerse en la misma posición durante demasiado tiempo. Conviene realizar pausas para cambiar la posición del cuerpo y realizar estiramientos o, al menos, levantarse y caminar unos minutos.

Guía para una buena postura

Es importante que los asientos en los que trabajamos sean estables y ajustables de manera que ofrezcan un buen soporte lumbar. Conviene asimismo que el respaldo esté fabricado con algún material transpirable. La altura debe ajustarse de forma que el peso corporal descanse sobre los glúteos, no sobre los muslos, y en función de la altura de cada persona de manera que los pies queden apoyados en el suelo. Los que están sentados frente al ordenador deben procurar que la pantalla esté a la altura de la línea de los ojos para no inclinar el cuello y no tensar los músculos de la espalda. Por su parte, los brazos deben caer de forma relajada sobre la mesa de trabajo.

POSTURAS CORRECTAS EN ACTIVIDADES HABITUALES

– **Planchar:** la actividad puede realizarse tanto de pie como sentado: lo importante es mantener la espalda recta. La altura correcta de la mesa de planchar es entre la cadera y el ombligo.
– **Limpiar el suelo:** es aconsejable que el palo de la escoba o de la fregona sea de un tamaño mediano. Los movimientos que realizamos no deben ser amplios, sino cortos.
– **Levantar y cargar un peso:** hay que flexionar las rodillas manteniendo cierta separación entre los pies, coger el objeto y elevarlo con ayuda de las piernas. La espalda debe permanecer recta en todo momento.

11. ¿Qué problemas relacionados con las posturas en las que trabajan y con los movimientos que realizan crees que pueden tener los siguientes profesionales? Si se te ocurren otros, escribe sus posibles problemas en tu cuaderno.

Camareros: *los camareros pasan mucho tiempo de pie y eso no es bueno para...*

Conductores de autobuses:

Albañiles:

Profesionales de la limpieza:

Diseñadores gráficos:

Azafatas de congresos:

6. DIJISTE QUE LO HARÍAS

1. a. Imagina que le comentas a un amigo hispano estas ideas que aparecen en el texto de la página 60. Exprésalas con tus propias palabras, en un registro coloquial.

1. A partir de la próxima semana canal DIEZ comenzará sus emisiones.

2. La parrilla se nutrirá de vídeos realizados por los propios espectadores.

3. Si un programa no cuenta con el suficiente apoyo, saltará de la parrilla.

4. Un comité escogerá las mejores aportaciones enviadas por los espectadores y desechará las que puedan resultar ofensivas o de mal gusto.

b. En el mismo texto, aparecen palabras relacionadas con el ámbito de la televisión. Aquí tienes un ejemplo de cómo se podrían relacionar todas ellas. Con la ayuda de diccionarios o de internet, crea redes como esta sobre la radio y la prensa escrita.

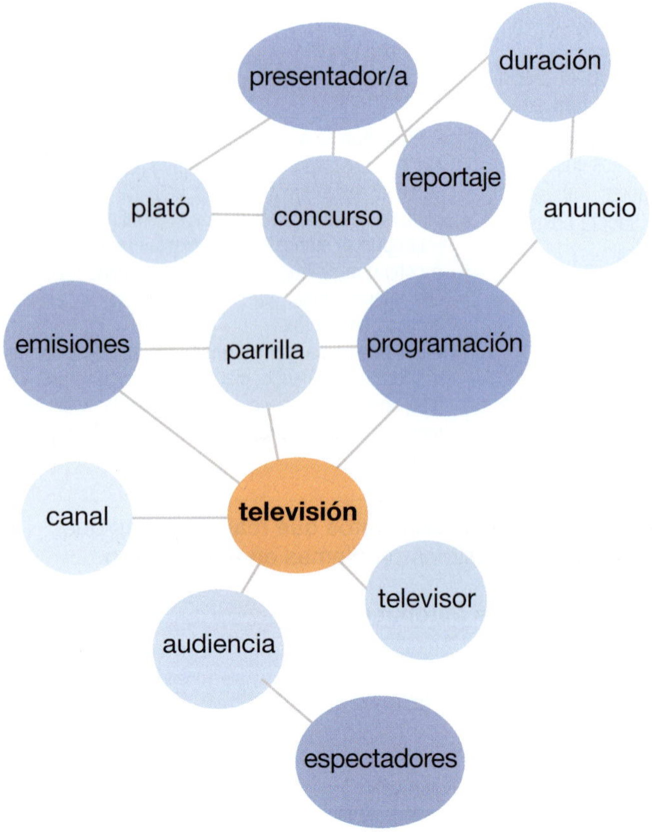

c. Las siguientes palabras pueden tener significados similares o diferentes en textos sin relación con la televisión. ¿Se te ocurren ejemplos de cuáles podrían ser? Completa las fichas con ayuda de diccionarios o de internet.

emisión

Podría aparecer en un texto escrito o en una conversación sobre contaminación ambiental para referirse a...

concurso

espectador

programación

parrilla

espacio

2. a. Este es el texto de la actividad 3 de la unidad. Intenta sintetizar en una frase el contenido de cada párrafo. En tu cuaderno, clasifica las diferentes ideas en un cuadro como el de abajo.

La semana pasada se celebró el primer aniversario de Canal 10 y lo celebraron por todo lo alto. **A mi entender,** la cadena no tiene ningún motivo de celebración, ya que muchas de las grandes promesas que hicieron en su presentación a los medios, ahora suenan a verdadera tomadura de pelo.

En primer lugar, dijeron que sus programas estarían cargados de humor, pero ¿de qué tipo de humor? Del más vulgar y ordinario **y, además,** extendido de forma exagerada a cualquier tipo de programa. ¿Tiene un programa de cocina que estar presentado con humor? ¿Y un informativo de actualidad, cuando las noticias no dan ningún motivo para la carcajada? El humor chabacano de la cadena es una ofensa contra el buen gusto.

En segundo lugar, las tan prometidas y ensalzadas producciones del público, ¿qué son? Aseguraron que pasarían por un comité que se encargaría de seleccionar las mejores, pero ¿con qué criterios actúa el comité? La mayoría son verdaderas chapuzas, **y lo que es peor,** en muchas de ellas se hace publicidad explícita de ciertos productos. ¿Cuánto cobra la cadena por emitir esos supuestos documentos reales? ¿Quiénes los han grabado y con qué intención? No son más que anuncios publicitarios de la peor calidad, publicidad encubierta que dudo que sea legal.

Y, por último, anunciaron una programación variable con la intención de que el espectador se viera sorprendido semana tras semana. **Pues bien,** lo han conseguido: vamos de sorpresa en sorpresa y a cada cual peor. Podemos 'sorprendernos' con programas de contenido violento o 'adulto' en la franja de tarde cuando los estudiantes vuelven de la escuela.

¿Dónde está el prometido código de regulación? ¿Y esa televisión de calidad que deseamos todos? Espero que en su segundo año de vida consideren sus errores e intenten cumplir sus promesas. No necesitamos más telebasura, gracias.

Exposición del problema

Ejemplos del problema

Conclusión

b. Fíjate ahora en las palabras destacadas en negrita. Clasifícalas según su función en el texto.

- Ordenar ideas:
- Presentar una opinión personal:
- Añadir información que complementa la anterior:
- Presentar el cumplimiento de una acción:

c. ¿Cómo describirías la actitud del autor de la carta? Marca las opciones que consideres convenientes y justifica tus elecciones.

☐ conciliadora	☐ agresiva
☐ directa	☐ neutral
☐ irónica	☐ suave
☐ firme	☐ grosera

d. ¿Como expresarías las siguientes ideas con un tono diferente al del texto? En clase, compara tus ideas con las de tus compañeros.

1. Muchas de las grandes promesas que hicieron en su presentación a los medios, ahora suenan a verdadera tomadura de pelo.

2. El humor chabacano de la cadena es una ofensa contra el buen gusto.

3. La mayoría [de las producciones del público] son verdaderas chapuzas.

4. No son más que anuncios publicitarios de la peor calidad.

3. a. Lee los siguientes eslóganes publicitarios. ¿Qué productos podrían anunciar? ¿A qué público crees que podría ir dirigido cada uno? Completa las fichas.

1. Para que tú y los tuyos sintáis el calor del invierno.

Productos:

Público:

2. Para mimar lo que más te importa.

Productos:

Público:

3. Para que tu música vaya donde tú vayas.

Productos:

Público:

4. Para hacer de tu jubilación unas vacaciones.

Productos:

Público:

5. Para que los años pasen más despacio.

Productos:

Público:

6. Para llevarte siempre un buen recuerdo.

Productos:

Público:

b. Piensa en tres productos más e inventa eslóganes para ellos siguiendo la misma fórmula que los anteriores. Si quieres, en clase, puedes jugar con tus compañeros a adivinar de qué producto se trata.

4. a. Imagina que un niño hispanohablante te pregunta para qué sirven las siguientes cosas. ¿Cómo se lo explicarías?

una manta

un cojín

un mantel

una persiana

b. Ahora, imagina que, en la misma situación, tienes que explicar para qué sirven cinco cosas que son necesarias en tu vida.

5. **¿Para qué crees que hicieron las siguientes cosas las personas de las frases? Escríbelo. Presta atención a la correlación de los tiempos verbales.**

1. Ayer Ana se peleó con su novio.
   Le compró una caja de bombones para ....
   ....
   ....
2. El lunes de la semana pasada fue el cumpleaños de Andrés, el mejor amigo de Carlos. Carlos no se acordó. El martes Carlos se compró una agenda para ....
   ....
   ....
3. Hace dos días, Sandra se compró unos pantalones, pero cuando se los probó en casa, no le convencieron. Ayer Sandra volvió a la tienda con los pantalones para
   ....
   ....
4. Patricia recibió ayer por la mañana una carta en inglés. Como todavía no lo habla muy bien, llamó a su amiga Helena, que es profesora de inglés para ....
   ....
   ....

6. **Une los diferentes elementos de la forma que creas más lógica para averiguar por qué Daniel hizo ciertas cosas.**

1. El martes pasado se quedó cuidando a sus sobrinos pequeños	a. para que su compañero de piso pudiera estudiar para un examen.
2. Hace dos semanas le cambió el turno a una compañera de trabajo	b. para que su hermano y su mujer pudieran ir a una cena.
3. Cocinó e hizo todas las tareas de la casa	c. para que estuvieran tranquilos.
4. El mes pasado estuvo de vacaciones en Alemania y llamó 10 veces a sus padres	d. para que pudiera ir a una boda.

1 ☐ 2 ☐ 3 ☐ 4 ☐

7. **Óscar es un niño de siete años. Hoy, sus padres le han dicho todas estas cosas. En tu cuaderno, reescribe las frases en negrita de manera que Óscar no sea el sujeto.**

1. No te sientes encima de mi camisa, **que la vas a arrugar**.
   No te sientes encima de mi camisa, que se va a arrugar.
2. No juegues con la radio, **que la vas a estropear**.
3. No le des golpes al muñeco, **que lo vas a romper**.
4. Ten cuidado con la lámpara, **que la vas a tirar**.
5. No arrastres los juguetes por el suelo, **que lo rayas**.
6. Ponte la servilleta en la solapa, **que vas a manchar la camisa**.

8. **Conjuga los verbos que aparecen entre paréntesis en el tiempo adecuado para cada situación.**

1.

Carlos: Te llamo en cuanto (salir) .... del trabajo, ¿sí? Ya solo me quedan un par de horas.
Ana: Vale, perfecto. Hasta luego.
(Cuatro horas más tarde.)
Carmen: Ana, ¿estás bien?
Ana: Pues la verdad es que estoy un poco preocupada por Carlos. Ha dicho que me llamaría en cuanto (salir) .... del trabajo y todavía no sé nada de él. Lo he llamado al móvil, pero no contesta.

2.

Sara: Acabo de hablar con Rosa y me ha dicho que aún no sabe si llega esta semana o la que viene. Pero tranquila, yo te aviso cuando (llegar) ....
María: Sí, por favor, que tengo muchas ganas de verla.
(Una semana después.)
María: ¿No quedamos en que me llamarías cuando (llegar) .... Rosa? ¡Es que ya la ha visto todo el mundo menos yo!
Carmen: ¡Ay!, sí. Perdona, tienes razón. Es que se me pasó por completo.

3.

Pepa: ¿Sabes que a Charo le han cerrado el bar hasta que (habilitar) .... una zona para fumadores? Mañana mismo empieza las obras.
Pedro: ¿En serio? ¡Mira que le dije que hiciera las reformas cuanto antes!
(Al día siguiente.)
Pedro: Oye, hoy he pasado por delante del bar de Charo y estaba lleno de gente. ¿No me habías dicho que cerraba hasta que (estar) .... reformado?
Pepa: Sí, a mí me lo dijo su cuñado. No lo entiendo.

7. LUGARES CON ENCANTO

1. a. ¿Cuáles de las siguientes palabras puedes relacionar con tu ciudad? Subráyalas.

costa	**museo**
balcón	**palacio**
torre	**restaurante**
paseo	**mercado**
fortaleza	**templo**
puerto	**catedral**
iglesia	**tráfico**
convento	**parque**
edificio	**transporte público**
hotel	**avenida**
jardín	**fachada**

b. Forma grupos asociando las palabras anteriores según el criterio que tú elijas y justifica la relación. Fíjate en el ejemplo. En clase, puedes comparar tus grupos con los de tus compañeros.

tráfico
transporte público
→ • El transporte público es parte del tráfico que hay en una ciudad.

2. Las siguientes frases serían muy normales en una conversación coloquial. Fíjate en que solamente se usa el relativo **que**. ¿Qué otros elementos deberías añadir para que las frases fueran gramaticalmente más correctas?

1. • No conozco a nadie **que** no le guste viajar.*
2. • ¿Sabes el parque **que** te llevé el otro día? Pues van a construir un aparcamiento debajo.*
3. • ¿Conoces algún lugar **que** se pueda bailar salsa?*
4. • Mira, ese es el edificio **que** me refería antes, cuando hablábamos del Modernismo.*
5. • Nosotros siempre venimos a este hotel porque es el único **que** se aceptan perros.*

3. Completa las frases con los elementos necesarios del cuadro. En algunos casos, hay varias posibilidades.

con	**el**	
de	**la**	**que**
desde	**los**	**cual**
en	**las**	**cuales**
por	**lo**	

1. • Nadie sabe los **motivos** .... ha dimitido el alcalde.
2. • En la ciudad se encuentra **una de las fábricas** de una conocida marca de coches, ... da trabajo a miles de personas de la zona.
3. • ¿Has visto el último anuncio de Toma-cola?
   ○ ¿Cuál? **Ése** .... sale un perro que habla?
4. • La **antigua muralla romana**, ... se encuentra en muy buen estado de conservación, atrae a numerosos turistas a la ciudad gallega de Lugo.
5. • Hay algunos **riesgos** .... el viajero debe ser consciente antes de visitar ciertos lugares.
6. • Nunca me he encontrado en una **situación** .... mi vida corriera peligro.
7. • La **torre de Hércules**, ... hay una vista fantástica de La Coruña, es visitada por miles de turistas.
8. • **En la actualidad hay muchas compañías aéreas de bajo coste**, ... ha favorecido que la gente viaje más.
9. • ¿Recuerdas **todo** .... te dije ayer sobre Marcos y Ana? Pues resulta que era mentira.
10. • Cuando fui a Londres, los de la compañía aérea me perdieron la maleta y claro, como no tenía **nada** .... abrigarme, me compré un montón de ropa.
    ○ ¡Qué mal!, ¿no?

4. A continuación, encontrarás información sobre tres ciudades: León, Málaga y Zacatecas. Fusiona las informaciones de cada una de las cajas de todas las maneras que consideres posibles. Luego, si quieres, puedes intentar construir un pequeño texto. Recuerda que las construcciones relativas te pueden ayudar.

El casco antiguo de León es también conocido como "barrio húmedo".
En las calles del casco antiguo se pueden encontrar numerosas tascas y tiendas.

La vida en León gira en torno a la Plaza de Santo Domingo.
El origen de León se remonta a la época de los romanos.
La Plaza de Santo Domingo es el verdadero corazón de León.

La catedral es uno de los edificios más deslumbrantes de León.
La construcción de la catedral se inició en 1255.
En la catedral destacan las impresionantes vidrieras medievales.

El Museo de León se encuentra en el Hostal San Marcos.
La construcción del Hostal data del siglo XVI.
Hoy en día el Hostal es también un Parador de Turismo.
En el Museo de León se pueden ver obras del siglo XI.

• El casco antiguo de León, en cuyas calles se pueden encontrar...

Málaga es la capital de la Costa del Sol.
El puerto de Málaga era codiciado por los antiguos pueblos mediterráneos.

En el Jardín Botánico-Histórico de La Concepción está escrita la historia reciente de Málaga.
La quietud del Jardín Botánico siempre sorprende al visitante.

Pablo Picasso nació en el por entonces número 36 de la Plaza de Riego.
El nombre actual de la Plaza de Riego es Plaza de la Merced.
La casa natal de Pablo Picasso se ha convertido en la Fundación Pablo Ruiz Picasso.

Zacatecas fue fundada en 1547 y está ubicada a 2496 m de altitud.
El nombre de la ciudad significa "lugar donde abunda el zacate".

En 1914 tuvo lugar en Zacatecas una célebre batalla de la Revolución Mexicana.
En en esa batalla, Francisco Villa tomó la ciudad y la liberó del ejercito federal de Victoriano Huerta.

En 1993, Zacatecas fue declarada Patrimonio Cultural de la Humanidad por la UNESCO.
La ciudad encierra magníficos templos vestidos de arte virreinal del siglo XVIII.

La Catedral es sin duda la mayor joya arquitectónica de Zacatecas.
La catedral de Zacatecas es una de las obras más representativas del magnífico barroco mexicano.

5. a. Aquí tienes algunas intervenciones en un foro de viajeros en las que algunas personas piden consejo. ¿Para cuál es la respuesta que aparece debajo?

1. No sé dónde ir de luna de miel. Me gustaría algo exótico y paradisíaco, pero al mismo tiempo un lugar donde ver alguna ciudad con cosas bonitas e interesantes. El idioma no importa, porque tanto mi pareja como yo hablamos inglés. **Bárbara (León).**

2. Espero que me podáis ayudar, porque ya estoy agotada de mirar páginas y páginas en internet y no encuentro nada que se ajuste a lo que busco. Me caso dentro de dos meses, concretamente el 22 de noviembre y aún no sabemos adónde nos vamos a ir de viaje de novios. Nos preocupan dos cosas: la primera es la cuetión económica. La segunda es el idioma, porque ninguno de los dos hablamos muy bien inglés. En fin... A ver si alguien me da un buen consejo. Un beso y gracias a todos. **Bea (Toledo).**

3. Somos una pareja que nos casamos en el mes de diciembre. ¿Qué lugar nos recomendaríais para ir en esas fechas de luna de miel? Nos preocupa el clima principalmente y que podamos hacer cosas muy variadas. Muchas gracias. **Jorge (San Sebastián).**

☐ **No te preocupes tanto. Yo, por ejemplo, no hablaba la lengua de la mitad de los lugares en los que he estado (ni inglés en mis primeros viajes), pero al final te acabas haciendo entender.
Sara. (Madrid)**

b. Escoge una de las intervenciones anteriores y escribe una respuesta justificada. Si lo necesitas, busca información en internet.

____

____

____

6. a. Estos son algunos consejos típicos para escribir un diario de viajes. ¿Puedes completarlos con los elementos relativos que faltan?

Cómo escribir un diario de viaje

1. Hacer una breve presentación .... hables de la historia del lugar, de su geografía y de su situación político-económica.
2. Explicar la razón o las razones .... decidiste visitar ese lugar.
3. Proponer los lugares .... consideres "paradas obligadas", es decir, aquellos .... un viajero no debería perderse al visitar ese lugar.
4. Hablar de los lugares .... te quedaste a dormir (¿los recomendarías?) y de otros .... fuiste (restaurantes, museos, etc.). Si lo recuerdas, podrías hablar de los precios y dar las direcciones o los teléfonos de algunos lugares.
5. Explicar cómo fuiste: tren, avión, autobús... Puedes hablar de los costes y hacer las advertencias o las recomendaciones .... creas oportunas.
6. Hacer recomendaciones de tipo general como, por ejemplo, si hay que llevar algo en particular (algún objeto .... te resultará muy útil o .... te arrepentiste de no haber llevado contigo, como repelente de mosquitos, algún medicamento...).
7. Comentar la experiencia del viaje: ¿te cambió en algún sentido? ¿Aprendiste algo nuevo? ¿Qué cosas te sorprendieron o te chocaron? ¿Sufriste alguna decepción?

b. ¿Puedes seguir las pautas anteriores y escribir un diario de algún viaje que hayas hecho? Si no recuerdas todos los detalles o si no quieres hablar de un viaje tuyo, puedes inventártelo.

8. ANTES DE QUE SEA TARDE

1. a. **Las siguientes palabras aparecen en los textos de la página 80. Marca las que se parecen a otras de tu lengua o de lenguas que conozcas. Escríbelas.**

• vivienda	
• construir	
• urbanizar	
• edificio	
• gas	
• producirse	
• residuos	
• energía	
• infraestructuras	
• fuente	
• agotarse	
• abastecerse	
• recurso	
• reserva	
• escasez	
• potable	
• amenaza	
• contaminar	
• material	
• gestionar	
• consumo	
• emitir	
• medioambiental	
• despilfarro	
• depurar	
• desalar	
• potencia	

b. **Las palabras que has marcado, ¿significan exactamente lo mismo? ¿Se utilizarían en un contexto similar? Puedes trabajar con diccionarios monolingües o bilingües, o hacer búsquedas en internet.**

2. **Escribe los conceptos contrarios de las palabras subrayadas en los siguientes contextos (no siempre es el antónimo). Ten en cuenta que, en algunos casos, hay varias posibilidades.**

1. Existen energías alternativas que provocan un impacto medioambiental <u>mínimo</u>.
   un impacto medioambiental <u>enorme</u>/<u>muy fuerte</u>.
2. El <u>calentamiento</u> global de la Tierra puede tener graves consecuencias.
3. Las necesidades de agua son cada vez <u>mayores</u>.
4. Debemos gestionar <u>eficientemente</u> el uso del agua.
5. La demanda de energía sigue <u>creciendo</u>.
6. Se debería <u>impulsar</u> el uso de ciertos materiales en la construcción.
7. Todos debemos tomarnos en serio los problemas medioambientales, también <u>las grandes potencias</u>.

3. **Aquí tienes una serie de ideas que aparecen en los textos de la página 80, pero formuladas de forma coloquial. Vuelve a leer los textos, localízalas y escríbelas debajo de cada frase.**

1. El efecto invernadero es por culpa de un gas tóxico que se llama CO2.
2. El calentamiento de la Tierra es por culpa del efecto invernadero.
3. Tendríamos que buscar otras fuentes de energía diferentes antes de que se acabe el petróleo.
4. Más de mil millones de personas tienen problemas porque cada vez hay menos agua que se puede beber.

4. Crea redes con las palabras o expresiones que asocies a los siguientes conceptos (fíjate en el modelo de la derecha). Si quieres, compáralas con las que creen tus compañeros y justificad las relaciones que habéis establecido.

- reservas de petróleo
- impacto medioambiental
- modelo de vida occidental
- fuentes de energía
- subida de los precios
- tala de árboles
- investigación y desarrollo

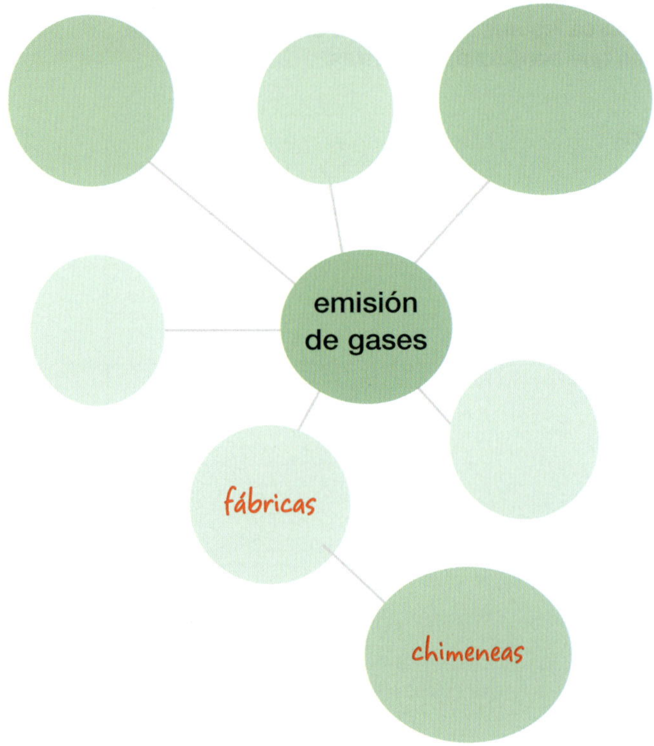

5. a. ¿Qué palabra de las de la lista no está directamente relacionada con los teléfonos móviles?

mensaje
pantalla
teclado
cobertura
batería
tono
cargador
ratón
llamada perdida
tarjeta

b. ¿Con qué otros aparatos o avances tecnológicos podrías relacionar cada una de las palabras anteriores? Justifícalo.

mensaje: ordenador, Internet

6. **Conjuga los verbos de las siguientes frases en los tiempos adecuados.**

1. Yo siempre me lavaba los dientes con el grifo abierto hasta que (ser) .... consciente de que era un despilfarro inútil de agua.

2. Seguiremos utilizando los carburantes tradicionales hasta que las nuevas formas de energía (resultar) .... económicamente viables.

3. Cuando (haber) .... alguna mala noticia relacionada con el cambio climático, la gente se lo toma en serio; pero en cuanto los medios (dejar) .... de hablar del tema, la mayoría nos olvidamos de que es un problema gravísimo.

4. La gente empezará a preocuparse por el medioambiente cuando ya (ser) .... demasiado tarde.

5. Mientras (quedar) .... suelo urbanizable, muchos constructores intentarán hacerse ricos sin pensar en las consecuencias para el medioambiente.

6. En cuanto los científicos (confirmar) .... la existencia del efecto invernadero, numerosas organizaciones pusieron en marcha campañas de conciención social.

7. Mientras no (ser) .... todos plenamente conscientes de que muchas pequeñas cosas que hacemos cada día afectan negativamente al medioambiente, no cambiaremos nuestros malos hábitos.

8. En cuanto (quedarse) .... sin reservas de petróleo, no tendremos más remedio que recurrir a fuentes de energía alternativas.

9. Una de las peores costumbres del ser humano es la de explotar los recursos hasta que (agotarse) ....

7. **¿En qué textos podrían aparecer estas palabras? Usa el diccionario o buscadores de Internet. Justifícalo.**

actuación	Podría aparecer en la reseña de un concierto para referirse a cómo actuó un artista. O también en una noticia sobre la intervención policial en una manifestación...
reducción	
reclusión	
latido	
tostada	
etiquetado	
huida	
hospedaje	
levantamiento	

8. a. ¿Cuáles crees que son los sustantivos correspondientes a los siguientes verbos o adjetivos? Atención, todos presentan alguna diferencia o necesitan alguna adaptación ortográfica.

bueno →

dulce →

feliz →

nuevo →

describir →

embriagar →

suelto →

flaco →

atroz →

cuerdo →

b. Utiliza el diccionario para comprobar tus respuestas. ¿Has encontrado todos los sustantivos? Ya conocías sus significados.

c. Escoge cinco de los sustantivos anteriores y busca información sobre cada uno de ellos (en diccionarios, en un buscador de internet...). Ten en cuenta las siguientes cuestiones.

¿Aparecen siempre o preferentemente en textos sobre un mismo tema?

¿Tienen más de un significado?

¿Hay alguna palabra o palabras con las que se combine con mucha frecuencia?

¿Forman parte de alguna expresión fija o muy frecuente?

d. Si quieres, puedes buscar información como la anterior para cinco de los adjetivos que aparecen en el apartado **a.**

e. ¿Por qué no compartes con tus compañeros la información que hayas encontrado?

9. a. Lee cada una de estas frases. ¿Puedes decir lo mismo con otras palabras? Para ello, utiliza los sustantivos correspondientes a los adjetivos subrayados. Atención: a veces hay que hacer cambios (de estructura, de orden, de léxico...).

1. Muchos turistas viajan al Caribe para bañarse en sus **cálidas** aguas.

 ....

2. La comunidad internacional está preocupada porqué las reservas energéticas son muy **escasas**.

 ....

3. No soporto más lo **testarudo** que eres.

 ....

4. Los estados deben ser **firmes** en sus actuaciones para castigar los atentados contra el medioambiente.

 ....

5. Algunas de las mejores ideas de la historia sorprenden por lo **sencillas** que son.

 ....

6. Mi abuela siempre ha tratado a sus nietos de una forma muy **dulce**.

 ....

b. Ahora, haz lo mismo pero empleando los adjetivos correspondientes a los sustantivos en negrita.

1. La rueda de prensa que ofreció el presidente destacó por su **brevedad**.

 ....

2. Eso que acabas de decir es una **idiotez**.

 ....

3. Las últimas fotos publicadas de Rita Ponte han levantado una gran polémica por la extrema **delgadez** de la modelo.

 ....

4. Uno de los puntos fuertes de este hotel es la **rigurosidad** en el servicio.

 ....

5. Por desgracia, nadie tiene la clave de la **felicidad**.

 ....

10. ¿Tienes cosas en común con Martín? Escríbelo en tu cuaderno y añade la información que consideres conveniente. Si quieres, puedes comentarlo en clase con tus compañeros.

1. Siempre me lavo los dientes después de comer.
2. De pequeño, nunca me dejaban levantarme de la mesa hasta que terminara todo el mundo.
3. No soporto una mala película. Alguna vez me he marchado del cine antes de que terminara la película.
4. Cada año, me suelo poner a dieta y hago ejercicio antes de que llegue el verano.
5. Conseguí mi primer trabajo después de terminar los estudios.

11. Escribe frases a partir de las informaciones dadas como en el ejemplo. Unas veces deberás usar un Infinitivo y otras tendrás que conjugar el verbo de la oración temporal.

Despidieron a Carlos de su trabajo de toda la vida.
Una semana después, consiguió un trabajo nuevo.

Carlos consiguió un trabajo nuevo una semana después de que lo despidieran de su trabajo de toda la vida.

1. Ana les dijo a sus amigos que se casaba.
   Dos días después, dejó a su pareja.

   ....

2. Los hijos de Carmen y Alberto se independizaron.
   Un año después, Carmen y Alberto se mudaron al campo.

   ....

3. El entrenador del Dridma anunció que Flekham dejaría el equipo.
   Unas horas después, el presidente del Dridma confirmó la renovación de Flekham.

   ....

4. Marcos empezó la carrera de Medicina en 2005.
   Un año después, Marcos dejó los estudios.

   ....

5. Antonio y Carmen se conocieron en una fiesta.
   Seis meses después, Antonio y Carmen se fueron a vivir juntos.

   ....

12. Este es el texto que aparece en la actividad 4 de la unidad. ¿Qué diferentes palabras se refieren al **accidente**, al **incendio**, al **coche** y a la **persona que lo conducía**?

ACCIDENTE CON INCENDIO EN MARCILLA DEL CAMPO

Hacia las 3 h de la noche de ayer se declaró un incendio en Marcilla del Campo. Al parecer, el fuego se inició en un coche que sufrió un accidente en la carretera comarcal K-233. El vehículo chocó contra un árbol y, antes de que el conductor pudiera evitarlo, el motor prendió fuego. Afortunadamente, las llamas comenzaron después de que el único ocupante del turismo lograra salir por su propio pie del interior del automóvil. El incendio se propagó rápidamente y alcanzó una zona boscosa de difícil acceso. Un dispositivo del cuerpo municipal de bomberos de Marcilla, alertado por el propio accidentado, se dirigió al lugar del siniestro pero, antes de llegar, sufrió una grave avería, lo que obligó a acudir a los bomberos de la cercana localidad de Pinilla. Las condiciones meteorológicas, sin embargo, fueron favorables a la extinción: el viento era casi inexistente y, poco después de llegar la dotación de bomberos de Pinilla, una fuerte tormenta ayudó a que el fuego no se propagara. Esta madrugada, antes de la salida del sol, se dio por extinguido el incendio.

13. a. ¿Qué palabras crees que podrían sustituir a **casa** en un texto? Escríbelas en tu cuaderno.

b. Lee la siguiente noticia y detecta todos los sinónimos de **casa** que se utilizan. ¿Son los mismos que habías pensado tú?

ANTONIO DORADO VENDE UNA DE SUS CASAS PARA AFRONTAR SUS PROBLEMAS ECONÓMICOS

El famoso multimillonario Antonio Dorado ha confirmado que ha decidido poner a la venta una de sus varias viviendas, concretamente la mansión que adquirió hace algunos años en la costa catalana, ya que el estado de sus finanzas así se lo exige. El inmueble, valorado en más de un millón de euros, se encuentra a pocos metros de la playa y cuenta con unas vistas envidiables.

c. Aunque en el texto anterior hay varias palabras que sustituyen a **casa**, no son siempre intercambiables. ¿Cuáles se podrían usar en los siguientes casos?

1. Un compañero de clase a otro:
   - Esta noche doy una fiesta en mi .... ¿Te apetece venir?
2. Un agente inmobiliario:
   - Cada .... tiene un valor diferente en función de si se adquiere para usarlo como negocio o como ....

d. En tu cuaderno, escribe frases con el resto de palabras que has pensado o que han aparecido en el texto del apartado **c** para sustituir a **casa**.

9. VIVIR PARA TRABAJAR

1. a. Clasifica las siguientes palabras o expresiones relacionadas con el mundo del trabajo en columnas según tengan para ti una connotación positiva, negativa o neutra.

el sueldo
las vacaciones
las horas extras
los colegas
el jefe
el horario flexible
las comisiones
la formación
el contrato fijo
la promoción profesional
las dietas
la competitividad
el estrés
un ascenso
el despido
la conciliación
el aumento del sueldo
la desigualdad laboral
la paga extra

+	Ni positivo ni negativo	-

b. ¿Se te ocurren otras palabras relacionadas con el mundo del trabajo? Clasifícalas en la columna correspondiente.

2. Escribe todas las profesiones que se te ocurran para completar cada una de las categorías.

Profesiones en vías de extinción	Profesiones peligrosas	Profesiones muy bien pagadas
Zapatero		
Nuevas profesiones	**Profesiones del futuro**	**Profesiones solidarias**

3. Intenta definir las siguientes cualidades. Después, compara tus definiciones con las de un diccionario.

a. autoritario/a	**d. comprensivo/a**	**g. dinámico/a**
b. accesible	**e. flexible**	**h. creativo/a**
c. tolerante	**f. organizado/a**	**i. emprendedor/ra**

Autoritario/a: persona a la que gusta mandar y que necesita tener el poder todo el tiempo.

4. Piensa en tres profesiones que conozcas bien. Escribe una lista de las cualidades más importantes para desempeñarlas.

	Ser	Tener	Saber
Profesión 1			
Profesión 2			
Profesión 3			

5. a. Relaciona cada testimonio con una profesión. Subraya las palabras clave que te ayuden a descubrirlo.

1 En esta profesión, a veces te sientes agobiado por los continuos cambios de horario. Además, el contacto directo con la gente y sus exigencias hace que sientas una gran presión. Durante unas horas estamos a tope de trabajo pero al llegar al destino podemos descansar uno o dos días.

2 El hecho de que una vida humana dependa de ti te hace sentir una gran presión y una gran responsabilidad. Pero también hace que te sientas muy motivado. Aunque a veces estemos a tope de trabajo intentamos que la gente sienta que está en buenas manos.

3 La mayoría de los que hacemos este trabajo pensamos que hacemos algo que está por debajo de nuestras capacidades, es un trabajo de subsistencia. Además, cuando llamas a la gente siente que has invadido su intimidad. Y cuando te cuelgan sin haberte escuchado, te sientes frustrado. A veces, ni yo mismo me creo lo que le cuento a la gente para vender un producto. Me siento muy poco identificado con lo que hago.

☐ **médico** ☐ **telefonista** ☐ **auxiliar de vuelo**

b. Ahora, inventa dos testimonios de personas que se dediquen a profesiones diferentes. Puedes llevarlos a clase para que tus compañeros adivinen cuál es la profesión de esas personas.

1
2

6. En este fragmento de un artículo sobre Figgle, una empresa ficticia, faltan algunas palabras o expresiones. ¿Cuáles crees que pueden ser? Anota tus hipótesis.

PARA LOS TRABAJADORES DE FIGGLE no hay jefes ni empleados y eso no es fácil. "Se requiere un perfil determinado para trabajar aquí. Si no (1) con los otros, puedes pasarlo bastante mal porque la relación es muy estrecha." A los trabajadores de Figgle no les gusta decir cuánto (2), aunque confiesan que están bien pagados. Tampoco les gusta que los artículos sobre Figgle hablen de los "lujos" de los que disponen en la empresa: billares, masajes, juguetes e incluso patinetes para ir por los pasillos. Ellos creen que no da una buena (3) de ellos ante el mundo, pero lo cierto es que esas comodidades contribuyen a disminuir el nivel de (4). "La verdad es que en Figgle no te sientes agobiado ni tienes la sensación de estar haciendo algo por encima de tus (5). No vivimos el trabajo como una condena, sino que nos implicamos para sacar adelante un proyecto. No hay horarios de trabajo, cada cual entra y (6) cuando se le antoja". Pueden vestir como les parezca, incluso en pijama o bermudas. Y todos los viernes, la empresa, incluidos los fundadores, se reúnen para comer o hacer alguna actividad juntos. Figgle es una empresa exigente, pero a la vez sabe (7) flexible y generosa con sus cerebros. Tienen claro que la gente (8) más en un entorno laboral en el que se siente cómoda.

1.
2.
3.
4.
5.
6.
7.
8.

7. ¿Cuál de estas dos personas crees que ha sabido "venderse" mejor para conseguir el mismo trabajo? Compara la manera en que presentan sus respectivas experiencias.

Elsa. Tengo cierta experiencia cuidando niños de entre 1 y 6 años. Me encargo de todo lo referente a su cuidado y manutención, aunque también puedo darles clases de refuerzo de las materias escolares y organizarles juegos, entretenimiento y salidas culturales. En mi último trabajo conseguí que los dos niños a mi cargo aprobaran el curso sin problemas.

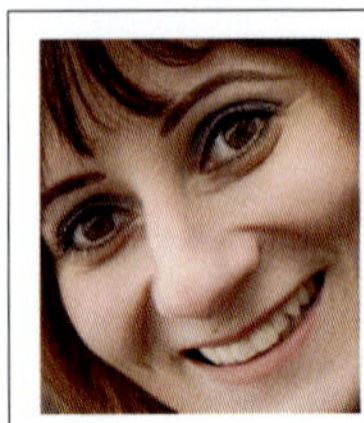

Rocío. Tengo una amplísima experiencia como asesora pedagógica infantil. Mis funciones no solo se limitan al cuidado y manutención de los niños sino que, gracias a mi excelente formación académica, puedo impartir clases de refuerzo de todas y cada una de las materias del currículo español. He realizado cursos de psicología infantil por lo que entre mis tareas también se incluye la de organizar juegos, entretenimientos y actividades que favorecen la socialización y la motricidad de los niños. En mi último trabajo, en una familia de dos niños hiperactivos, logré incrementar las habilidades cognitivas de mis alumnos en un 50% y ambos consiguieron superar las pruebas de final curso con excelentes resultados.

8. En tu cuaderno, continúa estos enunciados con tu opinión.

- Lo que más valoro en un amigo
  es que se preocupe por mí y que...
- Lo que nunca perdonaría a mi pareja
- Lo que más me gusta de mi trabajo
- Lo que menos me gusta de mi trabajo
- Lo que busco en un profesor de español
- Lo que espero de un compañero de viaje
- Lo que no soporto de un programa de televisión

9. Imagina que quieres ir de vacaciones a Cuba con un compañero o compañera de clase que, cuando se lo propones, no para de poner inconvenientes. En tu cuaderno, escribe posibles argumentos para rebatírselos.

- Hace mucho calor.
  Bueno... pero aunque hace mucho calor, las playas son increíbles y se está muy bien.
- Nos pueden picar los mosquitos.
- Tenemos que sacar un visado.
- Hay muchísimos turistas.
- La gasolina allí es muy cara.
- Es muy caro alquilar un coche.
- Siempre hay huracanes en esa zona.

10. Conecta el principio de cada enunciado con el final más lógico y adecuado.

1. Aunque la tierra es redonda,
2. Iremos a la playa,
3. Aunque trabajamos pocas horas,
4. Aunque era completamente sordo,
5. A pesar del mal tiempo,

1.	2.	3.	4.	5.

a. Beethoven compuso algunas de las mejores sinfonías de la historia de la música clásica.
b. el partido de fútbol empezó a la hora prevista.
c. durante mucho tiempo se creyó que era plana.
d. nos pagan mucho dinero.
e. aunque haga un poco de frío.

11. Lee estos fragmentos de conversaciones y decide en cuál de ellos (solo uno) es muy improbable que el verbo en negrita vaya en Indicativo. Táchalo.

1
- ¿Cuál es tu plato favorito?
- Pues yo diría que los huevos fritos con patatas, aunque también **me encanta/me encante** la tortilla de mi madre.

2
- ¿Has visto la última película de Penélope Cruz?
- Sí, la vi la semana pasada y la verdad es que, aunque no **me gusta/me guste** cómo trabaja en las anteriores, tengo que reconocer que en esta lo hace muy bien.

3
- ¿Todavía no has empezado el trabajo de Historia? Tenemos que entregarlo mañana, ¿recuerdas?
- Ya, ya lo sé. Lo voy a hacer hoy aunque **me tengo/tenga** que pasar toda la noche sin dormir.

4
- ¿Por qué has contratado a Matías si no te cae nada bien?
- Bueno, es que aunque **no me cae/caiga** bien, es muy bueno en su trabajo.

12. a. Después de leer este titular, trata de imaginar qué palabras o expresiones crees que vas a encontrar en la noticia (que vas a leer después). Haz una lista en tu cuaderno.

"Una de cada diez parejas se forma en el trabajo"

enamorarse
pasar mucho tiempo juntos
...

b. Lee ahora la noticia. ¿Encuentras muchas de las palabras que hay en tu lista? ¿Hay palabras o expresiones sinónimas de las que tu habías pensado?

Aunque el trabajo pueda no parecer el lugar ideal para ligar, lo cierto es que entre asistir a reuniones, redactar informes y hacer presupuestos hay quienes encuentran tiempo para iniciar una relación sentimental. Según un reciente estudio, el 13% de la población activa conoció a su pareja en el lugar de trabajo o estudio. En el 67% de los casos, la atracción surgió al ir conociéndose. En las profesiones liberales, donde el trabajo es realizado por equipos mixtos de gente joven, aumentan las probabilidades de idilio. Compartir intereses, asistir a fiestas y comidas de empresas o compartir viajes de negocios favorece el acercamiento.

Aunque en muchas ocasiones estas relaciones pueden evolucionar de forma positiva, no son pocos los casos en los que surgen graves problemas, sobre todo cuando se trata de trabajadores de diferente categoría profesional. No es extraño que, tras el fin de una relación, uno de los miembros denuncie al otro (su superior) por acoso sexual.

13. a. Este es el anuncio de uno de los productos estrella de una cadena de comida rápida. ¿Podrías transformarlo en una entrada de diccionario para definir "bocadillo de hamburguesa"?

Bocadillo Zipizape "El rey de Bocatas"

Hamburguesas de la mejor carne hechas al fuego de leña y aderezadas con aceite de oliva virgen. Cubiertas con finas láminas de queso fundido, rodajas de jugosos tomates verdes y aros de cebollas tiernas recién cortadas. Todo ello dentro de un par de deliciosas rebanadas de pan crujiente y aderezado con las mejores salsas que Bocatas pone a tu disposición.

b. Ahora, transforma en un anuncio esta definición extraída del diccionario de la Real Academia Española.

pintalabios.
1. m. Cosmético usado para colorear los labios, que se presenta generalmente en forma de barra guardada en un estuche.

14. Imagina que estás buscando algún profesional para realizar una actividad (puedes elegir uno en la lista o pensar otro). Elabora un anuncio para insertarlo en la prensa.

Posibles puestos
- Un guía turístico para visitar España u otro país de habla hispana.
- Un animador cultural que organice actividades para conocer el mundo hispano.

SE REQUIERE

....

SE VALORARÁ

....

SE OFRECE

....

10. COMO NO LO SABÍA...

1. a. Intenta imaginar la Historia de otra manera. ¿Qué habría pasado si no se hubieran producido los siguientes hechos históricos? Escríbelo en tu cuaderno. Piensa en las consecuencias en el pasado y en el presente.

La llegada de los españoles al continente americano.

La invención del CD.

El desarrollo de la informática.

La revolución francesa.

Si no hubiera tenido lugar la revolución francesa, quizás ahora viviríamos de forma muy diferente. A lo mejor, no se habría abolido la exclavitud ni...

b. ¿Se te ocurren otros acontecimientos clave en la Historia de la humanidad?¿Y en la de tu país? Anótalos en tu cuaderno y, si quieres, coméntalos en clase con tus compañeros.

2. Completa las siguientes conversaciones con **tan/tanto/tanta/tantos/tantas**.

1. ● ¡Uy! ¿Y esa cara? Pareces cansadísimo.
   ○ No, qué va. Es que he dormido .... que todavía estoy un poco atontado.
2. ● ¿Te gustó la novela que nos recomendaron en clase?
   ○ Pues la verdad es que no. Me pareció .... aburrida que la dejé a la mitad.
3. ● ¡Uhmmmm! ¡Qué buena estaba la paella! ¡He comido .... que voy a reventar!
   ○ Siempre haces lo mismo. Comes demasiado y luego te encuentras fatal.
4. ● ¿Tú crees en los ovnis?
   ○ Pues no sé. Se oyen .... cosas que ya no sé qué pensar.
5. ● No te lo vas a creer: esta mañana había .... tráfico que he tardado dos horas en llegar de casa al trabajo.
   ○ ¿En serio? ¡Pero si son apenas diez kilómetros!
6. ● ¿Y cómo te va con la escuela que montaste?
   ○ Pues la verdad es que muy bien. En dos años, nunca había tenido .... alumnos como ahora.

3. ¿Puedes imaginar cuál es la condición implícita en cada caso? Fíjate en el ejemplo.

1. ● Al final, el concierto fue horrible. El sonido era malísimo y además tocaron fatal. **No te hubiese gustado nada**...

   ... si hubieras venido.

2. ● La verdad es que yo entiendo perfectamente a Rosa. Es normal actuar así en una situación como esa. Creo que **yo habría hecho lo mismo**...

3. ● ¡Que ayer estuvo aquí Alfredo! ¿Y no me dijiste nada?
   ○ Perdona, pero es que como te habías ido de fin de semana...
   ● ¡Qué rabia! Me habría encantado verlo y **habría podido venir**...

4. ● ¿Qué tal la película de ayer?
   ○ Fue increíble. **Te habría encantado**...

5. ● ¿Y este señor de la foto?
   ○ ¿Ese? Era mi abuelo. **Te habría caído muy bien**...

6. ● Estoy cansadísimo. Ayer me pasé todo el día ordenando la casa.
   ○ ¿Tú solo? Hombre, **yo te podría haber echado una mano**...

4. Completa los minidiálogos con las palabras adecuadas.

idea	olfato	da	nulo	tacto	bien	bueno	nada	entiende	vista	dan	malo	mano

1. ● Carlos, ¿podrías echarme una mano con el ordenador? Es que no me funciona bien y no tengo ni .... de informática.
   ○ Claro. ¿Cuál es el problema?
2. ● Oye, ¿al final te han dado el trabajo en Estados Unidos?
   ○ Todavía no sé nada. Pero tengo un poco de miedo porque no se me .... muy bien el inglés.
3. ● ¿Me ayudas a decidir qué le regalo a Ana? Es que este sábado es su cumpleaños.
   ○ Hombre, si quieres te echo una mano, pero te advierto que soy muy .... para estas cosas.
4. ● ¿Sabes que Luis ha empezado a trabajar en un concesionario de coches?
   ○ ¿En serio? ¡Pero si no sabe .... de coches!
5. ● No sabes lo mal que lo paso en clase de Matemáticas. ¡Se me .... fatal!
   ○ Ah, pues a mí las Matemáticas me encantan, pero soy .... en Literatura.
6. ● Para ti, ¿qué es lo más difícil de tu trabajo?
   ○ Pues yo creo que el trato con los pacientes. Normalmente han sufrido algún trauma y hay que tener mucho .... con ellos.
7. ● ¿Sabes? Estoy pensando en invertir en obras de arte.
   ○ ¿Ah, sí? Pues deberías hablar con Sara, ella .... bastante de pintura.
8. ● ¿Te apetece bailar un rato?
   ○ Pues me encantaría, pero la verdad es que no lo hago nada ....
9. ● Estoy buscando un canguro. ¿Conoces a alguien?
   ○ Si quieres, se lo comento a Julia: siempre ha tenido muy buena .... con los niños.
10. ● ¿Te acuerdas de Antonio, el qué trabajó con nosotros? Pues me he enterado de que se ha hecho rico con una empresa de comida rápida que montó.
    ○ Sí, claro que me acuerdo. Ya se notaba que tenía mucha .... para los negocios.
11. ● ¿Estás seguro que lo de comprar la casa es una buena inversión?
    ○ Hombre, yo creo que sí. Y ya sabes que tengo muy buen .... para estas cosas.
12. ● ¡Otra vez se me ha vuelto a estropear la tele! ¡A este paso me voy a arruinar!
    ○ Yo en eso tengo suerte. Mi cuñado es muy .... arreglando cosas.

5. ¿Cuáles de estas cosas sabes hacer? Especifica tu grado de habilidad y cómo aprendiste. Puedes ampliar la lista con otras cosas.

	Grado de habilidad.	Cómo aprendí.
Coser	Lo hago bastante bien.	Viendo a mi madre.
Cocinar		
Dibujar		
Bailar		
Cantar		
Tocar un instrumento		
Utilizar un ordenador		
Nadar		
Tratar con niños		

6. a. ¿Has tenido alguna vez alguno de estos problemas? Márcalo

	sí	no
1. Me dijeron que un producto tenía unas características que en realidad no tenía.		
2. Me cobraron de más y no me querían devolver el dinero.		
3. Me prometieron un servicio y luego no cumplieron lo prometido.		
4. Me vendieron un producto de mala calidad.		

b. Relaciona los problemas que han tenido algunas personas con su sector correspondiente.

1 Vi un anuncio en un folleto en el que anunciaban un ordenador con unas características muy buenas y a muy buen precio. Me lo compré y, cuando llegué a casa, comprobé que el ordenador no tenía tantas prestaciones como anunciaban.

2 Cuando me independicé, me compré una lavadora. La primera vez que la usé noté un olor a quemado bastante raro y al poco rato dejó de funcionar.

3 Cuando me llegó la primera factura, aluciné. Resulta que me habían aplicado una tarifa más cara que la que yo había contratado. Y claro, tuve que pagar para que no me cortaran la línea. No veas lo que me costó que me devolvieran el dinero.

4 El otro día, compré unos yogures en el supermercado de al lado de mi casa y cuando iba a comerme uno, vi que llevaban caducados una semana.

5 Hace un año más o menos, cortaron la luz en toda mi calle por motivos de mantenimiento de la compañía. El caso es que, como no habían avisado, yo no desconecté mis ordenadores y perdí parte de un trabajo muy importante que estaba haciendo.

6 Hace unas cuantas semanas, fui a comer con mis compañeros de trabajo a un sitio nuevo. Cuando fuimos a pagar, nos querían cobrar unas bebidas que no habíamos tomado.

Telefonía	
Alimentación	
Restauración	
Electrodomésticos	
Suministros (gas, electricidad, agua)	
Informática y electrónica	

c. ¿Qué hubieras hecho tú en los casos anteriores? Escríbelo en tu cuaderno. Aquí tienes algunas posibilidades, pero puedes pensar otras.

- Devolver el producto y exigir la devolución del dinero.
- Presentar una reclamación (por carta o correo electrónico).
- Pedir una hoja de reclamaciones.
- Marcharme y no volver a ese sitio.
- No pagar por un servicio/producto.
- Exigir el cambio por un producto en buen estado/de buena calidad.

Si a mí me hubieran engañado al comprarme un ordenador, lo habría devuelto y hubiera...

7. Responde a las siguientes preguntas en tu cuaderno.

1. ¿A qué personaje histórico te hubiera gustado conocer?
2. ¿En qué otra época de la historia te habría gustado vivir?
3. ¿Qué película te habría gustado protagonizar?
4. ¿Qué libro te hubiera gustado escribir?
5. ¿Qué canción te gustaría haber compuesto?
6. ¿Qué te habría gustado inventar?
7. De no haber sido una persona, ¿qué te habría gustado ser?

8. Elige el conector adecuado para completar cada uno de los siguientes fragmentos de conversaciones y textos escritos.

1.
Incendio en un bloque de viviendas de Madrid
No hay que lamentar víctimas .... los bomberos llegaron a tiempo.

a causa de que **gracias a que**

2.
- ¡Carlos! ¿Pero qué haces aquí? ¿No te ibas de excursión?
- Sí, pero la han anulado .... la lluvia.

por culpa de **ya que**

3.
- ¡He vuelto a suspender Historia! Creo que el profesor me tiene manía.
- ¡Pero qué dices! Si has suspendido es .... no te esfuerzas ni lo más mínimo.

ya que **porque**

4.
- ¿Al final le han dado a tu hija el trabajo en Londres?
- No, al final no. Es que .... no habla muy bien inglés, no superó la última prueba.

porque **como**

5.
- Voy un momento al súper. Ahora vuelvo.
- Oye, ¿me compras el periódico, ... bajas?

debido a que **ya que**

6.
Sergio López dice adiós al mundial .... una lesión en la rodilla, la estrella del equipo español tuvo que abandonar el partido contra Brasil en el minuto 43 de la primera parte.

a causa de **como**

9. a. Aquí tienes los testimonios de algunos escritores hispanos que cuentan qué les habría gustado ser de no haberse dedicado a la Literatura. ¿Con cuál te identificas más? ¿Por qué? ¿Y a ti qué te hubiera gustado ser?

• **Jaime Bayly:** "Si no fuera escritor, me habría gustado ser escritora."

• **Mario Benedetti:** "Siempre supe que quería ser escritor. Lo único que me hubiera gustado ser es campeón de ping-pong, pero la literatura me arrastró por otro lado. Forma parte del carácter, la vocación."

• **Roberto Bolaño**: "Me habría gustado ser detective de homicidios, mucho más que ser escritor. De eso estoy absolutamente seguro."

• **Jorge Luis Borges**: "No concibo otro destino que el literario para mí. En todo caso, el de lector, ya que quizá haya sido una imprudencia mía escribir. Pero no me imagino sino leyendo y escribiendo, lo cual no quiere decir que lo que escribo es bueno. No veo otro destino posible para mí. Ahora, desde luego, si pudiera ser matemático, tal vez sería más lindo."

• **Alfredo Bryce Echenique**: "Algo que a veces he logrado ser en la vida, por breves momentos solamente: hubiera sido torero... o a lo mejor, toro."

• **Camilo José Cela**: "Me hubiera gustado ser arzobispo de Manila. (...) Pero mi vida es una continua sucesión de frustraciones y eso no lo voy a ver nunca."

• **Antonio Gala**: "No estoy dedicado, no soy un escritor de vocación, soy escritor de destino. No se me ha dado ninguna opción. Sé que no hubiera podido ser otra cosa, pero si tuviera que aventurarme diría que ebanista."

• **Gabriel García Márquez**: "Si no fuera escritor, hubiera querido ser el hombre que tocaba el piano sin que nadie le viera la cara, solo para que los enamorados se quisieran más."

• **Javier Marías**: "Me hubiera gustado ser músico, porque lo que se logra con la música no se logra con ningún otro arte, incluyendo la literatura."

• **Arturo Pérez-Reverte**: "Durante 21 años fui reportero, y viví a gusto con mi trabajo. Imagino que de no escribir, ahora me dedicaría solo a navegar y a leer. Antes he dicho que soy un marino lector que accidentalmente escribe."

• **Mario Vargas Llosa**: "Me hubiera gustado ser un gran aventurero, como uno de esos personajes de las novelas de Alejandro Dumas que leí de niño con verdadera devoción."

• **Tú**

b. ¿Por qué no preguntas a cuatro personas que conozcas qué les hubiera gustado ser? Escribe sus respuestas.

10. a. Une cada uno de los siguientes reproches con la respuesta adecuada de abajo.

1. • No tendrías que haberle hablado así a Sandra, ¿no crees? Podrías disculparte...
2. • Debería usted haber puesto el intermitente antes de girar: ha estado a punto de provocar un accidente. ¿Me enseña su carné de conducir, por favor?
3. • Tendrías que haber comprado más comida: con lo que hay no comen ocho personas.
4. • Te lo dije: deberíamos haber venido ayer. El dependiente me acaba de decir que ya no les quedan aquellos armarios de oferta que nos gustaban.
5. • ¿Fuisteis a ver la última de Almodóvar y no me avisasteis? ¿Podríais habérmelo dicho, no? Menudos amigos que tengo...

- [ ] ○ ¿Y cómo lo íbamos a saber? Habíamos quedado en que seríamos solo cinco.
- [ ] ○ Ya, ¿pero quién iba a decir que se acabarían tan pronto? Vamos a otra tienda a ver si encontramos algo antes de que cierren.
- [ ] ○ Sí, es verdad. Perdona, la verdad es que no me acordé de llamarte.
- [ ] ○ ¿Cómo? ¿Después de lo que me ha hecho? Si hay alguien que tiene que pedir perdón es ella, no yo.
- [ ] ○ Ya, ya lo sé. Es que iba pensando en otras cosas. Lo siento, de verdad, disculpe.

b. Piensa qué relación puede haber entre quienes hablan en las conversaciones anteriores y qué situaciones las han provocado. En clase, puedes comparar tus hipótesis con las de tus compañeros.

1. *Pueden ser dos amigos. Parece que uno de ellos ha tenido un problema con su pareja...*
2.
3.
4.
5.

c. ¿Por qué no escenificáis las conversaciones del apartado **a** en clase? Vuestro profesor os puede ayudar a trabajar la entonación de cada una de ellas.

11. a. ¿Lees mucho en español? Marca la opción que se acerque más a tu realidad.

- ❒ Muy poco: normalmente, solo los textos que salen en la clase de español.
- ❒ Un poco: los textos de la clase de español y a veces otras cosas (en internet, un periódico, una revista...)
- ❒ Mucho: aparte de los que salen en la clase de español, leo textos de internet, de periódicos, novelas...

b. Te vamos a ofrecer un texto largo y escrito de forma técnica sobre el sistema educativo español. Si te interesa el tema, quizá te apetezca leerlo entero en algún momento. Eso lo decides tú. Lo que te proponemos, es que intentes realizar las actividades que encontrarás a continuación para poner en práctica otras maneras de acercarse a un texto. Antes de realizar las actividades, marca qué estrategia (a o b) crees que te puede ayudar a hacer cada una de ellas.

Actividades

1. Busca en cada párrafo una palabra que no sepas qué significa.
2. Escribe diez frases con diferencias o similitudes entre el sistema educativo español y el de tu país. Si no conoces bien el sistema educativo de tu país, busca información antes de leer el texto.

Estrategias

a. Detectar ciertas palabras sin preocuparme por el significado de todo el texto.
b. Seleccionar informaciones concretas que me ayuden a hacerme una idea sobre ciertos aspectos.

EL SISTEMA EDUCATIVO ESPAÑOL

EDUCACIÓN INFANTIL

La educación infantil comprende hasta los 6 años de edad y consta de dos ciclos. El primero se extiende hasta los 3 años, y el segundo, desde los 3 hasta los 6.

EDUCACIÓN PRIMARIA

La educación primaria comprende seis cursos académicos de los 6 a los 12 años, organizado en tres ciclos de dos años cada uno. Es una etapa educatica obligatoria y gratuita.

EDUCACIÓN SECUNDARIA OBLIGATORIA

La ESO es una etapa educativa obligatoria y gratuita para todos los ciudadanos y ciudadanas en edad escolar, que se extiende a lo largo de cuatro años después de la etapa de educación primaria. El alumnado comienza esta etapa a los 12 años y la finaliza a los 16.

EL BACHILLERATO

El Bachillerato es la última etapa de la Educación Secundaria, tiene carácter voluntario y su duración es de dos cursos, normalmente entre los 16 y los 18 años. El Bachillerato tiene cuatro modalidades diferentes: Artes; Ciencias de la Naturaleza y de la Salud; Humanidades y Ciencias Sociales; y Tecnología.

LA FORMACIÓN PROFESIONAL

La formación profesional, en el ámbito del sistema educativo, tiene como finalidad la preparación de los alumnos para la actividad en un campo profesional, proporcionándoles una formación polivalente. Incluye tanto la formación profesional de base como la formación profesional específica de grado medio y de grado superior.

ENSEÑANZA UNIVERSITARIA

Las enseñanzas universitarias se organizan en ciclos. Existen tres modelos:

- Enseñanzas de primer ciclo con clara orientación profesional. Tienen una duración de tres años. Las titulaciones de primer ciclo se denominan Diplomatura, Arquitectura Técnica o Ingeniería Técnica.
- Enseñanzas de dos ciclos sin titulación intermedia. La superación del primer ciclo no da derecho a la obtención de ningún título (Veterinaria, Medicina, etc.). Pueden tener una duración de entre cuatro y cinco años.
- Enseñanzas de dos ciclos con título intermedio. En este caso el primer ciclo conducirá a la obtención del título de Diplomado, Ingeniero Técnico o Arquitecto Técnico, pudiendo continuar el segundo ciclo para obtener el título de Licenciado, Ingeniero o Arquitecto.

SISTEMA UNIVERSITARIO ESPAÑOL

El sistema universitario español comprende 49 Universidades públicas, 14 Universidades privadas y cuatro Universidades de la Iglesia Católica.

Las Universidades establecen su propia oferta académica, que puede ser de dos tipos:

- Títulos oficiales con validez en todo el territorio del Estado.
- Títulos propios de cada universidad.

El Gobierno establece los títulos oficiales y las directrices generales propias de estas titulaciones, es decir, el contenido mínimo homogéneo que debe incluirse en los planes de estudio (materias troncales).

Las universidades elaboran y aprueban sus propios planes de estudio, que comprenden, además de las materias troncales, las materias obligatorias de esa universidad, las materias optativas para el alumno, y materias de libre configuración, es decir, elegidas por el estudiante.

SISTEMA DE ENSEÑANZA Y MÉTODOS DE EVALUACIÓN

El sistema de enseñanza comprende tanto clases teóricas como seminarios y prácticas tutorizadas. La asistencia a clase, aunque no obligatoria, constituye un elemento fundamental de la formación universitaria. Las clases duran de 50 a 60 minutos.

La evaluación de los alumnos se lleva a cabo mediante la realización de una evaluación final en la convocatoria ordinaria de febrero, si la asignatura es cuatrimestral, o de junio, si es anual o cuatrimestral del segundo cuatrimestre. Los alumnos que no superen la evaluación en convocatoria ordinaria pueden hacer uso de una convocatoria extraordinaria en septiembre. En algunos casos los profesores pueden optar por realizar varias evaluaciones (exámenes, trabajos, etc.) a lo largo del curso cuya superación puede liberar de la realización del examen final.

SISTEMA DE CALIFICACIONES

Las calificaciones se otorgan según la puntuación obtenida sobre base 10:

- 0,0 - 4,9 SUSPENSO (SS)
- 5,0 - 6,9 APROBADO (AP)
- 7,0 - 8,9 NOTABLE (NT)
- 9,0 - 10,0 SOBRESALIENTE (SB)
- 9,6 - 10,0 MATRÍCULA DE HONOR (MH)

Equivalencia con el sistema europeo.

- 9,6-10 MH Matrícula de Honor = A (EXCELLENT)
- 9,0-10,0 SB Sobresaliente = B (VERY GOOD)
- 7,0-8,9 NT Notable = C (GOOD)
- 6,0-6,9 AP Aprobado = D (SATISFACTORY)
- 5,0-5,9 AP Aprobado = E (SUFFICIENT)
- 3,0-4,9 SS Suspenso = F (FAIL)
- 0-3,0 SS Suspenso = FX (FAIL)

c. En clase, puedes poner en común con tus compañeros el trabajo que has hecho en las dos actividades.

MÁS CULTURA

• En esta sección encontrarás una pequeña antología de textos muy variados: artículos, reportajes, fragmentos literarios (poesía, novela, relato breve...), canciones, biografías, etc. Con ellos podrás acercarte a la cultura hispana y, al mismo tiempo, aprender español.

• Si te apetece, puedes leerlos por tu cuenta. A veces, sin embargo, el profesor los utilizará en las clases como material complementario de una unidad.

• Como verás, estos textos abordan elementos culturales como los valores, las costumbres y las convenciones sociales de los hispanohablantes, sin olvidar manifestaciones culturales como la literatura, la música, el cine, etc., y sus protagonistas.

• Ten en cuenta estas recomendaciones:

- Hemos querido incluir temas interesantes y textos auténticos. Es normal, pues, que te resulten un poco más difíciles que los textos de la unidad.

- Antes de leer un texto, observa los aspectos gráficos y las imágenes: trata de prever de qué trata y qué tipo de texto es.

- No te preocupes si encuentras palabras que no conoces. Trata de deducir su significado por el contexto. ¡Haz hipótesis antes de decidirte a consultar el diccionario!

- No intentes entenderlo absolutamente todo. Busca las ideas principales o aquella información que necesitas para resolver la actividad que te proponemos.

SOLO TANGO

A. ¿Qué sabes sobre el tango? ¿Te gusta? ¿Con qué instrumentos lo asocias? Lee este texto para descubrir más información sobre este género.

EL TANGO

El tango es, sin duda, una de las manifestaciones artísticas más conocidas de todo el mundo hispano y parte inseparable de la iconografía rioplatense. Pero, ¿cuándo y cómo nació este complejo fenómeno y cuáles son sus figuras más representativas?

Con este tango que es burlón y compadrito
se ató dos alas la ambición de mi suburbio;
con este tango nació el tango, y como un grito
salió del sórdido barrial buscando el cielo;
conjuro extraño de un amor hecho cadencia
que abrió caminos sin más ley que la esperanza,
mezcla de rabia, de dolor, de fe, de ausencia
llorando en la inocencia de un ritmo juguetón.

(fragmento de la letra compuesta por Discépolo en 1947 para *El choclo*, de Aníbal Villondo)

AL COMPÁS DEL 2 X 4

El tango primitivo surge en Buenos Aires a finales del siglo XIX, coincidiendo con la gran oleada migratoria procedente de toda Europa y Oriente próximo. En la capital argentina existían por entonces las llamadas *academias*, únicos lugares donde se podía bailar, y en las que el tango convivía y se fusionaba con otros ritmos como la habanera, la polca, el corrido, el vals, el chotis y otros.

En una ciudad que crecía vertiginosamente, los organitos callejeros difundieron el tango por los barrios y era común ver bailarlo en las calles, muchas veces entre hombres. En esos años, las mujeres escaseaban en Buenos Aires ya que la mayoría de los inmigrantes se iban sin pareja.

Se reconocen varias etapas en la evolución del tango como género musical. La primera, que se extiende hasta aproximadamente 1920, es conocida como *Guardia vieja*. De este período data el nacimiento del *tango-canción*, cuando en 1917 Carlos Gardel graba “Mi noche triste”, de Pascual Contursi. En un principio el tango es ejecutado por tríos de guitarra, violín y clarinete o flauta, pero se acaba imponiendo el sexteto típico: dos bandoneones, dos violines, piano y bajo.

La llamada *Edad de oro* (1920-1950) es el período en que el tango toma su forma definitiva, con la aparición de grandes orquestas (llamadas *típicas*) y la aparición de cantantes solistas que actúan como un instrumento más de la orquesta. Es el auge de los milongueros, los aficionados que acuden a bailar en confiterías, clubes de barrio y salones. Estamos ante el tango bailable y popular por excelencia y es en estos años cuando aparecen los grandes poetas de la música rioplatense.

A partir de los años 50, surge una nueva variedad, la conocida como *Tango nuevo*, cuyo exponente más conocido es Astor Piazzolla. Se trata de una variante que, si bien conserva muchos elementos del tango, se aparta de la esencia que lo había caracterizado hasta entonces, ya que no está concebido para ser bailado por los milongueros y la mayoría de las veces está destinado a ser escuchado en salas de conciertos. En los últimos años, agrupaciones como Gotan Project y Bajofondo llevan a cabo una fusión de tango y música electrónica.

PERCANTA QUE ME AMURASTE

Con estas palabras lunfardas (que significan “mujer que me abandonaste”) comienza *Mi noche triste*, el primer tango cantado de la historia. El lunfardo es una lengua que usa la sintaxis y la morfología del español aplicadas a palabras modificadas tanto españolas como de otras lenguas (dialectos italianos, portugués, francés, lenguas indígenas...). Según José Gobello, presidente de la Academia Porteña del Lunfardo, “para lunfardear es necesario quitar algunas palabras castellanas del propio discurso y reemplazarlas por sus correspondientes lunfardas”.
El lunfardo nace porque delincuentes y marginales se ven obligados a reinventar su idioma a diario para no ser entendidos por la policía. Pero, a lo largo de los años, el lunfardo ha sobrevivido como algo más: como señala Gobello, es el lenguaje “que habla el porteño cuando comienza a entrar en confianza”.

Breve diccionario*

Bacán: persona adinerada, que se da buena vida.
Batir: contar.
Biaba: paliza.
Botón: agente de policía.
Bulín, cotorro: habitación de soltero.
Cana, yuta: policía.
Chorro: ladrón.
Cinchar: trabajar intensamente.
Gayola, chirona: cárcel.
Grela: prostituta.
Mango: peso (dinero).
Manyar, junar: entender, darse cuenta.
Merengue: desorden, alboroto, cosa complicada.
Mina, percanta: mujer.
Morfar: comer.
Ortibar: delatar, denunciar.
Otario, gil: tonto.
Papuso/a: algo muy bueno o hermoso.
Tacho: taxi.
Tamangos: zapatos.
Vía: desamparo, pobreza extrema.
Yeta: mala suerte.
Yirar: vagar sin rumbo fijo.
Yugar: trabajar.

* puedes encontrar un diccionario lunfardo muy completo en www.todotango.com/Spanish/biblioteca/lexicon/lexicon.html

LA MUSA TANGUERA

Hoy en día son muy pocos los argentinos que saben bailar el tango, pero nadie deja de corear letras como "Sur", "Cambalache", "Volver", "Nostalgias", "Yira, yira", "Uno", "Malena", "El día que me quieras", etc., o de citar versos de esos tangos. Para el porteño, la sonoridad del tango es inseparable de la poesía popular plasmada en las letras de poetas como Pascual Contursi, Alfredo Lepera, Enrique Santos Discépolo, Homero Manzi, Enrique Cadícamo, Homero Expósito, Celedonio Flores, Ivo Pelay y tantos otros. Sus textos, que siguen estando vigentes hoy en día, se hacen eco del sentir y de las preocupaciones cotidianas de la gente: el amor frustrado o traicionado, la nostalgia del barrio o de la juventud, la idealización del pasado, la crisis de valores en la sociedad actual, el amor materno, las injusticias sociales...

EL ZORZAL CRIOLLO: CARLOS GARDEL

No hay acuerdo sobre su ciudad de nacimiento, pero sí se sabe que se crió en Buenos Aires. Desde que en 1917 grabó "Mi Noche Triste", el primer tango-canción de la historia, Gardel siguió por el camino del éxito y llenó los escenarios más prestigiosos de Europa, principalmente de París. Fue allí donde conoció a Alfredo Le Pera, con el cual compuso tangos inolvidables como "Volver", "El día que me quieras", "Por una cabeza" y "Cuando tú no estás". Gardel se convirtió también en galán de cine y creó un estilo que marcó una época. El 24 de junio de 1935 perdió la vida en un accidente aéreo en la ciudad colombiana de Medellín, pero su fama no dejó de aumentar: argentinos y uruguayos continúan afirmando aún hoy que "Carlitos cada día canta mejor" y su tumba en el cementerio porteño de la Chacarita es lugar de peregrinación obligado para los amantes del género.

EL BARDO POPULAR: "DISCEPOLÍN"

Enrique Santos Discépolo nació en Buenos Aires en 1901. Aunque llegó a debutar como actor a mediados de la década del 20, es en el campo de la música popular donde alcanza el reconocimiento del público. La versión gardeliana de su "Yira, yira" y el emblemático "Cambalache" (1935) constituyen momentos culminantes de la historia del tango-canción. Ningún autor llegaría tan lejos como Discépolo a la hora de decir cosas a través del tango ni de plasmar la "filosofía de la calle" del porteño. Murió en 1951.

LA RENOVACIÓN: ASTOR PIAZZOLLA

Ástor Pantaleón Piazzolla nació en Mar del Plata en 1921. Muchos especialistas afirman que este bandoneísta y compositor fue el músico de tango más importante de la segunda mitad del siglo XX, aunque los tangueros más ortodoxos lo consideraban un "asesino del tango". Sin duda, Piazzolla fue ante todo un innovador que bebió del tango, de la música clásica y del jazz, para crear lo que él mismo denominaba "música contemporánea de Buenos Aires". Murió en 1992.

CD 36 **B.** Lee y escucha este tango de Discépolo. ¿Cómo resumirías el sentimiento que transmite?

YIRA, YIRA

Cuando la suerte qu' es grela,
fallando y fallando
te largue parao;
cuando estés bien en la vía,
sin rumbo, desesperao;
cuando no tengas ni fe,
ni yerba de ayer
secándose al sol;
cuando rajés los tamangos
buscando ese mango
que te haga morfar...
la indiferencia del mundo
-que es sordo y es mudo-
recién sentirás.

Verás que todo es mentira,
verás que nada es amor,
que al mundo nada le importa...
¡Yira!... ¡Yira!...
Aunque te quiebre la vida,
aunque te muerda un dolor,
no esperes nunca una ayuda,
ni una mano, ni un favor.

Cuando estén secas las pilas
de todos los timbres
que vos apretás,
buscando un pecho fraterno
para morir abrazao...
Cuando te dejen tirao
después de cinchar
lo mismo que a mí.
Cuando manyés que a tu lado
se prueban la ropa
que vas a dejar...
Te acordarás de este otario
que un día, cansado,
¡se puso a ladrar!

C. En tu país o en la zona donde vives, ¿existe un baile típico? ¿Cómo es? ¿Conoces su origen? ¿Hay algún cantante que haya marcado una época?

1. PREMIOS PRÍNCIPE DE ASTURIAS

A. ¿Conoces algún certamen que premie a figuras internacionales del campo de la cultura? ¿Hay alguno en tu país? ¿Recuerdas a alguno de los premiados?

B. Lee el texto sobre uno de los premios que se conceden en España. ¿Conoces a alguno de los premiados? Si es así, ¿qué más sabes sobre ellos? ¿Te parece que merecen el premio?

La entrega de los Premios Príncipe de Asturias se ha convertido desde su primera convocatoria en 1981 en un acontecimiento ineludible de la agenda cultural internacional. Cada mes de octubre, la ciudad española de Oviedo, capital del Principado de Asturias, se convierte en el escenario donde importantes personalidades del panorama político y cultural internacional se dan cita para asistir a la entrega de estos reconocidos galardones.
La creación de estos premios responde a la voluntad de distinguir la labor de personas o instituciones que destaque por su ejemplaridad o por su trascendencia. Las categorías en las que se enmarcan las diferentes candidaturas son ocho: Comunicación y Humanidades, Ciencias sociales, Artes, Letras, Investigación científica y técnica, Cooperación internacional, Concordia y Deportes.

ALGUNOS GALARDONADOS

ARTES 2005
Maya Plisetskaya; Tamara Rojo. Bailarinas.
"Maya Plisetskaya ha convertido la danza en una forma de poesía en movimiento, al conjugar la exquisita calidad técnica con la sensibilidad artística y humana, ejerciendo su magisterio sobre bailarines jóvenes y consagrados del mundo entero. Tamara Rojo ofrece, a su vez, una combinación incomparable a día de hoy entre la mejor tradición clásica y la exigencia de superar nuevos retos, prueba de una madurez interpretativa que le otorga una posición de privilegio en los más relevantes escenarios internacionales".
Acta del Jurado del Premio Príncipe de Asturias de las Artes 2005

LETRAS 2000
Augusto Monterroso. Escritor.
"Su obra narrativa y ensayística constituye todo un universo literario de extraordinaria riqueza ética y estética del que cabría destacar un cervantino y melancólico sentido del humor. (...) Su obra narrativa ha transformado el relato breve".
Acta del Jurado del Premio Príncipe de Asturias de las Letras 2000

LETRAS 2003
Fatema Mernissi; Susan Sontag. Escritoras
"Las dos escritoras coinciden en haber desarrollado una obra literaria en varios géneros que con profundidad de pensamiento y calidad estética que aborda cuestiones esenciales de nuestro tiempo desde una perspectiva complementaria en el diálogo de las culturas"
Acta del Jurado del Premio Príncipe de Asturias de las Letras 2003

DEPORTES 2005
Fernando Alonso. Corredor de Fórmula 1
"Pertenece al mundo de los campeones singulares, aquellos que consiguen abrir nuevos caminos en especialidades de máxima dificultad, lo que le ha convertido ya en un símbolo y un referente capaz de ilusionar a millones de personas".
Acta del Jurado del Premio Príncipe de Asturias de los Deportes 2005

CONCORDIA 2004
El Camino de Santiago
"Como lugar de peregrinación y de encuentro entre personas y pueblos que, a través de los siglos, se ha convertido en símbolo de fraternidad y vertebrador de una conciencia europea".
Acta del Jurado del Premio Príncipe de Asturias de la Concordia 2004

COMUNICACIÓN Y HUMANIDADES
2006 Nacional Geografic Society
"La Nacional Geografic Society ha desempeñado a lo largo de su historia un papel esencial en la exploración e investigación de la tierra y en la difusión a un público amplísimo de los avances científicos sobre el legado histórico, geográfico y artístico de la Humanidad".
Acta del Jurado del Premio Príncipe de Asturias de Comunicación y Humanidades 2006

DEPORTES 1998
Arantxa Sánchez Vicario: Tenista
"Como deportista es un ejemplo de constancia y sacrificio y un modelo a imitar por los profesionales del mundo entero".
Acta del Jurado del Premio Príncipe de Asturias de los Deportes 1998

Otros galardonados
Paul Auster, Nélida Piñón, Claudio Magris, Doris Lessing, Günter Grass, Carlos Fuentes, Paco de Lucía, Pedro Almodóvar, Miquel Barceló, Woody Allen, Santiago Calatrava, Vittorio Gassman, Umberto Eco, Alicia de Garrocha, Hassiba Boulmerka, Martina Navratilova, Miguel Indurain, Selección española de baloncesto, Steffi Graf, Carl Lewis, Carmen Martín Gaite, Camilo José Cela, José Angel Valente, Mario Vargas Llosa, Miguel Delibes, José Hierro, Gonzalo Torrente Ballester, Plácido Domingo, Montserrat Caballé, Antoni Tàpies, Bárbara Hendricks, Eduardo Chillida, Joanne Kathleen Rowling.

C. En la página web de la Fundación Príncipe de Asturias (www.fpa.es), puedes acceder a las fichas de cada uno de los premiados. Si quieres, escoge uno y haz una presentación en clase ampliando la información que aparece en la ficha de la web.

2. MALINCHE

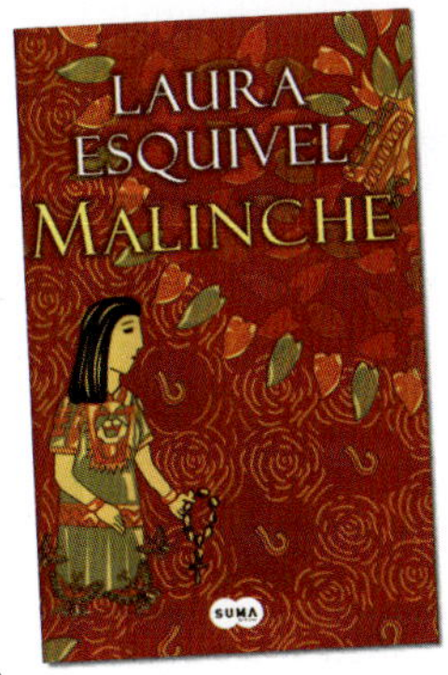

A. Lee el siguiente fragmento de la novela, *Malinche*, de Laura Esquivel, cuya protagonista es una mujer indígena en la época de la conquista española. ¿Cómo definirías los sentimientos de Malinche? ¿A qué información del fragmento crees que hace referencia la ilustración que acompaña al texto?

En cuanto asesinaron a todos los hombres que se encontraban ahí reunidos, se abrieron las puertas del patio y Malinalli[1] huyó horrorizada. En la ciudad, los cinco mil tlaxcaltecas y los más de cuatrocientos cempoalenses aliados de Cortés saqueaban la ciudad. Malinalli los sorteó y corrió despavorida hasta que llegó al río. Era impresionante el odio con el que asesinaban a hombres, mujeres y niños. El templo de Huitzilopochtli, el dios que enfatizaba el dominio mexica, fue incendiado.

El frenesí de asesinatos, saqueo y sangre duró dos días, hasta que Cortés restableció el orden. Murieron en total cerca de seis mil cholultecas. Cortés ordenó a los pocos sacerdotes que quedaron vivos que limpiaran los templos de los ídolos, lavaran las paredes y los pisos y, en su lugar, colocaran cruces y efigies de la Virgen María.[...]

Ella nunca podría volver a ser la misma. La Malinalli de ahora era otra, el río era otro, Cholula era otra, Cortés era otro. Malinalli recordó las manos de Cortés y se estremeció. Ella había visto la crueldad en las manos de Cortés. Había visto cómo esas manos que el día anterior la habían acariciado eran capaces de matar con firmeza. Ya nunca lo podría volver a ver de la misma manera. Ya nada era igual ni había vuelta atrás. ¿Qué venía como respuesta a este horrendo asesinato del que ella se sentía tan culpable? [...]

Ya no se sentía segura con nadie. Si en un principio se sentía feliz de haber sido elegida como "la lengua" y de haber recibido la promesa de que se le daría la libertad a cambio de su trabajo como intérprete, ahora ya nada le garantizaba su anhelada libertad. ¿De qué tipo de libertad se hablaba? ¿Qué le garantizaba que su vida sería respetada por esos hombres que no respetaban nada? ¿Qué podía ofrecerle un hombre que mataba con tal crueldad? ¿Qué tipo de dios permitía que en su nombre se asesinara sin piedad a inocentes? Ya no entendía nada. Ni cuál era el propósito de nada.

A ella la habían educado para servir. En su calidad de esclava, ella no había hecho otra cosa que servir a sus amos. Y lo sabía hacer con eficiencia. Al traducir e interpretar, no había hecho otra cosa que seguir las órdenes de sus amos, los españoles, a los que había sido regalada y a los que debía servir con prontitud. Por un tiempo, estuvo convencida de que sus buenos méritos como esclava, como sirvienta, la ayudarían no solo a obtener su ansiada libertad sino a lograr que hubiera un cambio positivo para todos los demás. Ella en verdad había creído que el dios de los españoles era el dios verdadero y que este no era otro que una nueva manifestación de Quetzalcóatl, quien había venido a aclarar que él no necesitaba que los hombres murieran en la piedra de los sacrificios. Pero la manera en que había visto actuar a los españoles la dejaba desolada, desamparada, desilusionada y, más que nada, aterrorizada. La pregunta obligada era: ¿a quién iba a servir? Y lo más importante: ¿para qué? ¿Qué sentido tenía vivir en un mundo que estaba perdiendo su significado? ¿Qué era lo que seguía?

Ya ni siquiera le quedaba el consuelo de refugiarse en sus dioses, porque, siendo justa, tenía que reconocer que tampoco Quetzalcóatl había hecho nada para defender a sus seguidores. [...]

1. Nombre con el que también se conoce a Malinche.

B. Busca información sobre Malinche y responde a estas preguntas.

- ¿Cómo ha pasado su figura a la historia: positiva o negativamente? ¿Por qué?
- ¿Sabes qué es el "malinchismo"?
- ¿Con qué leyenda mexicana está relacionada?

LAURA ESQUIVEL

(Ciudad de México, 1950)

Se ha dedicado a la docencia y a escribir teatro para niños y guiones cinematográficos. Con su primera novela, *Como agua para chocolate* obtuvo un gran éxito: desde su publicación en 1989, la obra ha sido traducida a más de treinta idiomas y, en 1994, Laura Esquivel fue galardonada con el Premio ABBY (American Bookseller Book of the Year), premio que nunca antes había sido concedido a un escritor extranjero.

Otros de los títulos de la autora mexicana son: *La ley del amor* (1995), *Íntimas suculencias* (1998), *Estrellita marinera* (1999), *El libro de las emociones* (2000), *Tan veloz como el deseo* (2001), *Malinche* (2006).

1. TIPOS DE TURISMO

Lee estos textos sobre dos tipos de turismo muy diferentes. ¿Qué propuesta elegirías para pasar tus vacaciones?

EN BUSCA DEL SILENCIO

En los últimos años se han popularizado en España nuevos tipos de turismo como alternativa a las vacaciones de sol y playa. Por un lado, hemos asistido al auge del *turismo rural*, en el que el turista suele alojarse en las casas (normalmente adaptadas y rehabilitadas) de personas que viven en el campo. Otra opción es el denominado *turismo de salud*, que permite disfrutar en balnearios de tratamientos saludables de diversos tipos: terapias con aguas termales, barro, etc.

A las dos anteriores hay que sumar una nueva oferta: la de los monasterios que han abierto sus hospederías para alojar a aquellos visitantes que busquen un lugar de reposo y de silencio. En la mayoría de los casos, el visitante puede compartir algunas tareas diarias, como el cuidado del huerto, con los monjes de la comunidad.

Uno de los posibles destinos para los interesados en este tipo de turismo es el monasterio de Santo Domingo de Silos. Esta abadía de monjes benedictinos, ubicada en la provincia de Burgos, cuenta con un claustro románico del siglo XI, que ha sido siempre el centro de la vida monástica. La comunidad del monasterio es muy conocida por el canto gregoriano, ya que cuenta con varios CD y DVD que han obtenido un gran éxito de ventas.

VACACIONES ACTIVAS

Cada vez son más las personas a las que les gusta pasar sus vacaciones trabajando. Esta aparente contradicción parece cobrar sentido cuando hablamos de trabajos como voluntarios, ya que esta actividad no solo resulta gratificante por su propio fin altruista, sino que, además, es una oportunidad de conocer lugares increíbles y de hacer buenos amigos.

Una posibilidad nos la ofrece Yori Yoreme, una ONG mexicana sin fines lucrativos que ofrece programas de intercambio durante los cuales los participantes trabajan como voluntarios en un proyecto. Uno de ellos es la conservación de los ecosistemas naturales y de la diversidad cultural en la Reserva de la Biosfera Tehuacán-Cuicatlán. Los "turistas" pueden, entre otras muchas cosas, ayudar a reforestar la zona, a trabajar en un vivero de plantas amenazadas o a realizar estudios biológicos de la fauna y la flora de la reserva. (www.yori-yoreme.ramx.org/)

2. DIARIOS DE MOTOCICLETA

A. ¿Has realizado alguna vez un viaje que cambiara tu vida o tu manera de ver las cosas?

B. Lee estos fragmentos de *Diarios de motocicleta*, de Ernesto "Che" Guevara. ¿Cómo afectaron a su manera de ver las cosas las experiencias de las que habla? ¿Qué cosas crees que aprendió?

No es este el relato de hazañas impresionantes, no es tampoco meramente un «relato un poco cínico»; no quiere serlo, por lo menos. Es un trozo de dos vidas tomadas en un momento en que cursaron juntas un determinado trecho, con identidad de aspiraciones y conjunción de ensueños. Un hombre en nueve meses de su vida puede pensar en muchas cosas que van de la más elevada especulación filosófica al rastrero anhelo de un plato de sopa. En total correlación con el estado de vacuidad de su estómago; y si al mismo tiempo es algo aventurero, en ese lapso puede vivir momentos que tal vez interesen a otras personas y cuyo relato indiscriminado constituiría algo así como estas notas.

[...] El personaje que escribió estas notas murió al pisar de nuevo tierra argentina, el que las ordena y pule, «yo», no soy yo; por lo menos no soy el mismo yo interior. Ese vagar sin rumbo por nuestra «Mayúscula América» me ha cambiado más de lo que creí.

[...]

Por la noche [...] mirábamos el mar inmenso, lleno de reflejos verdiblancos, los dos juntos, apoyados en la borda, pero cada uno muy distante, volando en su propio avión hacia las estratosféricas regiones del ensueño. Allí comprendimos que nuestra vocación, nuestra verdadera vocación, era andar eternamente por los caminos y mares del mundo. Siempre curiosos; mirando todo lo que aparece ante nuestra vista. Olfateando todos los rincones, pero siempre tenues, sin clavar nuestras raíces en tierra alguna, ni quedarnos a averiguar el sustratum de algo; la periferia nos basta. Mientras todos los temas sentimentales que el mar inspira pasaban por nuestra conversación, las luces de Antofagasta empezaron a brillar en la lejanía, hacia el nordeste.

[...]

Allí nos hicimos amigos de un matrimonio de obreros chilenos. [...] A la luz de una vela con que nos alumbrábamos para cebar el mate y comer un pedazo de pan y queso, las facciones contraídas del obrero ponían una nota misteriosa y trágica, en su idioma sencillo y expresivo contaba de sus tres meses de cárcel, de la mujer hambrienta que lo seguía con ejemplar lealtad, de sus hijos, dejados en la casa de un piadoso vecino, de su infructuoso peregrinar en busca de trabajo, de los compañeros misteriosamente desaparecidos, de los que se cuenta que fueron fondeados en el mar.

El matrimonio aterido, en la noche del desierto acurrucados uno contra el otro, era una viva representación del proletariado de cualquier parte del mundo. No tenían ni una mísera manta con que taparse, de modo que le dimos una de las nuestras y en la otra nos arropamos como pudimos Alberto y yo. Fue ésa una de las veces en que he pasado más frío, pero también en la que me sentí un poco más hermanado con ésta, para mí, extraña especie humana...

C. Busca información sobre el Che. ¿Sabes cómo era antes de que lo cambiara el viaje del que habla? ¿Qué relación ves entre los fragmentos anteriores y algunas de las cosas que hizo en su vida?

EN UN MUSEO

A. ¿Sueles ir a museos? ¿Por qué? ¿Crees que todo el público de los museos va por las mismas razones?

B. Lee ahora este fragmento de un relato del escritor español Manuel Vicent. ¿A qué crees que se debe la reacción del protagonista?

A media mañana, en el museo no había absolutamente nadie, excepto un bedel en cada sala que dormía sentado en una silla. En las paredes estaban las mismas pinturas de siempre: reyes, bodegones, santos, paisajes, batallas, escenas mitológicas, e igualmente sobre los pedestales se elevaban esculturas cuya superficie de bronce o piedra simulaba ser de una sustancia parecida a la música, aunque el silencio era muy compacto.

Al entrar en aquel espacio el joven visitante comenzó a recorrer las estancias para contemplar los cuadros y viéndose en medio de tanta soledad de pronto tuvo una sospecha. Pensó que el museo en realidad no existía. Las obras de arte solo eran la materia que en ese momento estaban soñando los bedeles dormidos. Hizo lo posible por deslizarse con toda suavidad para no despertar a aquellos vigilantes, pero de repente le entró el pánico y salió corriendo.

C. Esta es la continuación del relato. ¿Se aproxima a lo que tú habías pensado en **B**?

Algún tiempo después comentó este lance con un psicoanalista durante una cena de sociedad. Quería saber si aquella reacción suya tenía algún significado, y el psicoanalista, mientras apartaba las espinas de la lubina, le dijo que había huido por miedo a morir desintegrado.

—¿Quién podía matarme en aquel museo desierto?

—Los bedeles.

—¿Cómo, si estaban todos roncando?

—Te hubieran desintegrado sin moverse de la silla.

—No comprendo nada —exclamó el joven amante del arte.

—Como bien has dicho, tal vez tu subconsciente imaginó que aquel museo, incluyéndote a ti mismo, que deambulabas por su recinto, solo era un excipiente emanado del cerebro de aquellos guardianes, y todas las obras de arte dejarían de existir si ellos despertaban.

—¿Iba a desaparecer yo con ellas?

—Así es. En el interior de cada uno habita una figura de Apolo o de Diana encarcelada que se libera en el sueño —dijo el psicoanalista—. Todos los bloques de mármol guardan dentro una estatua, del mismo modo que dentro de cada gordo siempre hay un hombre delgado que pugna por salir.

—¿Estamos hablando de arte o de dietética?

—No es tan distinto.

El joven amante del arte no entendió nada, salvo que los museos solo están en el cerebro de algunos vigilantes que sueñan sentados en una silla; pero desde entonces se sorprendió al comprobar que en todos los museos que visitaba siempre encontraba gente dormida. No solo eran bedeles sino también gente del público que en apariencia había caído rendida al pie de las estatuas o estaba derrumbada en los bancos junto a los cuadros más insignes donde había imágenes de reyes o de ciervos.

De ser cierta la teoría del psicoanalista, aquellos seres constituían los pilares del arte, el cual estaba levantado sobre los cimientos de estos sueños.

D. ¿Cómo continuarías la historia? ¿Qué crees que pudo hacer después el protagonista? Escríbelo en tu cuaderno.

E. Ahora, lee el final de la historia e imagina cuál podría ser el título del relato. Tu profesor te dirá cuál es el que le puso Manuel Vicent.

Un día el joven se atrevió a preguntar al director de un museo si su institución tenía en nómina a alguien que durmiera en las salas para que las paredes no se hundieran. El director le confirmó la teoría.
—Así es, en efecto.
—¿Desde cuándo?
—Así ha sido desde que el arte existe. ¿Sabía usted que en el Partenón siempre había una sacerdotisa que dormía y que ese sueño sustentaba a toda Atenas? Pero no sucede solo en el arte. También Dios es lo que sueña el sacerdote cuando se duerme en las ceremonias, y la justicia es lo que sueñan los magistrados que se duermen en los juicios, y la política está dentro de la cabeza de un político dormido en el escaño.
—¿Puedo, entonces, visitar sin peligro este museo?
—Con toda seguridad. Aquí tenemos a cualquier hora un bedel de guardia en estado de coma profundo. Y entre el público, como puede ver, hay gente que no se despertará fácilmente. Ellos le están soñando a usted y a todos los demás visitantes, incluido yo mismo.
—¿Hay que tener alguna gracia especial para conseguirlo?
—¿Quiere usted ser soñador de museos? Nada, eso se consigue con un poco de práctica. Inténtelo.

El joven amante del arte allí mismo se sentó en un banco frente a otros muchos visitantes que ya dormían. Cerró los ojos y, en la oscuridad, comenzó a explorarse a sí mismo. Lejos de descubrir los cuadros que había en la pared, el joven sólo vio a otras personas que recorrían las salas mirando las paredes vacías, pero él enseguida comenzó a sentir que su cabeza se poblaba de óleos y esculturas con toda clase de figuras, paisajes y bodegones. Después experimentó que desde su interior una forma de dios Apolo intentaba escapar por la vertical del cráneo para convertirse en una cabeza de mármol, y al amparo del pedestal estaban otras personas dormidas. Durante ese sueño recordó lo que le había dicho el psicoanalista. Dentro de un gordo siempre hay un hombre delgado que pugna por salir. Del mismo modo, los deseos de belleza estaban generando un Apolo de Praxiteles o un David de Miguel Ángel. Y el resto de los visitantes, solo lo veían porque él lo estaba soñando.

Manuel Vicent
(Villavieja, Castellón, 1936)

Licenciado en Derecho y Filosofía y Letras, también cursó estudios de Periodismo. Ha recibido numerosos premios tanto por su labor como periodista como por su actividad literaria, entre los que destacan el premio Alfaguara de Novela (en 1966, por *Pascua y Naranja*, y, en 1999, por *Son de mar*) y el premio Nadal, en 1987, por *La Balada de Caín*. Otros de sus títulos son: *El resuello* (1966), *Inventario de Otoño* (1982), *La muerte bebe en vaso largo* (1992), *Contra Paraíso* (1993), *Del Café Gijón a Ítaca* (1994), *Tranvía a la Malvarrosa* (1994), *Jardín de Villa Valeria* (1996), *Borja Borgia, los mejores relatos* (1997), *Las horas paganas* (1998), *Otros días, otros juegos* (2002) y *Espectros* (2000).

LA ZARZUELA

A. ¿Qué sabes sobre la zarzuela? Marca la opción que te parezca correcta.

1.
- ☐ Es un género literario.
- ☐ Es un género musical.
- ☐ Es un género pictórico.

2.
- ☐ Suele reflejar la vida cotidiana de Valencia.
- ☐ Suele reflejar la vida cotidiana de Sevilla.
- ☐ Suele reflejar la vida cotidiana de Madrid.

3.
- ☐ La zarzuela es muy popular en España, especialmente en Sevilla.
- ☐ La zarzuela se encuentra actualmente en ligera decadencia.
- ☐ La zarzuela nunca llegó a conocerse en Latinoamérica.

B. Ahora, lee el texto y comprueba tus respuestas.

LA ZARZUELA

La zarzuela tiene sus orígenes en el siglo XVII en las fiestas que se daban en Madrid en el pabellón de caza del Palacio de la Zarzuela. Se trata de una producción teatral en la que, a diferencia de la ópera, que es totalmente cantada, se alternan escenas cantadas con otras habladas.

Las primeras zarzuelas se representaban para la corte española y se componían, según los gustos imperantes de la época, a partir de temas extraídos de la leyenda y la mitología. Con los Borbones, la ópera italiana desplazó a los espectáculos en español y los músicos se vieron obligados a adoptar los esquemas extranjeros (Felipe V, primer monarca borbón, desconocía la lengua española y por tanto prefería la música cantada en italiano). Con Fernando VI aumentó el esplendor de la ópera italiana. Su sucesor, Carlos III, no muy aficionado a la música italiana, prefería las óperas menores y las zarzuelas mitológicas y costumbristas, lo que dio un nuevo empuje al género español.

El resurgimiento

En el siglo XIX, con la llegada del Romanticismo, el nacionalismo musical español quiso imitar la ópera italiana en lengua castellana. Es entonces cuando se produce el gran resurgimiento de la zarzuela, que aunque todavía presenta claros rasgos tomados de la ópera italiana y de la ópera cómica francesa, se va adaptando poco a poco al folclore local. La zarzuela estará protagonizada desde este momento por personajes de la calle que hablan el lenguaje del pueblo.

Durante esa misma época nace el llamado "género chico", que sirvió para acercar la zarzuela a las clases humildes, que abarrotaban los teatros debido al bajo coste de las localidades. Se trata de zarzuelas de corta duración (menos de una hora) que, además, se diferencia del género grande en el argumento: mientras que en esta última se prefieren los temas dramáticos o cómicos de acción complicada, en el género chico se refleja la vida cotidiana madrileña. La música es pegadiza y está basada en el folclore español: boleros, jotas, seguidillas, soleás, fandangos, habaneras, mazurcas... y, por supuesto, el típico chotis madrileño.

En el siglo XX la zarzuela experimentó un cambio significativo. Se rescató la zarzuela "grande", olvidada durante el siglo anterior, pero inspirada en el "género chico". Sin embargo, en las últimas décadas este género ha empezado a decaer lentamente.

Entre las zarzuelas más famosas se encuentran: *La Gran Vía, La verbena de la Paloma, Agua, azucarillos y aguardiente, La Revoltosa, Bohemios, Luisa Fernanda, Los gavilanes, El huésped del sevillano, La rosa del azafrán…*

C. Lee el fragmento de la conocida zarzuela *La revoltosa* que aparece a la derecha. ¿Qué crees que significan las palabras o expresiones subrayadas? ¿Tienen algo en común?

CD 37 **D.** Escucha la canción y toma nota de las frases que faltan al final.

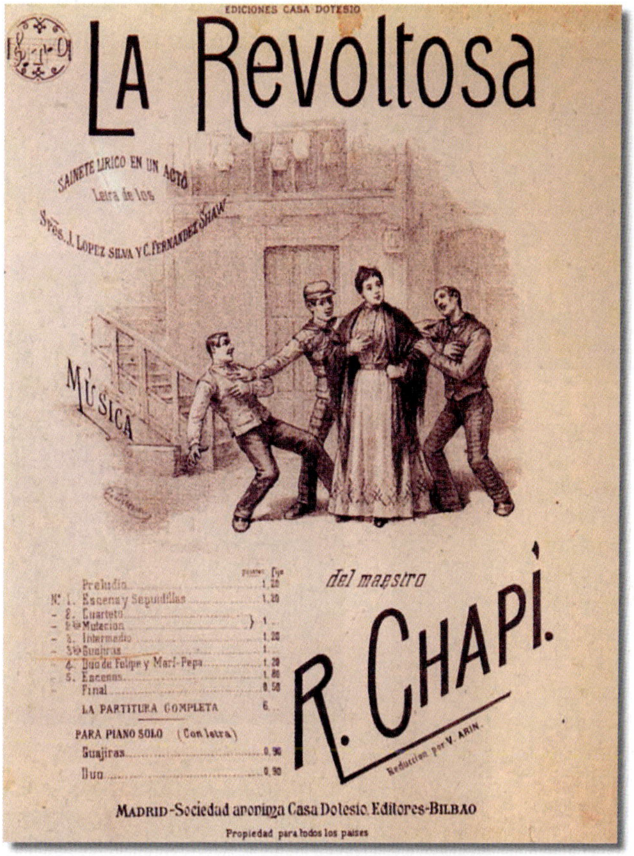

E. Ahora, lee un resumen de *La revoltosa*. ¿A qué parte de la obra crees que pertenece la canción anterior: inicial, central o final?

LA REVOLTOSA

***La revoltosa* se estrenó en Madrid el 25 de noviembre de 1897. El libreto fue escrito por José Lopez de Silva y Carlos Fernández Shaw, mientras que de la música se encargó Ruperto Chapí, compositor de otras zarzuelas como *La tempestad*, *La bruja* o *El puñao de rosas*.**

Un patio de vecinos madrileño es el escenario en el que se desarrolla *La Revoltosa*. Mari Pepa, una joven de gran belleza y muy coqueta, tiene encandilados a todos los hombres de la vecindad, lo que provoca el enfado de las mujeres y los celos de su novio Felipe. Mari Pepa, a su vez, siente celos al ver a Felipe con dos chulapas, y, aunque los dos se quieren, fingen un desprecio mutuo que no se corresponde con sus verdaderos sentimientos. Por su parte, las mujeres de la vecindad organizan una conspiración durante una verbena para castigar a sus maridos y les hacen creer que Mari Pepa los ha convocado tras la celebración para encontrarse con cada uno de ellos por separado. Tras la verbena, los intentos de los maridos por quedarse a solas con la joven y el empeño de Felipe en defender su amor provocan una situación tumultuosa que atrae a todos los vecinos. Se descubre entonces el engaño planeado por las mujeres, que sirve de escarmiento a sus maridos, y Felipe y Mari Pepa acaban confesándose su amor.

LA REVOLTOSA / Dúo de Mari Pepa y Felipe

Felipe: ¿Por qué de mis ojos
los tuyos retiras? ¿Por qué?
Mari Pepa: ¿Por qué me desprecias?
¿Por qué no me miras? ¿Por qué?
Felipe: ¿Yo? ¡No!
Mari Pepa: ¡Tú!
Felipe: ¡No!
¿Por qué de ese modo
te fijas en mí?
Mari Pepa: ¿Qué quieres decirme
mirándome así?
¿Por qué sin motivos
te pones tan triste? ¿Por qué?
Felipe: ¿Por qué de mi lado
tan pronto te fuiste? ¿Por qué?
Mari Pepa: ¿Yo? ¡No!
Felipe: ¡Tú!
Mari Pepa: ¡No!
Felipe: ¿Por qué de ese modo
te fijas en mí?
Mari Pepa: ¿Qué quieres decirme
mirándome así?
Felipe: ¡Así!
Mari Pepa: ¡Así!
Felipe: ¿Me quieres?
Mari Pepa: ¿Me quieres?
Los dos: ¿Me quieres?
Felipe: ¡Sí!
Mari Pepa: ¡Sí!
¡Ay, Felipe de mi alma!
¡Si contigo solamente
yo soñaba!
Felipe: ¡Mari Pepa de mi vida!
¡Si tan sólo en ti pensaba
noche y día!
¡Mírame así!
Mari Pepa: ¡Mírame así!
Los dos: ¡Pa' que vea tu alma leyendo en tus ojos,
y sepa (serrana / serrano) que piensas en mí...
Felipe: La de los claveles dobles,
la del manojo de rosas,
la de la falda de céfiro,
y el pañuelo de crespón;
la que iría a la verbena
cogidita de mi brazo...
¡eres tú!... ¡porque te quiero,
chula de mi corazón!
Mari Pepa: ¡El hombre de mis fatigas,
pa' mí siempre en cuerpo y alma,
pa' mí sola, sin que nadie
me dispute su pasión!
con quien iría del brazo
tan feliz a la verbena...
eres tú... ¡porque te quiero,
chulo de mi corazón!
Felipe: ¡Ay, chiquilla! ¡Por Dios!
Mari Pepa: ¡Zalamero! ¡Chiquillo!
Felipe: ¡Chiquilla!
Mari Pepa: ¡No me hables así!
Felipe: ¡Te quiero!
Mari Pepa: ¡Te quiero!
Los dos: ¿Me quieres tú a mí?
¿No te voy a querer, prenda mía?...
De mí, ¿qué sería sin ti?...
Felipe: ¡Nena mía!
Mari Pepa: ¡Felipillo!
Felipe: ¡Mi morena!
Mari Pepa: ¡Mi querer!

LA TELEVISIÓN

A. En tu opinión, ¿qué tiene de bueno y de malo la televisión? Haz una lista con tus argumentos.

B. Aquí tienes una serie de textos en los que la televisión es la protagonista. En esta página vas a encontrar tres historias breves extraídas de *El libro de los abrazos*, del escritor uruguayo Eduardo Galeano. En la página derecha, tienes una columna de opinión del español Vicente Verdú publicada en el diario *El País*. ¿Aparecen en los textos argumentos que tú también habías pensado? Si no es así, añade a tu lista las ideas de Galeano y de Verdú.

La cultura del espectáculo

Fuera de la pantalla, el mundo es una sombra indigna de confianza.
Antes de la televisión, antes del cine, ya era así. Cuando Búfalo Bill agarraba algún indio distraído y conseguía matarlo, rápidamente procedía a arrancarle el cuero cabelludo y los plumajes y demás trofeos y de un galope llegaba desde el Lejano Oeste a los teatros de Nueva York, donde él mismo representaba la heroica gesta que acababa de protagonizar. Entonces, cuando se abría el telón y Búfalo Bill alzaba su cuchillo ensangrentado en el escenario, a la luz de las candilejas, entonces ocurría, por primera vez ocurría, de veras ocurría, la verdad.

La televisión / 2

La televisión, ¿muestra lo que ocurre?
En nuestros países, la televisión muestra lo que ella quiere que ocurra; y nada ocurre si la televisión no lo muestra.
La televisión, esa última luz que te salva de la soledad y de la noche, es la realidad. Porque la vida es un espectáculo: a los que se portan bien, el sistema les promete un cómodo asiento.

La televisión / 3

La tele dispara imágenes que reproducen el sistema y voces que le hacen eco; y no hay rincón del mundo que ella no alcance. El planeta entero es un vasto suburbio de Dallas. Nosotros comemos emociones importadas como si fueran salchichas en lata, mientras los jóvenes hijos de la televisión, entrenados para contemplar la vida en lugar de hacerla, se encogen de hombros.
En América Latina, la libertad de expresión consiste en el derecho al pataleo en alguna radio y en periódicos de escaso tiraje. A los libros, ya no es necesario que los prohíba la policía: los prohíbe el precio.

Los Medios

VICENTE VERDÚ

Taylor Nelson Sofres, una firma de investigación de mercados británica, ha extraído la conclusión de que según crece el tiempo que la televisión dedica a enseñar recetas de cocina, disminuyen los minutos que la gente emplea en cocinar. En primer lugar, como es presumible, mientras están siguiendo el programa no disponen de la suficiente agilidad para dedicarse a preparar los macarrones con setas como es debido; pero, en segundo lugar, se registra el extraño efecto de que parecen darse por bien comidos.

Ocurre lo mismo, de acuerdo a otros estudios similares, con la pornografía. Cuanto más se incrementan los espacios pornográficos en la pantalla menos sexo se practica. Pero sobreviene también con la salud: cuantos más consejos se ofrecen en los suplementos para llegar a sentirse bien, peor se encuentra la gente. La televisión, la radio, los periódicos, podría decirse, actúan como un segundo yo. No se trata solo, como fue bien sabido hace años, de que los medios de comunicación mediaticen nuestras vidas o que, cuando son malos, nos la echen a perder, sino que generan una consecuencia incomparablemente mayor y acaso transhumana: logran sorbernos parcelas de vida como si fueran parásitos que se alimentan de nuestra personalidad y de nuestros cuerpos. De esa manera, mientras la televisión incrementa su presencia nos va desposeyendo, y cuando la contemplación de la televisión gana minutos nuestra entidad se va allanando. Comemos, amamos, enfermamos, en relación a la televisión y siempre con un saldo que nos simplifica. Podría así alcanzarse un extremo en que la gastronomía, la sexualidad, la salud, la religión, la diversión o el pensamiento pasaran de nosotros a la televisión y, francamente, no se hallara razón para que continuáramos viviendo.

Hasta hace poco el poder de los medios se concretaba en su influencia sobre nuestra percepción del mundo y sus problemas. Ahora, sin embargo, el asunto significa el robo de visión. Antes veíamos a través de los medios, pero ahora los medios ven por nosotros. Antes necesitábamos de los medios para saber algo más, pero ahora, en el colmo, los medios pueden llegar, sencillamente, a no necesitarnos para nada.

Eduardo Galeano

(Montevideo, 1940)

Comenzó su carrera como periodista a principios de los años 1960.En 1973, tras el golpe de estado en Uruguay, se exilió en Argentina, pero, de nuevo, un golpe militar lo forzó a refugiarse en España, donde vivió hasta 1985. A comienzos de 1985, Galeano volvió a Montevideo.

Resulta difícil hablar de géneros en las obras de Galeano, que han sido traducidas a más de veinte idiomas, debido a que es difícil ver en ellas las fronteras entre la ficción, el periodismo, el análisis político y la historia. La globalización y sus efectos, así como la denuncia de los abusos cometidos contra América Latina, son la temática clave de sus obras, entre las que destacamos: *Las venas abiertas de América Latina*, (1971), *Días y noches de amor y de guerra* (1978), *Memoria del fuego* (1982-1986), *El libro de los abrazos* (1989) y *Bocas del Tiempo* (2004).

Vicente Verdú

(Elche, España, 1936)

Doctor en Ciencias Sociales por la Universidad de la Sorbona y miembro de la Fundación Nieman de la Universidad de Harvard, Verdú es colaborador habitual del diario *El País*. Por su labor periodística fue galardonado con el Premio González-Ruano de periodismo en 1997. Entre sus obras destacamos: *Si usted no hace regalos le asesinarán* (1971), *Noviazgo y matrimonio en la burguesía española* (1974), *Sentimientos de la vida cotidiana* (1985), *El planeta americano* (Premio Anagrama de Ensayo en 1996) y *Yo y tú, objetos de lujo* (2005).

VETUSTA

A. ¿Cuál es tu imagen de una catedral? ¿Piensas en alguna en concreto? Haz una lista con las palabras que asocies a ese tipo de construcción. Si quieres, puedes inspirarte en las de las fotografías.

1

2

3

B. Vetusta es el lugar donde se desarrolla una de las obras más importantes de la literatura española del siglo XIX: *La Regenta*, de Leopoldo Alas "Clarín". Lee este fragmento de la novela donde se describe la catedral de esa ciudad. ¿A cuál de las catedrales de las imágenes te recuerda más la descripción?

Vetusta, la muy noble y leal ciudad, corte en lejano siglo, hacía la digestión del cocido y de la olla podrida, y descansaba oyendo entre sueños el monótono y familiar zumbido de la campana de coro, que retumbaba allá en lo alto de la esbelta torre en la Santa Basílica. La torre de la catedral, poema romántico de piedra, delicado himno, de dulces líneas de belleza muda y perenne, era obra del siglo diez y seis, aunque antes comenzada, de estilo gótico, pero, cabe decir, moderado por un instinto de prudencia y armonía que modificaba las vulgares exageraciones de esta arquitectura. La vista no se fatigaba contemplando horas y horas aquel índice de piedra que señalaba al cielo; no era una de esas torres cuya aguja se quiebra de sutil, más flacas que esbeltas, amaneradas, como señoritas cursis que aprietan demasiado el corsé; era maciza sin perder nada de su espiritual grandeza, y hasta sus segundos corredores, elegante balaustrada, subía como fuerte castillo, lanzándose desde allí en pirámide de ángulo gracioso, inimitable en sus medidas y proporciones. Como haz de músculos y nervios la piedra enroscándose en la piedra trepaba a la altura, haciendo equilibrios de acróbata en el aire; y como prodigio de juegos malabares, en una punta de caliza se mantenía, cual imantada, una bola grande de bronce dorado, y encima otra más pequeña, y sobre esta una cruz de hierro que acababa en pararrayos.

Cuando en las grandes solemnidades el cabildo mandaba iluminar la torre con faroles de papel y vasos de colores, parecía bien, destacándose en las tinieblas, aquella romántica mole; pero perdía con estas galas la inefable elegancia de su perfil y tomaba los contornos de una enorme botella de champaña. Mejor era contemplarla en clara noche de luna, resaltando en un cielo puro, rodeada de estrellas que parecían su aureola, doblándose en pliegues de luz y sombra, fantasma gigante que velaba por la ciudad pequeña y negruzca que dormía a sus pies.

C. Lee ahora la siguiente descripción de dos barrios extraída también de *La Regenta.* ¿Qué diferencias observas en cuanto a su apariencia y a la gente que vive en ellos? ¿Existen diferencias similares en el lugar en el que vives?

La Encimada era el barrio noble y el barrio pobre de Vetusta. Los más linajudos y los más andrajosos vivían allí, cerca unos de otros, aquellos a sus anchas, los otros apiñados. El buen vetustense era de la Encimada. Algunos fatuos estimaban en mucho la propiedad de una casa, por miserable que fuera, en la parte alta de la ciudad, a la sombra de la catedral, o de Santa María la Mayor o de San Pedro, las dos antiquísimas iglesias vecinas de la Basílica y parroquias que se dividían el noble territorio de la Encimada.

Casi todas las calles de la Encimada eran estrechas, tortuosas, húmedas, sin sol; crecía en algunas la yerba; la limpieza de aquellas en que predominaba el vecindario noble o de tales pretensiones por lo menos, era triste, casi miserable, como la limpieza de las cocinas pobres de los hospicios; parecía que la escoba municipal y la escoba de la nobleza pulcra habían dejado en aquellas plazuelas y callejas las huellas que el cepillo deja en el paño raído. Había por allí muy pocas tiendas y no muy lucidas. Desde la torre se veía la historia de las clases privilegiadas contada por piedras y adobes en el recinto viejo de Vetusta.

El Magistral volvía el catalejo al Noroeste, allí estaba la Colonia, la Vetusta novísima, tirada a cordel, deslumbrante de colores vivos con reflejos acerados; parecía un pájaro de los bosques de América, o una india brava adornada con plumas y cintas de tonos discordantes.

Igualdad geométrica, desigualdad, anarquía cromáticas. En los tejados todos los colores del iris como en los muros de Ecbátana; galerías de cristales robando a los edificios por todas partes la esbeltez que podía suponérseles; alardes de piedra inoportunos, solidez afectada, lujo vocinglero. La ciudad del sueño de un indiano que va mezclada con la ciudad de un usurero o de un mercader de paños o de harinas que se quedan y edifican despiertos. Una pulmonía posible por una pared maestra ahorrada; una incomodidad segura por una fastuosidad ridícula.

CD 38-39 **D**. Escucha ahora a dos personas que han leído *La Regenta* y que comentan cómo se imaginan Vetusta. ¿Tienen una imagen parecida de la ciudad? ¿Cómo la describen?

Leopoldo Alas "Clarín"

(Zamora, 1936 - Oviedo, 1901)

Criado entre León y Guadalajara, desde los siete años vivió en Oviedo, ciudad de la que era originaria su familia. En 1871, se trasladó a Madrid, donde residió hasta 1882. Aunque se licenció en Derecho por la Universidad de Oviedo, se dedicó en un principio al periodismo (como crítico literario y articulista). Fue en 1875 cuando Leopoldo Alas usó por primera vez el seudónimo de "Clarín", con el que sería conocido a partir de entonces. Desde 1883, fecha en la que regresó a Oviedo ocupó la cátedra de Derecho Romano en la Universidad. Publicó dos novelas largas: *La Regenta* (1885), sin duda su trabajo más importante, y *Su único hijo* (1891). Además, escribió numerosos cuentos y una obra teatral: *Teresa* (1895).

1. ÁRBOLES

CD 40-43 **A.** La naturaleza es una de las grandes fuentes de inspiración de la poesía, y los árboles, por su valor simbólico y su belleza, son cantados en numerosos poemas. Aquí tienes cuatro poesías inspiradas en árboles. Primero, léelas. ¿Captas el mensaje de cada una? Luego, escúchalas. ¿Oírlas recitadas te ha ayudado a entenderlas mejor?

A UN OLMO SECO

Al olmo viejo, hendido por el rayo
y en su mitad podrido,
con las lluvias de abril y el sol de mayo
algunas hojas verdes le han salido.
¡El olmo centenario en la colina
que lame el Duero! Un musgo amarillento
le mancha la corteza blanquecina
al tronco carcomido y polvoriento.
No será, cual los álamos cantores
que guardan el camino y la ribera,
habitado de pardos ruiseñores.
Ejército de hormigas en hilera
va trepando por él, y en sus entrañas
urden sus telas grises las arañas.
Antes que te derribe, olmo del Duero,
con su hacha el leñador, y el carpintero
te convierta en melena de campana,
lanza de carro o yugo de carreta;
antes que rojo en el hogar, mañana,
ardas en alguna mísera caseta,
al borde de un camino;
antes que te descuaje un torbellino
y tronche el soplo de las sierras blancas;
antes que el río hasta la mar te empuje
por valles y barrancas,
olmo, quiero anotar en mi cartera
la gracia de tu rama verdecida.
Mi corazón espera
también, hacia la luz y hacia la vida,
otro milagro de la primavera.

Antonio Machado

LA HIGUERA

Porque es áspera y fea,
porque todas sus ramas son grises,
yo le tengo piedad a la higuera.

En mi quinta hay cien árboles bellos:
ciruelos redondos,
limoneros rectos
y naranjos de brotes lustrosos.

En las primaveras,
todos ellos se cubren de flores
en torno a la higuera.

Y la pobre parece tan triste
con sus gajos torcidos que nunca
de apretados capullos se visten...

Por eso,
cada vez que yo paso a su lado,
digo, procurando
hacer dulce y alegre mi acento:
-Es la higuera el más bello
de los árboles en el huerto.

Si ella escucha,
si comprende el idioma en que hablo,
¡qué dulzura tan honda hará nido
en su alma sensible de árbol!

Y tal vez a la noche,
cuando el viento abanique su copa,
embriagada de gozo, le cuente:
-Hoy a mí me dijeron hermosa.

Juana de Ibarbourou

EL CIPRÉS DE SILOS
A Ángel del Río

Enhiesto surtidor de sombra y sueño
que acongojas el cielo con tu lanza.
Chorro que a las estrellas casi alcanza
devanado a sí mismo en loco empeño.

Mástil de soledad, prodigio isleño,
flecha de fe, saeta de esperanza.
Hoy llegó a ti, riberas del Arlanza,
peregrina al azar, mi alma sin dueño.

Cuando te vi señero, dulce, firme,
qué ansiedades sentí de diluirme
y ascender como tú, vuelto en cristales,

como tú, negra torre de arduos filos,
ejemplo de delirios verticales,
mudo ciprés en el fervor de Silos.

Gerardo Diego

ÉBANO REAL

Te vi al pasar, una tarde,
ébano, y te saludé;
duro entre todos los troncos,
duro entre todos los troncos,
tu corazón recordé.

Arará cuévano,
arará sabalú.

-Ébano real, yo quiero un barco,
ébano real, de tu negra madera...
-Ahora no puede ser,
espérate, amigo, espérate,
espérate a que me muera.

Arará cuévano,
arará sabalú.

-Ébano real, yo quiero un cofre,
ébano real, de tu negra madera...
-Ahora no puede ser,
espérate, amigo, espérate,
espérate a que me muera.

Arará cuévano,
arará sabalú.

-Quiero una mesa cuadrada
y el asta de mi bandera;
quiero mi pesado lecho,
quiero mi lecho pesado,
ébano, de tu madera,
ay, de tu negra madera...
-Ahora no puede ser,
espérate, amigo, espérate,
espérate a que me muera.

Arará cuévano,
arará sabalú.

Te vi al pasar, una tarde,
ébano, y te saludé:
duro entre todos los troncos,
duro entre todos los troncos,
tu corazón recordé.

Nicolás Guillén

B. Ahora, contesta a las siguientes preguntas.

1. ¿Dónde sitúas geográficamente estos árboles? ¿Y a sus autores?
2. ¿Con qué tipo de paisaje los relacionas? ¿Paisajes salvajes, no tocados por el hombre, paisajes agrícolas, paisajes más humanizados…?
3. ¿Qué adjetivo de los usados por los poetas elegirías para resumir las sensaciones que te transmiten estos poemas?
4. ¿Qué poema te gusta más? ¿Por qué?

C. ¿Por qué no recitas uno de los poemas (o un fragmento) delante de la clase? ¿Lo leerás o lo harás de memoria?

D. En tu cuaderno, recrea al menos dos estrofas de uno de los poemas, el que prefieras. Busca, para algunas de las palabras del poema elegido, sinónimos o expresiones que expliquen su significado. ¿Qué te parece el resultado?

Al olmo anciano, partido por el rayo...

Antonio Machado
(Sevilla, 1875 - Colliure, 1939)
Sevillano de nacimiento, de niño se traslada a Madrid, donde estudia en la Institución Libre de Enseñanza. En su juventud, viaja varias veces a París y allí de traductor. En 1927, es elegido miembro de la Real Academia Española de la Lengua. Defensor de la causa republicana, en enero de 1939 abandona España para exiliarse en Francia, donde muere un mes más tarde. Entre su producción literaria destacan las obras *Soledades* (1903), *Campos de Castilla* (1912), *Poesías completas* (1917), *Nuevas canciones* (1924) y *La guerra* (1937).

Juana de Ibarbourou
(Melo, 8 de marzo de 1892-1895? - Montevideo, 15 de julio de 1979)
Existen dudas sobre su fecha de nacimiento, aunque ella defendía 1895 como la verdadera. Elegida miembro de la Academia Uruguaya en 1947, doce años más tarde recibió el premio Nacional de Literatura. Autora sobre todo de poesía, escribió también sus memorias de infancia y un libro para niños. Su amplia popularidad la hizo merecedora del sobrenombre de Juana de América. Entre su producción destacamos: *Las lenguas de diamante* (1919), *Cántaro fresco* (1920), *Raíz salvaje* (1922), *La rosa de los vientos* (1930), *Perdida* (1950), *Romances del destino* (1955), *Canto rodado* (1958) y *Juan Soldado* (1971).

Gerardo Diego
(Santander, 1896 - Madrid, 1987)
Catedrático de Lengua y Literatura, obtuvo el premio Nacional de Literatura en 1925 (compartido con Rafael Alberti) y el premio Cervantes en 1979. Dio cursos y conferencias por todo el mundo y, además, ejerció como crítico literario, musical y taurino, así como de columnista en diversos periódicos. Fue miembro de la Real Academia Española desde 1947. Sus obras más destacadas son: *Imagen* (1922), *Manual de espumas* (1924), *El romancero de la novia* (1918), *Soria* (1923), *Versos humanos* (1925), *Versos divinos* (1938-41), *Alondra de verdad* (1941).

Nicolás Guillén
(Camagüey, 1902 - La Habana, 1989)
Comenzó estudios de Derecho, pero los abandonó pronto. Trabajó como corrector, redactor, periodista y director en diversas publicaciones. Llevó a cabo una intensa labor política y social, la cual lo llevó al exilio hasta que, con el triunfo de la Revolución Cubana en 1959, pudo volver a su país. En 1961 fue elegido presidente de la Unión Nacional de Escritores y Artistas de Cuba. Entre sus obras destacan: *Motivos de son* (1930), *Sóngoro cosongo* (1931), *España* (1937), *El son entero* (1947), *Tengo* (1964), *En algún sitio de la primavera* (1966), *El gran zoo* (1967) y *La rueda dentada* (1972).

1. DE PROFESIÓN, CATADOR

A. ¿Hay algún producto típico de tu país? ¿Conoces la técnica para reconocer el mejor producto?

B. ¿Qué sabes del aceite de oliva, del café y del jamón? ¿Los has probado? ¿Sabrías reconocer su calidad? Lee este artículo para descubrir más cosas sobre estos tres productos.

EN PORTADA

Catadores

"Los catadores son expertos en determinar la calidad de productos relacionados con el paladar. Son los gurús de los sabores y sus juicios marcan tendencias". Por Pablo Rebolledo.

Eloísa Rivera. Catadora de aceite

"El aceite no se debe guardar, es mejor consumirlo nada más comprarlo."

Licenciada en Psicología e interesada por los sabores y los olores desde la perspectiva de la ciencia. "Cuando pruebo el aceite me hago una clara idea de las características de la aceituna de la que está hecho y del proceso de elaboración del producto", cuenta Eloísa, que también nos descubre que en España existe una riqueza y una variedad de aceite increíble: "de las 600 especies de olivos que existen en todo el mundo, 260 se dan en nuestro país".

La técnica. Se vierte el aceite en un vaso de vidrio azul (el color del aceite puede influir en el catador: cuanto más verde, más amargo, y cuanto más amarillo, más dulce). Se calienta a 28 grados tapando el vaso. Se huele profundamente y se detectan posibles defectos. Se mantiene un tiempo en la boca para comprobar si es ácido, amargo, salado, picante o dulce. La boca se limpia con manzana.

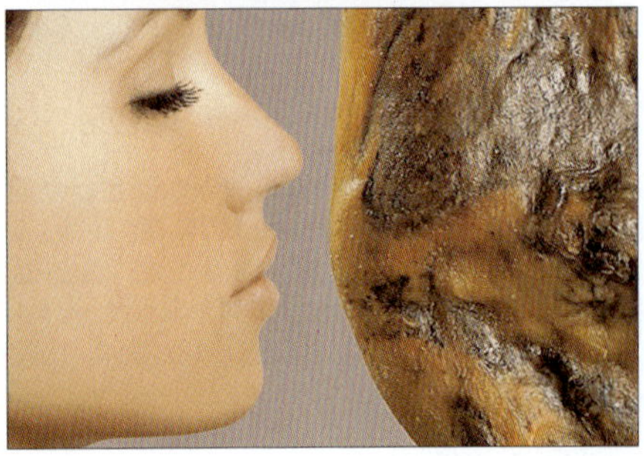

César Pérez. Catador de café

"El mejor café es el natural; no el torrefacto."

Colombia es un país cafetero por excelencia. Este biólogo (Medellín, 1959) ha creado una empresa dedicada a la producción de café y a la formación de catadores. Según los expertos, César entre ellos, para que un café sea excelente ha de ser natural: "Los cafés torrefactos, es decir, el que se elabora a partir de granos tostados con azúcar, pierden matices y aromas durante el proceso de tueste. El mejor café se obtiene a partir de la planta arábica, que supone el 70% de la población mundial. Siempre es mejor tomarlo solo y sin azúcar." Comprometido con la situación de algunos países cafeteros, César es de los que piensan que "con solo un euro más por paquete se aliviaría la pobreza de muchos países cuyo producto interior bruto depende del café".

La técnica. Para la cata del café ya elaborado se utilizan granos tostados en infusión en taza de porcelana. Se huele (floral, herbáceo... etc.) y luego se prueba con una cuchara redonda para ver el tueste y detectar sabores básicos. En posteriores sorbos, se detectan aspectos como el cuerpo, el acierto de la mezcla, si la hubiera, y la calidad. Entre uno y otro café, el catador se limpia la boca con agua o galletas saladas.

Lucía Barrientos. Catadora de jamón

"El buen jamón se ve, se huele y se toca."

Criada en Extremadura, esta experta en jamones dice haber catado más de un millón de jamones desde que empezó en esta profesión. "Yo aprendí de mi abuela, una mujer sin ninguna formación, pero experta en jamones. Las lonchas han de ser muy finas, casi transparentes; de este modo se expone al aire una mayor superficie y se permite que los aromas aparezcan con mayor intensidad. Hay que cortar las lonchas justo antes de servir, ya que una oxigenación prolongada del jamón merma sus cualidades. El mejor jamón tiene un aspecto brillante propio de la grasa que cubre su superficie." La alimentación del cerdo determinará la excelencia de este producto que se elabora en España desde la época de los Romanos y que se exporta a casi todo el mundo.

La técnica. Para apreciar las cualidades de un buen jamón, hay que usar cuatro de los cinco sentidos. **Vista:** las lonchas deberán presentar un color entre rojo púrpura y rosa pálido y un aspecto brillante. Además, un jamón ibérico tiene más grasa exterior que el resto de los jamones. **Tacto:** la grasa del jamón ibérico al tacto resulta suave, deslizante y untuosa. Conviene proteger el corte con lascas de tocino del propio jamón o, en su defecto, con papel de aluminio engrasado con manteca de cerdo. **Olfato:** en la nariz, tendrá un aroma equilibrado e intenso. **Gusto:** en boca presentará un sabor delicado, muy intenso y persistente al paladar. La carne del jamón ibérico apenas requiere ser masticada, ya que se deshace en el paladar.

2. OCUPACIONES RARAS

A. ¿Qué tipo de actividades se llevan a cabo normalmente en una oficina de correos? ¿Qué palabras asocias con este tipo de establecimiento? Utiliza el diccionario.

B. Lee este breve relato perteneciente a la serie "Ocupaciones raras" del libro *Historias de Cronopios y de Famas*, de Julio Cortázar. ¿Aparecen las palabras que habías pensado?

Una vez que un pariente de lo más lejano llegó a ministro, nos arreglamos para que nombrase a buena parte de la familia en la sucursal de Correos de la calle Serrano. Duró poco, eso sí. De los tres días que estuvimos, dos los pasamos atendiendo al público con una celeridad extraordinaria que nos valió la sorprendida visita de un inspector del Correo Central y un suelto laudatorio en La Razón. Al tercer día estábamos seguros de nuestra popularidad, pues la gente ya venía de otros barrios a despachar su correspondencia y a hacer giros a Purmamarca y a otros lugares igualmente absurdos. Entonces mi tío el mayor dio piedra libre, y la familia empezó a atender con arreglo a sus principios y predilecciones. En la ventanilla de franqueo, mi hermana la segunda obsequiaba un globo de colores a cada comprador de estampillas[1]. La primera en recibir su globo fue una señora gorda que se quedó como clavada, con el globo en la mano y la estampilla de un peso ya humedecida que se le iba enroscando poco a poco en el dedo. Un joven melenudo se negó de plano a recibir su globo, y mi hermana lo amonestó severamente mientras en la cola de la ventanilla empezaban a suscitarse opiniones encontradas. Al lado, varios provincianos empeñados en girar insensatamente parte de sus salarios a los familiares lejanos, recibían con algún asombro vasitos de grapa y de cuando en cuando una empanada de carne, todo esto a cargo de mi padre que además les recitaba a gritos los mejores consejos del viejo Vizcacha[2]. Entre tanto mis hermanos, a cargo de la ventanilla de encomiendas, las untaban con alquitrán y las metían en un balde lleno de plumas. Luego las presentaban al estupefacto expedidor y le hacían notar con cuánta alegría serían recibidos los paquetes así mejorados. «Sin piolín a la vista», decían. «Sin el lacre tan vulgar, y con el nombre del destinatario que parece que va metido debajo del ala de un cisne, fíjese.» No todos se mostraban encantados, hay que ser sincero.
Cuando los mirones y la policía invadieron el local, mi madre cerró el acto de la manera más hermosa, haciendo volar sobre el público una multitud de flechitas de colores fabricadas con los formularios de los telegramas, giros y cartas certificadas. Cantamos el himno nacional y nos retiramos en buen orden; vi llorar a una nena que había quedado tercera en la cola de franqueo y sabía que ya era tarde para que le dieran un globo.

1. Estampilla: en Argentina, sello postal.
2. Viejo Vizcacha: personaje de *Martín Fierro*, poema nacional argentino. Se trata de un anciano que transmite la sabiduría popular a través de sus consejos.

C. ¿Qué crees que harían los protagonistas del relato anterior si se les pusiera a cargo de un supermercado?

Julio Cortázar

(Bruselas, 1914 - París, 1984)

Estudió Magisterio y Letras, y durante cinco años fue maestro rural. Pasó más tarde a Buenos Aires, y en 1951 viajó a París con una beca. Concluida esta, su trabajo como traductor de la Unesco le permitió afincarse definitivamente en la capital francesa.
Cortázar es uno de los mayores innovadores de la lengua y la narrativa en lengua castellana. Su ruptura de los órdenes cronológico y espacial ofrece al lector un nuevo punto de vista y le propone diferentes posibilidades de participación en el universo narrativo.
Entre su producción, destacamos: *Bestiario* (1951), *Las armas secretas* (1959), *Historias de cronopios y de famas* (1962), *Rayuela* (1963), *La vuelta al día en ochenta mundos* (1967), *El perseguidor y otros cuentos* (1967), Relatos (1970), *Viaje alrededor de una mesa* (1970), *Pameos y meopas* (1971) y *Territorios* (1978).

EL PRIMER DÍA

A. ¿Recuerdas tu primer día en el colegio, en el instituto o en la universidad? ¿Cómo fue? ¿Cómo te sentías antes de empezar? ¿Qué expectativas tenías?

B. Vas a leer algunos fragmentos del cuento *La lengua de las mariposas* del escritor español Manuel Rivas, ambientado en España en 1936. Su protagonista es un niño que habla sobre su primer día de colegio. ¿Se parecen en algo su experiencia y la tuya? ¿Crees que en la época en la que sucede esta historia los niños de tu país sentían algo parecido?

LA LENGUA DE LAS MARIPOSAS

Manuel Rivas

"¿Qué hay, Pardal[1]? Espero que este año podamos ver por fin la lengua de las mariposas".
El maestro aguardaba desde hacía tiempo que les enviasen un microscopio a los de la instrucción pública. Tanto nos hablaba de cómo se agrandaban las cosas menudas e invisibles por aquel aparato que los niños llegábamos a verlas de verdad, como si sus palabras entusiastas tuviesen un efecto de poderosas lentes.
"La lengua de la mariposa es una trompa enroscada como un muelle de reloj. Si hay una flor que la atrae, la desenrolla y la mete en el cáliz para chupar. Cuando lleváis el dedo humedecido a un tarro de azúcar, ¿a que sentís ya el dulce en la boca como si la yema fuese la punta de la lengua? Pues así es la lengua de la mariposa."

Y entonces todos teníamos envidia de las mariposas. Qué maravilla. Ir por el mundo volando, con esos trajes de fiesta, y parar en flores como tabernas con barriles llenos de almíbar.
Yo quería mucho a aquel maestro. Al principio, mis padres no podían creerlo. Quiero decir que no podían entender cómo yo quería a mi maestro. Cuando era un "pequeñajo", la escuela era una amenaza terrible. Una palabra que se blandía en el aire como una vara de mimbre.
"¡Ya verás cuando vayas a la escuela!"
Dos de mis tíos, como muchos otros jóvenes, emigraron a América por no ir de quintos a la guerra de Marruecos. Pues bien, yo también soñaba con ir a América para no ir a la escuela. De hecho, había historias de niños que huían al monte para evitar aquel suplicio. Aparecían a los dos o tres días, ateridos y sin habla, como desertores del Barranco del Lobo[2]. Yo iba para seis años y todos me llamaban Pardal. Otros niños de mi edad ya trabajaban. Pero mi padre era sastre y no tenía tierras ni ganado.

[...]

La noche de la víspera no dormí. Encogido en la cama, escuchaba el reloj de pared en la sala con la angustia de un condenado. El día llegó con una claridad de delantal de carnicero. No mentiría si les hubiese dicho a mis padres que estaba enfermo.
El miedo, como un ratón, me roía las entrañas.
Y me meé. No me meé en la cama sino en la escuela.
Lo recuerdo muy bien. Han pasado tantos años y aún siento una humedad cálida y vergonzosa resbalando por las piernas. Estaba sentado en el último pupitre, medio agachado con la esperanza de que nadie reparase en mi presencia, hasta que pudiese salir y echar a volar por la Alameda.
"A ver, usted, ¡póngase de pie!"
El destino siempre avisa. Levanté los ojos y vi con espanto que aquella orden iba por mí. Aquel maestro feo como un bicho me señalaba con la regla. Era pequeña, de madera, pero a mí me pareció la lanza de Abd el-Krim.
"¿Cuál es su nombre?"
"Pardal".
Todos los niños rieron a carcajadas. Sentí como si me golpeasen con latas en las orejas.
"¿Pardal?"
No me acordaba de nada. Ni de mi nombre. Todo lo que yo había sido hasta entonces había desaparecido de mi cabeza. Mis padres eran dos figuras borrosas que se desvanecían en la memoria. Miré hacia al ventanal, buscando con angustia los árboles de la Alameda.
Y fue entonces cuando me meé.
Cuando los otros chavales se dieron cuenta, las carcajadas aumentaron y resonaban como latigazos.
Huí. Eché a correr como un locuelo con alas.

[...]

Aquella noche dormí como un santo, bien arrimado a mi madre. Nadie me había reñido. Mi padre se había quedado en la cocina, fumando en silencio, con los codos sobre el mantel de hule, las colillas amontonadas en el cenicero de concha de vieira, tal como había sucedido cuando se murió la abuela.
Tenía la sensación de que mi madre no me había soltado la mano durante toda la noche. Así me llevó, cogido como quien lleva un serón, en mi regreso a la escuela. Y en esta ocasión, con el corazón sereno, pude fijarme por vez primera en el maestro. Tenía la cara de un sapo.

El sapo sonreía. Me pellizcó la mejilla con cariño. "Me gusta ese nombre, Pardal." Y aquel pellizco me hirió como un dulce de café. Pero lo más increíble fue cuando, en medio de un silencio absoluto, me llevó de la mano hacia su mesa y me sentó en su silla. Él permaneció de pie, cogió un libro y dijo: "Tenemos un nuevo compañero. Es una alegría para todos y vamos a recibirlo con un aplauso." Pensé que me iba a mear de nuevo por los pantalones, pero sólo noté una humedad en los ojos. "Bien, y ahora, vamos a empezar un poema. ¿A quién le toca? ¿Romualdo? Venga, Romualdo, acércate. Ya sabes, despacito y en voz bien alta." [...]

C. **En el siguiente fragmento, vas a descubrir cómo fue la experiencia de Pardal en la escuela y su relación con el maestro. ¿Guardas recuerdos parecidos sobre tus días de escuela? ¿Alguno de los profesores que tuviste en la escuela te recuerda a Don Gregorio?**

"Hoy el maestro ha dicho que las mariposas también tienen lengua, una lengua finita y muy larga, que llevan enrollada como el muelle de un reloj. Nos la va a enseñar con un aparato que le tienen que enviar de Madrid. ¿A que parece mentira eso de que las mariposas tengan lengua?"
"Si él lo dice, es cierto. Hay muchas cosas que parecen mentira y son verdad. ¿Te ha gustado la escuela?"
"Mucho. Y no pega. El maestro no pega."
No, el maestro don Gregorio no pegaba. Al contrario, casi siempre sonreía con su cara de sapo. Cuando dos se peleaban durante el recreo, él los llamaba, "parecéis carneros", y hacía que se estrecharan la mano.
Después, los sentaba en el mismo pupitre. Así fue como conocí a mi mejor amigo, Dombodán, grande, bondadoso y torpe. Había otro chaval, Eladio, que tenía un lunar en la mejilla, al que le hubiera zurrado con gusto, pero nunca lo hice por miedo a que el maestro me mandase darle la mano y que me cambiase del lado de Dombodán. La forma que don Gregorio tenía de mostrarse muy enfadado era el silencio.
"Si vosotros no os calláis , tendré que callarme yo."
Y se dirigía hacia el ventanal, con la mirada ausente, perdida en el Sinaí. Era un silencio prolongado, descorazonador, como si nos hubiese dejado abandonados en un extraño país. Pronto me di cuenta de que el silencio del maestro era el peor castigo imaginable. Porque todo lo que él tocaba era un cuento fascinante. El cuento podía comenzar con una hoja de papel, después de pasar por el Amazonas y la sístole y diástole del corazón. Todo conectaba, todo tenía sentido. La hierba, la lana, la oveja, mi frío. Cuando el maestro se dirigía hacia el mapamundi, nos quedábamos atentos como si se iluminase la pantalla del cine Rex. Sentíamos el miedo de los indios cuando escucharon por vez primera el relinchar de los caballos y el estampido del arcabuz. Íbamos a lomos de los elefantes de Aníbal de Cartago por las nieves de los Alpes, camino de Roma. Luchábamos con palos y piedras en Ponte Sampaio[3] contra las tropas de Napoleón. Pero no todo eran guerras. Fabricábamos hoces y rejas de arado en las herrerías del Incio. Escribíamos cancioneros de amor en la Provenza y en el mar de Vigo. Construíamos el Pórtico de la Gloria[3]. Plantábamos las patatas que habían venido de América. Y a América emigramos cuando llegó la peste de la patata.
"Las patatas vinieron de América", le dije a mi madre a la hora de comer, cuando me puso el plato delante.

Manuel Rivas
(La Coruña, 1957)

Periodista, novelista, ensayista y poeta, Manuel Rivas es el escritor más destacado de la literatura gallega contemporánea. Desde muy joven, Rivas ha colaborado con diversos medios de comunicación tanto gallegos como de ámbito nacional.
Fue socio fundador de Greenpeace en España y, tras la catástrofe del petrolero Prestige, participó en la creación de la plataforma Nunca Máis.
Su obra, escrita originalmente en gallego, ha sido premiada en diversas ocasiones: el Premio de la Crítica (España) por *Un millón de vacas* (1990), el Premio Nacional de Narrativa (España) por *¿Qué me queres, amor?* (1996). Por esta misma obra, recibió en 1996 el Premio Torrente Ballester.
Entre su producción, destacamos: *El periodismo es un cuento* (1997), *El lápiz del carpintero* (1998), *Ella maldita alma* (1999), *La mano del emigrante* (2001), ¿Qué me quieres, amor? (2002), *Mujer en el baño* (2003), *En salvaje compañía* (2004), *El héroe* (2006) y *Los libros arden mal* (2006).

"¡Qué iban a venir de América! Siempre ha habido patatas", sentenció ella.
"No. Antes se comían castañas. Y también vino de América el maíz." Era la primera vez que tenía clara la sensación de que gracias al maestro yo sabía cosas importantes de nuestro mundo que ellos, mis padres, desconocían.
Pero los momentos más fascinantes de la escuela eran cuando el maestro hablaba de los bichos. Las arañas de agua inventaban el submarino. Las hormigas cuidaban de un ganado que daba leche y azúcar y cultivaban setas. Había un pájaro en Australia que pintaba su nido de colores con una especie de óleo que fabricaba con pigmentos vegetales. Nunca me olvidaré. Se llamaba el tilonorrinco. El macho colocaba una orquídea en el nuevo nido para atraer a la hembra.

Tal era mi interés que me convertí en el suministrador de bichos de don Gregorio y él me acogió como el mejor discípulo. Había sábados y festivos que pasaba por mi casa e íbamos juntos de excursión. Recorríamos las orillas del río, las gándaras, el bosque y subíamos al monte Sinaí. Cada uno de esos viajes era para mí como una ruta del descubrimiento. Volvíamos siempre con un tesoro. Una mantis. Un caballito del diablo. Un ciervo volante. Y cada vez una mariposa distinta, aunque yo sólo recuerdo el nombre de una a la que el maestro llamó Iris, y que brillaba hermosísima posada en el barro o el estiércol.
Al regreso, cantábamos por los caminos como dos viejos compañeros. Los lunes, en la escuela, el maestro decía: "Y ahora vamos a hablar de los bichos de Pardal".
Para mis padres, estas atenciones del maestro eran un honor. Aquellos días de excursión, mi madre preparaba la merienda para los dos: "No hace falta, señora, yo ya voy comido", insistía don Gregorio. Pero a la vuelta decía: "Gracias, señora, exquisita la merienda".
"Estoy segura de que pasa necesidades", decía mi madre por la noche.
"Los maestros no ganan lo que tendrían que ganar", sentenciaba, con sentida solemnidad, mi padre. "Ellos son las luces de la República."
"¡La República, la República! ¡Ya veremos adónde va a parar la República!"
Mi padre era republicano. Mi madre, no. Quiero decir que mi madre era de misa diaria y los republicanos aparecían como enemigos de la Iglesia. Procuraban no discutir cuando yo estaba delante, pero a veces los sorprendía.
"¿Qué tienes tu contra Azaña? Eso es cosa del cura, que os anda calentando la cabeza."
"Yo voy a misa a rezar", decía mi madre.
"Tu, sí, pero el cura no."
Un día que don Gregorio vino a recogerme para ir a buscar mariposas, mi padre le dijo que, si no tenía inconveniente, le gustaría tomarle las medidas para un traje.
"¿Un traje?"
"Don Gregorio, no lo tome a mal. Quisiera tener una atención con usted. Y yo lo que sé hacer son trajes."
El maestro miró alrededor con desconcierto.
"Es mi oficio", dijo mi padre con una sonrisa.
"Respeto muchos los oficios", dijo por fin el maestro.
Don Gregorio llevó puesto aquel traje durante un año, y lo llevaba también aquel día de julio de 1936 cuando se cruzó conmigo en la Alameda, camino del ayuntamiento.
"¿Qué hay, Pardal? A ver si este año por fin podemos verle la lengua a las mariposas."
Algo extraño estaba sucediendo. Todo el mundo parecía tener prisa, pero no se movía. Los que miraban hacia delante, se daban la vuelta. Los que miraban para la derecha, giraban hacia la izquierda. Cordeiro, el recogedor de basura y hojas secas, estaba sentado en un banco, cerca del palco de la música. Yo nunca había visto a Cordeiro sentado en un banco. Miró cara hacia arriba, con la mano de visera. Cuando Cordeiro miraba así y callaban los pájaros, era que se avecinaba una tormenta.

1. En gallego, gorrión.
2. Batalla en la que las tropas españolas fueron derrotadas por el ejército marroquí en 1909.
3. Lugar de la provincia de Pontevedra en el que las tropas gallegas derrotaron a las francesas durante la guerra de Independencia (1808-1814).
4. Fachada románica de la catedral de Santiago de Compostela.

D. En el último párrafo, se habla de una "tormenta" que va a venir. ¿Qué crees que va a pasar? Haz hipótesis sobre el final del cuento. Tu profesor te lo puede proporcionar.

MÁS GRAMÁTICA

- Cuando, al realizar una actividad, tengas una duda o quieras entender mejor una regla gramatical, puedes consultar este resumen.
- Como verás, los contenidos no están ordenados por lecciones sino en torno a las categorías gramaticales.
- Además de leer atentamente las explicaciones, fíjate también en los ejemplos: te ayudarán a entender cómo se utilizan las formas lingüísticas en contexto.

SUSTANTIVOS: NOMINALIZACIÓN

NOMBRES DERIVADOS DE VERBOS

► Muchos sustantivos se forman a partir de verbos añadiéndoles sufijos. Estos nombres pueden sustituir a una frase. Los sufijos más frecuentes son los siguientes.

-CIÓN/-CCIÓN/-SIÓN

- ***La actuación** de los equipos sanitarios tras el accidente fue enormemente eficaz.* (= los equipos sanitarios actuaron muy eficazmente tras el accidente)

¡Atención!
Los sustantivos terminados en **-ción/-cción/-sión** son femeninos y normalmente indican el proceso o el resultado de una acción.

elaborar	**la elaboración**
reducir	**la reducción**
cocer	**la cocción**
revisar	**la revisión**

-ADO/-ADA/-IDO/-IDA

- ***El etiquetado** de los productos alimenticios debería estar más controlado.* (= los productos alimenticios no se etiquetan con el suficiente control)

lavar	**el lavado**
llamar	**la llamada**
pulir	**el pulido**
salir	**la salida**

-MIENTO

- ***El descubrimiento** de nuevas enfermedades que afectan a los bosques es una señal de la degradación del medio.* (= se descubren nuevas enfermedades que afectan a los bosques)

levantar	**el levantamiento**
sufrir	**el sufrimiento**
derrumbar	**el derrumbamiento**
sentir	**el sentimiento**

Recuerda
En algunos casos, la raíz del verbo sufre cambios.

disolver	***la disolución***
inscribir	***la inscripción***
pedir	***la petición***
elegir	***la elección***
crecer	***el crecimiento***

-AJE

- ***El reciclaje** del papel permite ahorrar grandes cantidades de agua.* (= reciclar permite ahorrar grandes cantidades de agua)

hospedar	**el hospedaje**
almacenar	**el almacenaje**
aterrizar	**el aterrizaje**
abordar	**el abordaje**

► Otros sustantivos emparentados con verbos no presentan los sufijos anteriores y, por lo general, son masculinos.

acosar	**el acoso**	probar	***la prueba**
cultivar	**el cultivo**	citar	***la cita**
usar	**el uso**		
transportar	**el transporte**		

NOMBRES DERIVADOS DE ADJETIVOS

► Estos nombres pueden sustituir a una frase en la que se expresa un cualidad.

-EZ/-EZA

- *Parece que las administraciones no son sensibles a **la belleza de nuestros paisajes naturales**.* (= nuestros paisajes naturales son bellos)

limpio	**la limpieza**
pesado	**la pesadez**
entero	**la entereza**
delgado	**la delgadez**

-URA

- ***La altura de aquellos árbole**s indica que el bosque es muy antiguo.* (= aquellos árboles son más o menos altos)

espeso	**la espesura**
fresco	**la frescura**
gordo	**la gordura**
dulce	**la dulzura**

-IDAD

- *Nuestros ríos dependen de **nuestra capacidad** para defenderlos.* (= somos capaces de defenderlos o no)

cordial	**la cordialidad**
popular	**la popularidad**
inútil	**la inutilidad**
peligroso	**la peligrosidad**

¡Atención!
Fíjate en que los sustantivos formados con los sufijos anteriores son todos femeninos.

PRONOMBRES

► La forma de los pronombres personales cambia según su función en la oración.

sujeto	con preposición	COD	COI	reflexivo
yo	mí (conmigo)	me	me	me
tú	ti (contigo)	te	te	te
usted	usted	lo / la	le (se)	se
él / ella	él / ella	lo / la	le (se)	se
nosotros/as	nosotros/as	nos	nos	nos
vosotros/as	vosotros/as	os	os	os
ustedes	ustedes	los / las	les (se)	se
ellos / ellas	ellos / ellas	los / las	les (se)	se

► Los pronombres sujeto se utilizan cuando queremos resaltar la persona por oposición a otras o cuando su elisión puede llevar a confusión como, por ejemplo, en la tercera persona.

- ***Vosotras*** *estudiáis Biología, ¿verdad?*
- ○ ***Ella*** *sí, pero* ***yo*** *estoy en cuarto de Filología Inglesa.*

► Con las preposiciones **entre**, **excepto**, **hasta**, **incluso**, **salvo** y **según** se usan los pronombres sujeto.

- *Entonces,* ***según tú****, ¿la policía actuó correctamente?*
- ***Entre tú*** *y* ***yo****, lo que ha hecho Susana no está bien.*

> **¡Atención!**
> Con los adverbios **como** y **menos** se usa la serie de pronombres sujeto.
> - Yo, en el fondo, soy **como ella**.
> - **Menos yo**, todos los de la clase aprobaron el examen.

► Cuando el Complemento de Objeto Directo (COD) hace referencia a una persona singular de género masculino, se admite también el uso de la forma **le**.

- *A Luis* ***lo/le*** *veo todos los días.*

► La forma **lo**, además de a COD masculinos singulares, sustituye a partes enteras del texto o a predicados de los verbos **ser**, **estar** o **parecer**.

- *Administrar una casa no es* <u>*tan difícil*</u>*.*
- ○ *¡Sí que* ***lo*** *es!*

- *¿Está* <u>*enfadada*</u> *Eva?*
- ○ *No, no* ***lo*** *está, tranquilo.*

- *Emilio parece* <u>*muy buena persona*</u>*, de veras...*
- ○ ***Lo*** *parece, pero no* ***lo*** *es.*

- *Al final, ¿*<u>*aprobaste los exámenes*</u>*?*
- ○ *No* ***lo*** *sé. Hasta la semana que viene no salen las notas.*

► Los pronombres de COI **le** y **les** se convierten en **se** cuando van acompañados de los pronombres de COD **lo**, **la**, **los**, **las**:

- ***Se lo*** *pregunto.* ~~*Le lo pregunto.*~~

REFLEXIVOS

► La serie de pronombres reflexivos tiene varios usos.

- Cuando el sujeto y el complemento directo o indirecto coinciden.

- *Pablo* ***se*** *está mirando al espejo todo el día.*
- ***Me*** *preparo la cena cada día.*

- Cuando el COD es una parte del propio cuerpo o un objeto que posee el sujeto.

- *Niños, ¿****os*** *habéis lavado las manos?*
- *¡Hoy* ***te*** *has cambiado de camisa tres veces!*

- Con algunos verbos que se refieren a la consumición o al aprovechamiento de algo, el uso de los pronombres reflexivos es muy frecuente y suele indicar que la acción se realizó completamente, sobre la totalidad de algo. En estos casos, el COD está siempre determinado.

- *Comió tarta.* (= algo de tarta, una cierta cantidad no especificada, etc.)
- ***Se comió*** <u>*la*</u> *tarta.* (= toda la tarta)

- Con sujetos inanimados el uso de los reflexivos indica muchas veces la ausencia de un sujeto animado conocido.

- *La puerta* ***se cerró*** *de golpe y me dio un susto terrible.*
- *No le riñas, que la botella* ***se ha caído*** *pero el niño no ha hecho nada.*

- Algunos verbos cambian de sentido según se usen como reflexivos o no.

- ***Fui*** *a Madrid el martes.* (= viajé a Madrid)
- ***Me fui*** *de aquí el martes.* (= abandoné el lugar donde estaba)

- ***He quedado*** *con Javier.* (= me he citado)
- ***Me he quedado*** *todo el fin de semana en casa.* (= he permanecido)

- ***He pasado*** *por la Plaza Mayor.*
- ***Me he pasado****... Tenía que bajar en la parada anterior.* (= he ido más allá de lo conveniente)

- También se usa la serie reflexiva (las formas del plural) con las acciones recíprocas.

- *Las dos* ***nos queremos*** *mucho.* (= yo a ella y ella a mí)
- *Los dos conductores bajaron de los coches y empezaron a* ***insultarse*** *y a* ***pegarse****.* (= el uno al otro)

PRONOMBRES EN CONSTRUCCIONES VALORATIVAS

► En español muchos verbos se combinan con la serie **me/te/le/nos/os/les** en construcciones cuyo sujeto es lo que provoca el sentimiento o la valoración (subrayado en los ejemplos). Igual que pasa con los pronombres sujeto, cuando deseamos marcar el contraste con otra persona o evitar la ambigüedad, usamos también los pronombres tónicos **a mí/a ti/a él/a ella/a usted/a nosotros/ a nosotras/a vosotros/a vosotras/a ellos/a ellas/ a ustedes**.

- ***Me fastidia*** *que no me diga la verdad.*
- ***Te encantan*** *los espectáculos en vivo, ¿verdad?*
- ***A Elisa le dan pánico*** *los aviones, pero a mí no.*
- *¿A usted* ***le interesa*** *el arte?*
- ***Nos horrorizan*** *los grandes almacenes.*
- *¿****A vosotros*** *no* ***os molesta*** *este ruido?*
- ***A ustedes*** *seguramente* ***les apetecerá*** *descansar un rato, ¿no?*
- ***A ellas*** *no* ***les importa*** *esperar un poco.*

POSICIÓN DE LOS PRONOMBRES OBJETO

► El orden de los pronombres es: COI + COD + verbo. Con los verbos conjugados, los pronombres se colocan siempre delante del verbo.

- *¿Has visto mi bici nueva?* ***Me la*** *han regalado por mi cumpleaños.*

► Con el Infinitivo, el Gerundio y la forma afirmativa del Imperativo, los pronombres se colocan después del verbo y forman una sola palabra.

- *Cuando hay un problema lo mejor es discutir**lo**.*
- *Criticándo**selo** todo no arreglarás nada.*
- *¡Dá**melas**! ¡Son mías!*

► Con perífrasis y con estructuras como **poder/querer/ir a** + Infinitivo, los pronombres pueden ir delante del verbo conjugado o detrás del Infinitivo, pero nunca entre ambos.

- *Tengo que contar**te** algo.*
  Te *tengo que contar algo.*
  ~~*Tengo que* ***te*** *contar algo.*~~

- *Quiero regalar**le** algo a tu madre.*
  Le *quiero regalar algo a tu madre.*
  ~~*Quiero* ***le*** *regalar algo a tu madre.*~~

- *Voy a cambiar**me** de casa.*
  Me *voy a cambiar de casa.*
  ~~*Voy a* ***me*** *cambiar de casa.*~~

REDUPLICACIÓN DE PRONOMBRES OBJETO

► Cuando el OD o el OI son mencionados antes del verbo, es obligatorio usar también los pronombres.

- *Las zanahorias* ***las*** *he dejado sobre la mesa, y los huevos* ***los*** *he puesto en la nevera.*
- *A tu hermano* ***le*** *he comprado unos discos.*
- *A Marisa, lo del accidente, no* ***se lo*** *voy a decir.*

► Normalmente, el pronombre de COI se usa también cuando el OI aparece después del verbo.

- ***Le*** *hemos contado toda la verdad* ***a tu madre****.*

► Con los pronombres de COI de tercera persona muchas veces no está claro a quién hacemos referencia. En estos casos, se hace necesario aclarar la identidad del COI.

- *¿Qué ha hecho con el informe?*
- ***Se lo*** *entregué* ***al Sr. Ramírez****.*

ADJETIVOS

FORMACIÓN DE CALIFICATIVOS

► Algunos adjetivos toman un valor contrario o negativo al añadirles los prefijos **des-** e **in/im/i-**. En ocasiones, el significado resultante no es exactamente el contrario del adjetivo original.

descontento/a	**im**probable
desconfiado/a	**im**presentable
desproporcionado/a	**in**fiel
desfavorable	**in**consistente
desigual	**i**rreal

► Algunos adjetivos se forman a partir de la unión de dos palabras. Con frecuencia, el adjetivo resultante presenta alteraciones ortográficas con respecto a las palabras originales.

rompecorazones
caradura
pelirrojo ~~pelorrojo~~
rojiblanco ~~rojoyblanco~~
drogadicto ~~drogaadicto~~

¡Atención!

Es posible obtener un adjetivo nuevo uniendo dos ya existentes.

hispanomexicano/a
francoalemán/-a
teórico-práctico/a

COLOCACIÓN DE LOS ADJETIVOS

► Los adjetivos pueden colocarse antes o después del sustantivo. Cuando aparecen después, tienen una función especificativa, es decir, sirven para diferenciar un sustantivo de otro.

- *La condesa llevaba un* ***traje negro****.*
  (= no llevaba un traje rojo ni blanco...)

► En un registro culto, es frecuente colocar adjetivos calificativos antes del sustantivo.

una **magnífica jugada** del jugador brasileño
la **incuestionable utilidad** de esta herramienta
el **insistente llamamiento** de las autoridades

¡Atención!
Algunos adjetivos no pueden colocarse antes de un sustantivo.

- **un ave nocturna** (nos referimos a un tipo de ave)
  ~~una nocturna ave~~
- **la religión católica** (nos referimos a un tipo de religión)
  ~~la católica religión~~

Los adjetivos que indican origen o procedencia tampoco pueden anteponerse al sustantivo.

- **un escritor español**
  ~~un español escritor~~
- **el queso manchego**
  ~~el manchego queso~~

En la lengua literaria sí pueden darse casos en los que se rompan las reglas anteriores.

► Algunos adjetivos tienen significados distintos según se coloquen antes o después del sustantivo.

el **pobre** hombre (= desgraciado)
el hombre **pobre** (= sin dinero)
una **buena** amiga (= muy amiga)
una amiga **buena** (= buena persona)

un gran queso

un queso grande

Recuerda
Algunos adjetivos cambian de forma según su posición con respecto al sustantivo.

ANTES	*DESPUÉS*
buen	***bueno***
gran	***grande***
mal	***malo***
cualquier	***cualquiera***

CUALQUIERA/CUALQUIER

► Usamos **cualquiera** para referirnos a un individuo indeterminado de un grupo o una categoría. Esta forma puede acompañar a un sustantivo (como adjetivo) o sustituirlo (como pronombre).

- *La exposición muestra al visitante cómo era la vida en **una ciudad europea cualquiera** del Renacimiento.* (no nos referimos a una ciudad concreta)
- *Este es un trabajo que puede hacer **cualquiera**.* (= pueden hacerlo todas las personas)

¡Atención!
Observa que ambas formas se utilizan para referirse tanto a sustantivos masculinos como femeninos.

- ¿Qué helado te apetece?
- Es igual, tráeme **cualquiera/uno cualquiera**. (no indico ningún helado en particular)

- ¿De qué marca quieres el azúcar?
- De **cualquiera/una cualquiera**. Son todas muy parecidas. (no indico ninguna marca en particular)

► **Cualquier** es la forma apocopada de **cualquiera**. Solo se usa cuando precede a un sustantivo (tanto masculino como femenino).

- *El nuevo rascacielos puede verse desde **cualquier punto** de la ciudad.*
- ***Cualquier ayuda** será bienvenida.*

CUANTIFICADORES

CUANTIFICADORES + SUSTANTIVOS NO CONTABLES

demasiado pan / **demasiada** sal
mucho pan / **mucha** sal
bastante pan/sal
un poco de pan/sal *
poco pan / **poca** sal *
nada de pan/sal

* Con **un poco (de)** subrayamos la existencia de algo; con **poco** subrayamos su escasez.

- *¿Queda café?*
- *Sí, todavía hay **un poco** en la despensa.*

- *Queda **poco** café. Tenemos que ir a comprar más.*

MÁS GRAMÁTICA

CUANTIFICADORES + SUSTANTIVOS CONTABLES

demasiados coches / **demasiadas** horas
muchos coches / **muchas** horas
bastantes coches/horas
pocos coches / **pocas** horas
algún coche / **alguna** hora / **algunos** coches / **algunas** horas
ningún coche / **ninguna** hora

- *Marta siempre lleva **muchas** joyas.*
- *Necesitamos **algunos** libros nuevos.*
- *No tengo **ningún** disco de jazz.*

CUANTIFICADORES + ADJETIVO

demasiado joven/jóvenes
muy alto/alta/altos/altas
bastante tímido/tímida/tímidos/tímidas
un poco caro/cara/caros/caras
poco atractivo/atractiva/atractivos/atractivas
nada simpático/simpática/simpáticos/simpáticas

- *Esa casa es **demasiado** grande.*
- *Felipe es **muy** alto.*
- *Mi hermano es **bastante** tímido.*
- *Este jersey es **un poco** caro, ¿no te parece?*
- *Su prima Carmen **no** es **nada** simpática.*

VERBO + CUANTIFICADORES

corre	**demasiado**
corre	**mucho**
corre	**bastante**
corre	**un poco**
corre	**poco**
no corre	**nada**

- *Comes **demasiado**.*
- *Agustín trabaja **mucho**.*
- *Mi hermana **no** hace **nada**.*

Recuerda

Un, **algún** y **ningún** se convierten en **uno**, **alguno** y **ninguno** cuando no van seguidos del sustantivo.

- *¿Tienes **algún** diccionario francés-español?*
- *No, no tengo **ninguno**, pero creo que Carlos tiene **uno**.*

► **Demasiado** se usa para expresar un exceso, por lo que tiene siempre un matiz negativo.

- *Este jersey es **demasiado** caro.*
- *No me gusta este chico: habla **demasiado** y sonríe **demasiado**.*

► Usamos **un poco** delante de adjetivos que expresan cualidades negativas. Con adjetivos que expresan cualidades positivas, podemos utilizar **poco**, con el sentido de "no suficiente".

- *Este diccionario es **un poco** caro, ¿no?*
- *Sí, además es muy **poco** práctico.*

PREPOSICIONES Y LOCUCIONES PREPOSICIONALES/ADVERBIALES

REFERENCIAS ESPACIALES

A **a** + destino **a** + distancia **a pie**	• *El tren **a** Valladolid sale ahora.* • *Estamos **a** 10 km de la granja.* • *Siempre voy **a pie** al trabajo.*
EN **en** + ubicación **en** + medio de transporte	• *Lugo está **en** Galicia.* • *Las llaves están **en** la mesa.* • *Prefiero viajar **en** avión.*
DE **de** + procedencia **lejos/cerca de**	• *Vengo **de** mi casa.* • *Eso queda muy **lejos de** aquí.*
DESDE **desde** + punto de partida u origen	• ***Desde** mi casa hasta aquí hay unos 3 km.*
ENTRE ubicación en medio de dos o más cosas	• *León está **entre** Asturias y Zamora.*
HACIA **hacia** + dirección	• *Toma el metro **hacia** Plaza de España y bájate en la tercera estación.*
HASTA **desde** + punto de llegada o límite	• *Tomas el metro **hasta** Plaza de España y allí haces transbordo.*
POR movimiento dentro o a través de un espacio	• *He dado una vuelta **por** el centro.* • *Yo siempre paso **por** Zaragoza para ir a Madrid.*
SOBRE ubicación superior	• *Las maletas, ponlas **sobre** el armario de mi dormitorio.*

debajo* **del** mueble

sobre el mueble
encima* **del** mueble

detrás* **del** mueble

delante* **del** mueble

frente al mueble

al lado* **del** mueble

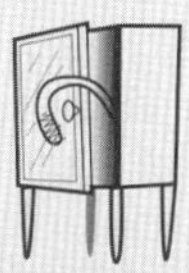
dentro* **del** mueble

fuera* **del** mueble

¡Atención!
* Estos elementos pueden aparecer sin la preposición **de** cuando no van seguidos del referente espacial.

- ¿Has visto mis llaves? No las encuentro.
- ¿Has mirado en la mesa de la cocina? Creo que las he visto **encima**.

REFERENCIAS TEMPORALES

A **a** + hora	• *La clase termina* ***a*** *las once.*
POR **por** + parte del día **por** + época del año	• *Nunca tomo café* ***por*** *la noche.* • *Vendrá* ***por*** *Navidad* (= en torno a Navidad, un poco antes o un poco después)
PARA **para** + fecha límite, plazo	• *Tienes que terminar el trabajo* ***para*** *el martes.* (= no más tarde del martes)
DE **de** + **día/noche** **de** + inicio .... **a** + fin	• *Aquí a las cinco ya es* ***de noche.*** • *Las tiendas abren* ***de*** *lunes* ***a*** *sábados* ***de*** *9* ***a*** *20 h.*
DESDE **desde** + punto inicial en el tiempo	• *Trabajo aquí* ***desde*** *1998.*
EN **en** + mes/estación/año	• *Vino* ***en*** *marzo.* • ***En*** *1978 llegaron a España.*
HACIA **hacia** + hora aproximada	• *El robo tuvo lugar* ***hacia*** *las tres de la madrugada.*
HASTA **hasta** + punto final o límite	• *Tienes tiempo* ***hasta*** *octubre para enviar la solicitud.*
SOBRE **sobre** + hora aproximada	• *Volveré* ***sobre*** *las ocho.*

OTROS USOS

A
MODO: patatas **al** vapor, cita **a** ciegas
COD (con personas): ¿Por qué no invitas **a** Maite?

DE
MATERIAL: **de** seda
PERTENENCIA, RELACIÓN: la moto **de** Juan, el tío **de** Ana
GÉNERO, ESPECIE: un libro **de** Historia
UTILIDAD: una máquina **de** afeitar, una caña **de** pescar
algo de, **un poco de**, **nada de** + sustantivo: **algo de** dinero, **un poco de** leche, **nada de** gracia

CON
COMPAÑÍA: ¿**Con** quién harás el trabajo? ¿**Con** Amalia?
MODO: Ábrelo **con** cuidado. (= cuidadosamente)
ACOMPAÑAMIENTO: pollo **con** verduras
INSTRUMENTO: Como el mío estaba estropeado, tuve que hacer el trabajo **con** el ordenador de mi hermana.
COMPONENTES: una silla **con** apoyabrazos, una maleta **con** ruedas

PARA
DESTINATARIO: Quiero comprar algo **para** mi novia.

SEGÚN
OPINIÓN: **Según** Lucía, Carlos tiene la culpa de todo.
FUENTE: **Según** el periódico, hoy va a hacer buen tiempo.

SIN
AUSENCIA: Lo hice **sin** darme cuenta. Gasolina **sin** plomo

SOBRE
TEMA: No tenemos la misma opinión **sobre** este tema.

POR/PARA

► Uno de los principales usos de la preposición **por** es el de presentar una causa.

Por + sustantivo
- Hace un año tuve que vender mi casa **por necesidad**.
- El alcalde dimitió **por razones** aún desconocidas.
- Me vine a vivir aquí **por mi madre**: se sentía muy sola.

Por + Infinitivo
- Ayer me multaron **por saltarme** un semáforo en rojo.
- Todo el mundo felicitó a Ana **por haberle salvado** la vida a un chico en la playa.

► Uno de los principales usos de la preposición **para** es el de presentar la finalidad de una acción.

Para + Infinitivo
- He venido **para decirte** que me voy.
- Pídeme lo que quieras: estoy aquí **para ayudar**.

Para + **que** + Subjuntivo
- Inés me dijo que estabas enfermo, así que te he traído un poco de comida **para que** no **tengas** que bajar a comprar.
- Mis padres hicieron muchos esfuerzos **para que** mi hermana y yo **pudiéramos** ir a la Universidad.

¡Atención!
Las preposiciones **por** y **para**, combinadas con los pronombres **mí**, **ti**, **el/ella**, **nosotros/as**, **vosotros/as**, **ellos/as**, con sustantivos o con nombres propios, tienen dos valores muy diferenciados.

- Tía Juani, ¿puedo quedarme a dormir?
- **Por mí**, no hay problema, pero mejor pregúntaselo a tus padres. (= si esa decisión depende/dependiera de mí)

- ¿Y tú que opinas de San Sebastián?
- **Para mí**, es la ciudad mas bonita de España. (= en mi opinión)

VERBOS Y EXPRESIONES CON PREPOSICIÓN

Tener dificultad/facilidad para
Renunciar a
Echar de menos/en falta
Darle vueltas a
Perder la cabeza por
Pensar en

- *Siempre **he tenido facilidad para** las Matemáticas.*
- *¿Debemos **renunciar a** la vida familiar en favor de nuestra vida laboral?*
- *Cuando tengo que estar fuera por negocios, lo que más **echo en falta** son mis amigos.*
- *¿Sigues **dándole vueltas a** lo de casarte?*
- *A sus 84 años, Armando Bueno confiesa **haber perdido la cabeza por** Lucía, una joven de tan solo 21.*
- *Carlos es un egoísta que solo **piensa en** sí mismo.*

CONECTORES Y ORGANIZADORES DE LA ARGUMENTACIÓN

MATIZAR UNA INFORMACIÓN

- No me importa vivir en un sexto sin ascensor; **de hecho**, me gusta porque así hago ejercicio.
- El nuevo sistema no es tan diferente del antiguo; **en realidad**, son casi iguales.

ORGANIZAR LA INFORMACIÓN Y AÑADIR NUEVOS ELEMENTOS

- **Por un lado**, quiero irme a vivir fuera; pero, **por otro** (**lado**), no sé si podré ser feliz lejos de mi familia.
- Debemos recordar, **además**, que la exposición ha podido celebrarse gracias al patrocinio del Ayuntamiento.

OPONER INFORMACIÓN

- No es verdad que no me guste la comida japonesa; **al contrario**, me encanta.
- Deberías intentar salir y animarte, **en lugar/vez de** quedarte en casa solo.

INTRODUCIR UNA OPINIÓN PERSONAL

En mi opinión, **Para mí,** **Tal como lo veo yo,** **Estoy convencido/a de que**	es un buen momento para invertir.

► En ocasiones, podemos invertir el orden en el modo de dar las opiniones.

Es un buen momento para invertir,	**tal como lo veo yo**. **para mí**. **estoy convencido/a**. **en mi opinión**.

DAR UNA INFORMACIÓN SIN RESPONSABILIZARNOS DE SU VERACIDAD

Según dicen, **Dicen que** **Según parece**, **He oído que**	van a cerrar el restaurante de la esquina.

AÑADIR ARGUMENTOS O INSISTIR EN UN ASPECTO DE NUESTRA ARGUMENTACIÓN

En el fondo, **La verdad es que** **Lo cierto es que** **A fin de cuentas**,	no tenemos nada que perder.

AÑADIR UNA NUEVA INFORMACIÓN NEGATIVA

Y para colmo **Y encima** **Y por si fuera poco** **Y lo que faltaba**,	nos cortaron el agua sin avisar.

PARA RESUMIR Y CONCLUIR

En resumen, **Total, que** **En fin, que**	nadie consiguió el aumento de sueldo.

ORDENAR LA INFORMACIÓN

En primer lugar, **Por un lado,** **Por una parte,**	el espacio disponible es insuficiente para realizar la instalación de un ascensor.
En segundo lugar, **Por otro (lado),** **Por otra (parte),**	la comunidad de vecinos no podría asumir el gasto de un nuevo ascensor.
(Y) por último, **Y además,**	la mayoría de vecinos no lo ven necesario.

INTRODUCIR UNA EXPLICACIÓN O UNA EXCUSA

► **Es que** introduce explicaciones y, con frecuencia, excusas o justificaciones. Se usa con Indicativo.

- *¿Te importa ayudarme un momento con el ordenador? **Es que** no sé qué le pasa.*
- ○ *Sí, claro. Ahora voy.*

DESMENTIR UNA INFORMACIÓN

► **No es que** desmiente una información mencionada anteriormente. Se usa con Subjuntivo.

- *¿Por qué te cae tan mal Juan? Nunca hablas con él.*
- ○ ***No es que me caiga mal**... Pero tampoco tenemos mucho en común y nunca sé de qué hablar.*

► Cuando desmentimos una información, es frecuente justificarlo. Para ello, se suele usar **es que** o **lo que pasa es que**.

- *No entiendo por qué Óscar no quiso venir con nosotros de vacaciones.*
- ○ ***No es que no quisiera venir**... **Lo que pasa es que** tenía mucho trabajo.*

REFORMULAR

es decir, (**que**)
o sea, (**que**)
esto es,

- *El cambio de compañía telefónica es gratis; **es decir**, (**que**) no tienes que pagar como se hacía hasta ahora.*
- *El horario de trabajo en la empresa es continuo, **o sea**, (**que**) no tenemos pausa para comer.*
- *Hay mucha gente que opina que los alimentos transgénicos pueden ser muy nocivos, **esto es**, pueden provocar graves trastornos de salud.*

EJEMPLIFICAR

por ejemplo
un ejemplo:
a modo de ejemplo

- *Es necesario integrar el ejercicio físico en nuestra vida diaria. Actividades tan sencillas como, **por ejemplo**, ir al trabajo a pie o utilizar las escaleras en lugar del ascensor resultan muy saludables.*
- *Reducir el consumo energético está en nuestras manos. **Un ejemplo**: apagar luces cuando salimos de una habitación es una manera sencilla de ahorrar luz.*
- *Muchas especies protegidas siguen en peligro de extinción; **a modo de ejemplo**, tenemos el caso del lince ibérico.*

INFORMAR SOBRE CAUSAS Y RAZONES

Porque + oración
- He venido a vivir a Inglaterra **porque** mi pareja es de aquí.

Por + sustantivo/Infinitivo
- Amenábar ha recibido varios premios **por** su última película.
- En mis tiempos, nos castigaban **por** no hacer los deberes.

Como + oración
- **Como** nadie me avisó, no me enteré de que Carlos hacía una fiesta para celebrar lo de su ascenso.

Debido a + sustantivo / **Debido a que** + oración
- **Debido a** un error informático, la actividad en las oficinas de Hacienda estuvo paralizada durante dos horas.
- Las compañías telefónicas están bajando sus tarifas **debido a que** la competencia es cada vez mayor.

MÁS GRAMÁTICA

A causa de + sustantivo
- ¿Sabías que hay casos de animales que han sufrido mutaciones **a causa de** la contaminación?

► Si la causa se presenta como algo que tiene efectos positivos.

Gracias a + sustantivo / **Gracias a que** + oración
- La calidad de vida de muchas personas puede verse mejorada **gracias a** la práctica habitual de algún deporte.
- No quedaban entradas para el concierto, pero pudimos entrar **gracias a que** Ana conocía al manager del grupo.

► Si la causa se presenta como algo que tiene efectos negativos.

Por culpa de + sustantivo / **Por culpa de que** + oración
- Las discográficas aseguran que sus beneficios han disminuido **por culpa de** la piratería.
- Llegamos tarde a la reunión **por culpa de que** había retenciones en la autopista.

Retomar causas conocidas

► Cuando una causa es una información conocida por los interlocutores, solemos expresarla antes de la consecuencia con los siguientes conectores: **como**, **dado que**, **ya que**, **puesto que**.

- **Como**

► El uso de **como** obliga normalmente a colocar la causa antes de la consecuencia.

- ***Como*** *a los niños no les gusta nada la playa, normalmente vamos de vacaciones a la montaña.*

¡Atención!
En la lengua oral, es frecuente añadir la causa de algo con **como** después de una información. En este caso, la entonación de la oración causal queda en suspenso.

- ¡Uy! No he reservado habitación para ti. **Como** no sabía que ibas a venir...

¡Atención!
Cuando **como** introduce una oración con un verbo en Subjuntivo, esta tiene un valor condicional (a menudo con un matiz de amenaza).

- **Como** me vuelvas a levantar la voz, te juro que me levanto y me voy.

- **Al + Infinitivo**

► Esta construcción tiene un valor similar al de las contrucciones con **como**.

- *A mi hermana le hacía mucha ilusión participar en la carrera, pero, claro,* ***al ponerse enferma****, no pudo ir.* (= como se puso enferma, ...)

- **Ya que / puesto que / dado que**

► Estos tres conectores introducen exclusivamente causas que se presuponen conocidas por el interlocutor.

- ***Ya que*** *conoces al cantante de Los Rífex, le podrías pedir unas entradas para el concierto del sábado, ¿no?*

► En un registro mas cuidado (prensa, informes, etc.) es frecuente el uso de **dado que** y **puesto que**.

- ***Dado que*** *parece difícil que las dos partes lleguen a un acuerdo, el Gobierno ha decidido actuar de mediador.*
- ***Puesto que*** *todavía hay muchas incógnitas sobre el caso, el tribunal ha decidido posponer el juicio para intentar reunir más pruebas.*

Construcciones enfáticas con valor causal/consecutivo

► Cuando la causa se asocia a la intensidad de algo, disponemos de varios recursos para expresarla.

Tan + adjetivo + **que**
- La propuesta de Carlos era **tan poco realista que** todo el comité la rechazó desde el principio.

Tanto/a/os/as + sustantivo + **que**
- Cuando me jubilé, tenía **tanto tiempo libre que** no sabía qué hacer.
- He preparado **tanta ensalada que** seguro que sobra un montón.
- Tuve **tantos buenos profesores** en la Universidad **que** no podría decirte cuál era el mejor.
- Ponen **tantas series** en la televisión **que** ya no sabes cuál seguir.

Verbo + **tanto** + **que**
- **Me he acostumbrado tanto** a vivir solo **que** no sé si podría compartir mi espacio con otra persona.

Con/de
- **Con lo caros que están los pisos**, es imposible comprarse uno.
- **Con el poco inglés que hablo**, no me van a dar el trabajo.
- **Con todo lo que has hecho por Marcial**, no entiendo cómo ha podido tratarte tan mal.
- **Con tanto calor**, lo que más apetece es estar en la playa.
- **De lo rápido que pasó todo**, la verdad es que no me fijé en la cara del ladrón.
- **Del frío que hacía**, no podía mover los dedos.
- Tenía los ojos rojos **de tanto llorar**.

CONCESIÓN Y OPOSICIÓN

- **Aunque**

► Este es el conector más frecuente para introducir oraciones en las que se presenta una dificultad o una oposición que, sin embargo, no impiden el cumplimiento de lo expresado en la oración principal.

- ***Aunque*** *de adolescente era muy rebelde, Sergio se ha convertido en un joven muy tranquilo.*

► Cuando utilizamos **aunque** para introducir hechos con los que queremos informar a nuestro interlocutor, el verbo va en Indicativo.

- *Estoy un poco preocupado por el nuevo proyecto,* ***aunque estoy*** *seguro de que lo vamos a hacer bien.*
- ***Aunque*** *le* ***pedí*** *que no se acercara al incendio, Carlos no me hizo caso y se puso a apagar las llamas.*
- ***Aunque entiendo*** *perfectamente que estés dolido con Carmen, creo que deberías aceptar sus disculpas.*

► Si presentamos como muy probable o seguro el cumplimiento futuro de un hecho, normalmente utilizamos el Futuro o **ir a** + Infinitivo.

- ***Aunque*** *a final de mes no* ***tendré/voy a tener*** *ni un céntimo, mañana mismo me compro un ordenador.*

► Cuando queremos presentar hechos que no sabemos si se han cumplido o se cumplirán, utilizamos el Presente de Subjuntivo.

- *Pienso conseguir entradas para el concierto,* ***aunque tenga que pasarme*** *toda la noche haciendo cola.* (= no sé si tendré que pasarme toda la noche haciendo cola, pero no importa)
- ***Aunque*** *lo* ***haya hecho*** *sin querer, no pienso perdonarlo.* (= no sé si lo ha hecho sin querer o no, pero no importa)

► A veces, nos interesa retomar lo dicho por nuestro interlocutor presentándolo como algo cierto. En esos casos, usamos los tiempos del Indicativo.

- *A ti te encanta tu trabajo, ¿no?*
- ○ *Sí, pero,* ***aunque me encanta****, a veces tengo que hacer algunas cosas que no me gustan demasiado.*

► Para retomar lo dicho por nuestro interlocutor presentándolo como una opinión con la que no estamos forzosamente de acuerdo, usamos el Presente de Subjuntivo.

- *A ti te encanta tu trabajo, ¿no?*
- ○ *Sí, pero,* ***aunque me encante****, a veces tengo que hacer algunas cosas que no me gustan demasiado.*

► Cuando **aunque** introduce hechos que consideramos muy poco probables en el futuro, usamos el Pretérito Imperfecto de Subjuntivo.

- ***Aunque*** *mi mejor amigo* ***se fuera a vivir*** *a la otra punta del mundo, seguiría siendo mi mejor amigo.* (= no considero probable que mi mejor amigo se vaya a vivir a la otra punta del mundo)

¡Atención!

Para suavizar el desacuerdo con nuestro interlocutor, usamos formulas como **bueno sí, pero..., la verdad es que...**

- ¿No te parece que nuestro trabajo está muy poco valorado?
- ○ **Bueno, sí, pero la verdad es que aunque** está muy poco valorado, nos pagan muy bien. Y eso, al final, a mí es lo que más me importa.

- **A pesar de** (**que**)

► Este conector tiene un valor semejante al de **aunque**, pero se diferencian en que **a pesar de** (**que**) puede combinarse con sustantivos, pronombres o infinitivos. Cuando se combina con verbos conjugados, estos suelen ir en Indicativo.

A pesar de + sustantivo/pronombre

- **A pesar del mal tiempo**, el partido comenzó a la hora prevista.
- Sé que no contaré con el apoyo de mis padres, pero, **a pesar de eso**, me dedicaré a la música.

A pesar de + Infinitivo

- **A pesar de vivir** en uno de los mejores barrios de la ciudad, mis padres prefirieron mudarse para estar más cerca de mí.
- **A pesar de haber vivido** cinco años en Australia, el inglés de Paco no es muy bueno.

A pesar de que + verbo conjugado

- **A pesar de que** su última película no **me gustó**, Almodóvar me parece un gran director.
- Apreciaba mucho a Carlos, **a pesar de que** en el pasado habíamos tenido nuestros problemas.

- **Sino**

► Se utiliza para contraponer dos elementos, de los cuales el segundo anula al primero. Sirve, pues, para corregir una información.

- *Perdone, pero no queremos que nos cambien el televisor,* ***sino*** *que nos devuelvan el dinero.*

- **Pero/sin embargo**

► También sirven para introducir una concesión, un elemento que es aparentemente contradictorio con el enunciado anterior.

- *Sé que Andrés es el responsable de este desastre, **pero** no tengo pruebas.*
- *Sé que Andrés es el responsable de este desastre. **Sin embargo**, no tengo pruebas.*

- **Pero si**

► Se utiliza en la lengua oral para presentar las razones de nuestro desacuerdo.

- *Ponte una chaqueta, Paco.*
- ***Pero si** hace un calor tremendo...*

- **Pues**

► Se utiliza en un lenguaje coloquial para presentar un enunciado que considera lo anteriormente dicho, en algunas ocasiones, para dar una información contradictoria o una opinión opuesta.

- *Tomás no ha venido.*
- ***Pues** es verdad. No me había dado cuenta.*

- *Me encanta el jazz.*
- ***Pues** yo lo encuentro un poco aburrido.*

RELACIONES TEMPORALES

POSTERIORIDAD

Después de que

EN FRASES REFERIDAS AL PASADO

- El consumo de agua **disminuyó** mucho **después de que empezamos/empezáramos a usar agua de lluvia para regar**.

EN FRASES REFERIDAS AL PRESENTE O A HECHOS HABITUALES

- Cada año, el consumo de agua **disminuye después de que el gobierno amenaza con restricciones**.

EN FRASES REFERIDAS AL FUTURO

- **Después de que el parlamento apruebe la ley**, los ayuntamientos **deberán** reciclar sus residuos.

ANTERIORIDAD

Antes de que

EN FRASES REFERIDAS AL PASADO

- Los dinosaurios se extinguieron **antes de que** el hombre **poblara** la Tierra.

EN FRASES REFERIDAS AL PRESENTE O A HECHOS HABITUALES

- Las aves empiezan a emigrar **antes de que empiece** el invierno.

EN FRASES REFERIDAS AL FUTURO

- ¿Sabremos solucionar los problemas energéticos **antes de que sea** demasiado tarde?

Recuerda

Cuando coincide el sujeto de la oración principal con el de una oración temporal introducida por **antes de** o **despues de**, el verbo de esta aparece en Infinitivo. Esto también ocurre cuando el sujeto de la frase temporal está claro por el contexto.

- ***Después de apagar** el incendio, los bomberos se quedaron unas horas más para evitar nuevos focos.*

CUANDO

NOS REFERIMOS AL PRESENTE O A HECHOS HABITUALES

- **Cuando sale** de casa, siempre lo **cierra** todo.

NOS REFERIMOS AL PASADO

- **Cuando salió** de casa, **se encontró** el paquete.
- Ayer, **cuando estaba** comiendo en el bar de la esquina, **apareció** un antiguo compañero del colegio que no veía desde hacía veinte años.
- Antes, **cuando me levantaba**, siempre **ponía** la radio para escuchar las noticias.

NOS REFERIMOS AL FUTURO

- **Cuando salgas** de casa, **apaga** las luces, por favor.

► Además de **cuando**, existen otros conectores temporales que siguen las mismas reglas respecto a los tiempos verbales, pero con usos más específicos.

- **En cuanto / Tan pronto como**

► Se usan para indicar que un hecho es inmediatamente posterior a otro.

- ***En cuanto** me **digan** algo, te llamaré.*
- ***Tan pronto como sepa** algo, te lo digo.*

- **Hasta que**

► Indica que un hecho es el límite temporal de otro.

- *Esperaré aquí **hasta que llegue** el autobús.*

¡Atención!

Si los sujetos coinciden, el segundo verbo puede aparecer en Infinitivo.

- En la boda de mi hermano comí **hasta no poder** más. (= hasta que no pude más)

MIENTRAS

► Se usa para expresar que un hecho sucede al mismo tiempo que otro.

EN FRASES REFERIDAS AL PASADO

- **Mientras en Europa los hombres vivían en cuevas**, en Egipto **florecía** una sofisticada civilización.
- **Mientras pudieron**, los bomberos **evitaron** que el fuego se extendiera.
- **Mientras el petróleo ha sido barato**, no **hemos buscado** otras alternativas.

EN FRASES REFERIDAS AL PRESENTE O A HECHOS HABITUALES

- ¿Por qué los gobiernos no **hacen** nada **mientras los bosques tropicales desaparecen**?

EN FRASES REFERIDAS AL FUTURO

- **Mientras estemos de viaje,** la vecina del segundo nos **cuidará** los gatos.

► Para hablar de acciones simultáneas, tambien podemos usar **mientras tanto** y **al** + Infinitivo.

- *Carlos se viste y, **mientras tanto**, Ana aprovecha para leer su correo.*
- ***Al entrar**, he visto a un hombre un poco raro.*

PRECISAR EL MOMENTO EN EL QUE SE REALIZA UNA ACCIÓN

- Justo en aquel momento / Justo ese día...

► **Justo** aporta un sentido de mayor precisión a otros indicadores de tiempo.

- *Me llamó Berta.*
- *Antes de acostarme me llamó Berta.*
- ***Justo antes de acostarme** me llamó Berta.*

► A veces, **justo** añade un matiz de oportunidad que puede ser positivo o negativo. En la lengua coloquial, puede aportar este matiz por sí solo sin necesidad de acompañar a un marcador temporal.

- *El otro día, estaba viendo una película con Luisa y, **justo cuando faltaban diez minutos para el final**, llegaron sus compañeros de piso y no pudimos terminar de verla.* (= llegaron en un momento inoportuno)

- *Ayer casi tiro a la basura el proyecto de ciencias de mi hermano. Menos mal que **justo** entró mi madre y me dijo lo que era, porque yo no tenía ni idea.* (= entró en el momento oportuno)

- Estar a punto de + Infinitivo

► Sirve para indicar la inmediatez o la inminencia de una acción.

- ***Estoy a punto de perder** la paciencia. Devuélveme mi libro.*
- ***Estaba a punto de salir** cuando me llamaste.*

REFERENCIAS A MOMENTOS YA MENCIONADOS

- **Ese/aquel día** se quedó grabado en la memoria de todos los presentes.
- Todo el mundo recordará **aquella jornada histórica**.
- **En esa/aquella ocasión**, el vencedor fue el equipo argentino.
- **En ese/aquel momento**, llegó Juan y lo descubrió todo.
- **A partir de ese/aquel instante**, el ambiente en la empresa mejoró muchísimo.
- **Hasta ese/aquel día**, Sara jamás había sospechado que su esposo tenía una vida secreta.
- **A esas alturas** (del partido), el Osasuna tenía muy difícil remontar los tres goles de diferencia.

ENTONCES

► Puede tener un valor temporal.

- *Estábamos a punto de abandonar la búsqueda de los excursionistas y, **entonces**, uno de los perros encontró un rastro.* (= en aquel momento)

► En ocasiones, presenta un valor temporal con matiz consecutivo.

- *Yo tenía muchas ganas de conocer Irlanda y también quería aprender inglés. Y, **entonces**, un día hice la maleta, me fui al aeropuerto y me vine a Dublín.*

¡Atención!

A veces, **entonces** no establece una relación temporal, sino, simplemente consecutiva: añade una nueva información consecuencia de la anterior.

- Había decidido invertir parte de mis ahorros en la bolsa, pero un amigo me dijo que no era un buen momento y, **entonces**, preferí esperar. (= por eso)

DE PRONTO / DE REPENTE

► Para indicar que una acción se produce de manera inesperada o brusca usamos **de pronto** o **de repente**.

- *El otro día iba conduciendo tan tranquila y, **de repente**, se me cruzó un perro en la carretera. ¡Me llevé un susto!*
- *Luis está a punto de meterse en la cama cuando, **de pronto**, alguien llama a la puerta.*

EL VERBO

FORMAS NO PERSONALES

► Los verbos tienen tres formas no personales, es decir, formas que no se conjugan: el Infinitivo, el Participio y el Gerundio. Estas formas tienen dos funciones: combinadas con otro verbo (conjugado) forman los tiempos compuestos y las perífrasis; por sí solas, tienen diversas funciones.

Infinitivo

► Forma parte de numerosas perífrasis (Ver el apartado *Perífrasis Verbales*).

► Por sí solo, funciona como un sustantivo y, por lo tanto, puede ser Sujeto o Complemento Directo de una oración.

- ***Fumar*** *es malo para la salud.*
- *Odio* ***estudiar*** *por la noche.*

► También en estos casos, puede tener complementos propios del verbo.

- ***Estudiar idiomas*** *es necesario hoy en día.* (COD)
- *Es fundamental* ***explicarles claramente las cosas a los niños.*** (Complemento de Modo, COD y CI)

Infinitivo Compuesto

Infinitivo de **haber**	+	Participio
haber		**cantado/comido/salido**

► Usamos el Infinitivo Compuesto para hablar de hechos terminados anteriores a otro momento dado.

- *Para obtener las ayudas, era obligatorio* ***haberse casado*** *antes del verano.*
- *Para conseguir la nacionalidad tenías que demostrar* ***haber vivido*** *al menos tres años en el país.*

¡Atención!
Muchas veces no es necesario usar el Infinitivo Compuesto, y se prefiere el Simple, porque el contexto u otros elementos del enunciado ya expresan la idea de anterioridad.

- Después de **terminar** el examen, me fui a casa.
- Después de **haber terminado** el examen, me fui a casa.

Participio

► Forma los tiempos compuestos junto con el verbo auxiliar **haber** conjugado.

► Por sí solo, funciona como adjetivo y concuerda en género y en número con el sustantivo al que se refiere. Cuando queremos presentar este adjetivo como el resultado de una acción, lo usamos con el verbo **estar**.

- *La impresora* ***está rota.*** (= alguien la ha roto)
- *¿Por qué* ***están*** *todas las ventanas* ***abiertas****?* (= alguien las ha abierto)

En un discurso formal, es frecuente el uso del Participio para sustituir a toda una construcción verbal pasiva.

(Han sido) **Detenidas** seis personas por un delito de piratería.
El vehículo, (que fue) **robado** hace unos meses en León, había sido utilizado por los ladrones en otros delitos.
La obra, (que fue) **compuesta** a principios del siglo XX, refleja unos valores que todavía siguen vigentes.
Estos jardines, (que son) **conocidos** como "el vivero", fueron un encargo de una de las familias más ricas de la ciudad.
Las ventanas, (que están) **orientadas** hacia el este y al oeste, permiten la entrada de luz durante todo el día.

Recuerda
Cuando el Participio forma parte de un tiempo verbal compuesto (como el Pretérito Perfecto o el Pluscuamperfecto, por ejemplo), siempre aparece en su forma de masculino singular: **he hecho**, **has llegado**, **habíamos salido**, **habían usado**... Sin embargo, como puedes ver en los ejemplos anteriores, en las construcciones pasivas el Participio concuerda en género y en número con las personas o cosas a las que hace referencia.

Gerundio

► En perífrasis con el verbo **estar**, el Gerundio, con todos los tiempos, presenta una acción en desarrollo.

- ***Estoy leyendo*** *las notas de gramática.*
- *Cuando llamaste,* ***estábamos durmiendo****.*
- *A las nueve,* ***estaremos volando*** *hacia Moscú.*

► Con otros verbos forma diferentes perífrasis que tienen siempre un sentido de acción en desarrollo. (Ver el apartado *Perífrasis Verbales*)

- ***Llevo*** *diez años* ***estudiando*** *violín.*

► Por sí solo expresa el modo en que alguien hace algo o la simultaneidad de dos acciones.

- *Se marchó* ***corriendo****.*
- *Suelo estudiar* ***escuchando*** *música.*

► En esta función de adverbio, el Gerundio también admite complementos.

- *Entró **tarareando muy bajito una canción de cuna**.*

¡Atención!
No podemos usar el Gerundio en forma negativa. En estos casos, utilizamos siempre **sin** + Infinitivo:

- Díselo **sin enfadarte**.
~~Díselo no enfadándote.~~

Se consideran incorrectas las frases en las que el Gerundio expresa posterioridad.

- Abrí la puerta y me encontré a Juan.
~~Abrí la puerta encontrándome con Juan.~~

EL INDICATIVO

PRESENTE

Usamos el Presente de Indicativo para:

- hacer afirmaciones atemporales: El agua **es** H^2O.

- hablar de hechos habituales: **Visito** a mis padres todos los domingos.

- hablar del presente cronológico: **Hace** mucho frío esta mañana, ¿verdad?

- pedir cosas y acciones en preguntas: ¿Me **dejas** cincuenta euros?

- hablar de acciones futuras cuando hablamos de intenciones firmes: Esta noche te **llamo** y te **digo** algo.

- relatar en presente histórico: Tras la invasión napoleónica, las colonias de ultramar **se independizan**.

- dar instrucciones: Primero **cortas** los ingredientes y luego los **fríes** todos al mismo tiempo.

PRETÉRITO PERFECTO

► Usamos el Pretérito Perfecto para referirnos a acciones o acontecimientos ocurridos en un momento pasado no definido. No se dice cuándo ha ocurrido la acción porque no interesa o no se sabe. En estos casos, puede ir acompañado de marcadores como **ya/todavía no**; **siempre/ nunca/alguna vez/una vez/dos veces/muchas veces**.

- *¿Ya **has pagado** la factura de la luz?*
- *No, es que **todavía no he cobrado**.*

- ***Nunca he montado** a caballo.*
- *¿**Has estado alguna vez** en Japón?*
- ***Siempre me ha gustado** leer antes de dormir.*

► También usamos el Pretérito Perfecto para situar una acción pasada en un tiempo que tiene relación con el presente.

- ***Este año ha hecho** muy mal tiempo.* ("ahora" está dentro de "este año")
- ***Esta semana** me **han propuesto** un empleo muy interesante.* ("ahora" está dentro de "esta semana")

► Y para referirnos a acciones muy vinculadas al momento actual.

- ***Hace un rato he visto** a tu marido.*

PRETÉRITO INDEFINIDO

	hablar	**beber**	**escribir**
(yo)	habl**é**	beb**í**	escrib**í**
(tú)	habl**aste**	beb**iste**	escrib**iste**
(él/ella/usted)	habl**ó**	beb**ió**	escrib**ió**
(nosotros/nosotras)	habl**amos**	beb**imos**	escrib**imos**
(vosotros/vosotras)	habl**asteis**	beb**isteis**	escrib**isteis**
(ellos/ellas/ustedes)	habl**aron**	beb**ieron**	escrib**ieron**

► El Pretérito Indefinido se usa para relatar acciones ocurridas en un pasado concreto, no relacionado con el presente, que se presentan como concluidas. Puede aparecer, por lo tanto, acompañado de marcadores como:

- fechas (**en 1990**, **en 2003**, **el 8 de septiembre**, **en enero**...)
- **ayer**, **anoche**, **anteayer**
- **el lunes**, **el martes**...
- **el mes pasado**, **la semana pasada**, etc.

- *Anoche **cené** con unos amigos.*
- *El mes pasado **descubrí** un restaurante genial.*

IRREGULARIDADES EN EL PRETÉRITO INDEFINIDO

Cierre vocálico: e > i, o > u

► El cambio de **e** por **i** se produce en muchos verbos de la tercera conjugación en los que la última vocal de la raíz es **e**, como **pedir**. La **e** se convierte en **i** en las terceras personas del singular y del plural. Sucede lo mismo con los verbos de la tercera conjugación en los que la última vocal de la raíz es **o**, como **dormir**. En estos casos, la **o** se convierte en **u** en las terceras personas del singular y del plural.

	pedir	dormir
(yo)	pedí	dormí
(tú)	pediste	dormiste
(él/ella/usted)	p**i**dió	d**u**rmió
(nosotros/nosotras)	pedimos	dormimos
(vosotros/vosotras)	pedisteis	dormisteis
(ellos/ellas/ustedes)	p**i**dieron	d**u**rmieron

Ruptura del triptongo

► Cuando la raíz de un verbo en -**er**/-**ir** termina en vocal, en las terceras personas la **i** se convierte en **y**.

caer ➡ ca**y**ó/ca**y**eron
huir ➡ hu**y**ó/hu**y**eron
construir ➡ constru**y**ó/constru**y**eron

Cambios ortográficos

► Hay que tener en cuenta las reglas ortográficas al conjugar los verbos que terminan en -**car**, -**gar**, -**guar** y -**zar**.

acer**car** ➡ acer**qué**
lle**gar** ➡ lle**gué**
averi**guar** ➡ averi**güé**
almor**zar** ➡ almor**cé**

Verbos con terminaciones irregulares

► Los siguientes verbos presentan irregularidades propias en la raíz y tienen unas terminaciones especiales independientemente de la conjugación a la que pertenezcan.

andar	➡ **anduv-**	poder	➡ **pud-**	+	**-e**
conducir	➡ **conduj-**	poner	➡ **pus-**		**-iste**
decir	➡ **dij-**	querer	➡ **quis-**		**-o**
traer	➡ **traj-**	saber	➡ **sup-**		**-imos**
estar	➡ **estuv-**	tener	➡ **tuv-**		**-isteis**
hacer	➡ **hic-/hiz-**	venir	➡ **vin-**		**-ieron**

► Cuando la raíz de un verbo irregular acaba en **j** (**traer**, **decir** y casi todos los verbos acabados en -**cir**) la tercera persona del plural se forma con -**eron** y no con -**ieron** (conduj**eron**, dij**eron**, traj**eron**). Se conjugan así todos los verbos terminados en **-ucir**.

¡Atención!

En la primera y en la tercera personas del singular de los verbos regulares, la última sílaba es tónica; en los irregulares, en cambio, la sílaba tónica es la penúltima.

compré, **compró**...
hice, **hizo**...

Verbos ir y ser

► Los verbos **ir** y **ser** tienen la misma forma en Indefinido.

	ir/ser
(yo)	**fui**
(tú)	**fuiste**
(él/ella/usted)	**fue**
(nosotros/nosotras)	**fuimos**
(vosotros/vosotras)	**fuisteis**
(ellos/ellas/ustedes)	**fueron**

PRETÉRITO IMPERFECTO

	hablar	beber	vivir
(yo)	habl**aba**	beb**ía**	viv**ía**
(tú)	habl**abas**	beb**ías**	viv**ías**
(él/ella/usted)	habl**aba**	beb**ía**	viv**ía**
(nosotros/nosotras)	habl**ábamos**	beb**íamos**	viv**íamos**
(vosotros/vosotras)	habl**abais**	beb**íais**	viv**íais**
(ellos/ellas/ustedes)	habl**aban**	beb**ían**	viv**ían**

► No hay irregularidades en el Pretérito Imperfecto, a excepción de los verbos **ir** y **ser**, y del verbo **ver**.

	ir	ser	ver
(yo)	**iba**	**era**	**veía**
(tú)	**ibas**	**eras**	**veías**
(él/ella/usted)	**iba**	**era**	**veía**
(nosotros/nosotras)	**íbamos**	**éramos**	**veíamos**
(vosotros/vosotras)	**ibais**	**erais**	**veíais**
(ellos/ellas/ustedes)	**iban**	**eran**	**veían**

➔ Recuerda que cuando relatamos acciones pasadas, en español podemos elegir entre varios tiempos según el punto de vista que queramos adoptar. Esta elección no depende tanto de la realidad, sino de cómo el hablante la quiere presentar.

► Los principales usos del Imperfecto son:

- describir cualidades en el pasado.

  • *Antes, mi madre **llevaba** el pelo mucho mas largo.*

- presentar acciones habituales en una etapa del pasado.

  • *De niño, **me escondía** en mi habitación cuando venía alguna visita a casa.*

- describir la situación en torno a unos acontecimientos que relatamos (normalmente en Pretérito Indefinido o en

Pretérito Perfecto). Solemos describir cosas como la fecha, la hora, el lugar, el estado o el aspecto de las personas, etc.

- ***Estaba** mirando por la ventana y, entonces, **vi** pasar a mi hermano. **Llevaba** una ropa un poco extraña...*
- *Esta mañana **me apetecían** tanto unos churros que **he bajado** a desayunar al bar de abajo.*

► También usamos el Imperfecto de Indicativo para referirnos a acciones que se interrumpen o se modifican durante su inicio o su desarrollo.

- ***Iba** a casa de Charo, pero me encontré con un amigo y nos fuimos a tomar algo.* (= no fui a casa de Charo)

► En otros casos, mediante verbos como **pensar**, **querer** o **ir**, el Imperfecto sirve para expresar nuestra intención de llevar a cabo una acción que finalmente no llega a tener lugar.

- ***Pensaba** quedarme a estudiar en la biblioteca, pero al final me fui a casa.*
- ***Iba** a pasar las vacaciones con unos amigos, pero nos enfadamos y al final he decidido que me voy a ir de viaje yo solo.*
- *La semana pasada **queríamos** pintar toda la casa, pero vinieron unos amigos por sorpresa y, claro, no pudimos.*

PRETÉRITO PLUSCUAMPERFECTO

	Imperfecto de **haber** +	Participio
(yo)	**había**	
(tú)	**habías**	
(él/ella/usted)	**había**	hablado comido escrito
(nosotros/nosotras)	**habíamos**	
(vosotros/vosotras)	**habíais**	
(ellos/ellas/ustedes)	**habían**	

► Usamos este tiempo para marcar que una acción pasada es anterior a otra acción ya mencionada.

- *Cuando Alfredo llegó al hospital, su mujer ya **había dado** a luz.* (la segunda acción es anterior a la primera: Alfredo no vio cómo nacía el bebé)

ALTERNANCIA DE LOS TIEMPOS DEL PASADO EN EL RELATO

► En un relato podemos utilizar varios tiempos del pasado. Hacemos avanzar la historia con cada nuevo hecho que presentamos en Pretérito Perfecto o en Pretérito Indefinido.

- *Aquel día Juan no **oyó** el despertador y **se despertó** media hora tarde. **Salió** de casa sin desayunar y **tomó** un taxi. Por suerte, **consiguió** llegar a tiempo al aeropuerto.*

- *Hoy Juan no **ha oído** el despertador y **se ha despertado** media hora tarde. **Ha salido** de casa sin desayunar y **ha tomado** un taxi. Por suerte, **ha conseguido** llegar a tiempo al aeropuerto.*

► En cada hecho podemos "detener la acción" y "mirar" las circunstancias que lo rodean. Para ello, usamos el Imperfecto.

- *Aquel día Juan **estaba** muy cansado y no oyó el despertador, así que se despertó media hora tarde. Como no **tenía** tiempo, salió de casa sin desayunar y tomó un taxi. Por suerte, no **había** mucho tráfico y consiguió llegar al aeropuerto a tiempo.*

- *Hoy Juan **estaba** muy cansado y no ha oído el despertador y se ha despertado media hora tarde. Como no **tenía** tiempo, ha salido de casa sin desayunar y ha tomado un taxi. Por suerte, no **había** mucho tráfico y ha conseguido llegar a tiempo al aeropuerto.*

► Con el Pluscuamperfecto, marcamos que una acción es anterior a otra acción pasada ya mencionada. De nuevo, el relato no avanza: damos un salto atrás, en general para explicar las circunstancias pasadas.

- *Aquel día Juan estaba muy cansado porque **había estado estudiando** hasta la madrugada y no oyó el despertador, así que se despertó media hora tarde...*

► La elección que hacemos entre Perfecto/Indefinido e Imperfecto no depende de la duración de las acciones, sino de la manera en la que queremos presentarlas y de su función en el relato.

- *Ayer, como **estaba lloviendo**, no **salí**.* (no interesa el fin de la lluvia; presentamos el hecho de "llover" como una circunstancia no teminada de "no salir")

- *Ayer, **estuvo lloviendo** todo el día y no **salí**.* (informo de la duración de la lluvia y del hecho de "no salir")

FUTURO SIMPLE

► El Futuro se forma añadiendo al Infinitivo las terminaciones **-é**, **-ás**, **-á**, **-emos**, **-éis** y **-án**.

	hablar	**beber**	**vivir**
(yo)	hablar**é**	beber**é**	vivir**é**
(tú)	hablar**ás**	beber**ás**	vivir**ás**
(él/ella/usted)	hablar**á**	beber**á**	vivir**á**
(nosotros/nosotras)	hablar**emos**	beber**emos**	vivir**emos**
(vosotros/vosotras)	hablar**éis**	beber**éis**	vivir**éis**
(ellos/ellas/ustedes)	hablar**án**	beber**án**	vivir**án**

► Hay muy pocos verbos irregulares. Estos presentan un cambio en la raíz, pero tienen las mismas terminaciones que los verbos regulares.

tener ➡ **tendr-**	hacer ➡ **har-**		**-é**
salir ➡ **saldr-**	decir ➡ **dir-**		**-ás**
haber ➡ **habr-**	querer ➡ **querr-**	+	**-á**
poner ➡ **pondr-**	saber ➡ **sabr-**		**-emos**
poder ➡ **podr-**	caber ➡ **cabr-**		**-éis**
venir ➡ **vendr-**			**-án**

¡Atención!

Todos los verbos compuestos de los anteriores también son irregulares: **deshacer**, **componer**, **predecir**...

► Usamos el Futuro para hacer predicciones o para expresar que algo ocurrirá inexorablemente.

- *Mañana **lloverá** en la costa norte.*
- *Veo en las líneas de tu mano que **vivirás** muchos años.*
- *En breves instantes, **aterrizaremos** en el aeropuerto de Barajas.*
- *El sol **saldrá** mañana a las 7 h.*

► También usamos este tiempo para formular hipótesis sobre el futuro, normalmente acompañado por marcadores como **seguramente**, **probablemente**, **posiblemente**, **seguro que**, **creo que**, etc.

- *¿Qué vas a hacer este fin de semana?*
- ○ *Pues seguramente **iré** al campo. ¿Y tú?*
- *Yo creo que **me quedaré** en casa.*

► Asimismo, podemos formular hipótesis sobre el presente utilizando el Futuro Simple.

- *No sé dónde he dejado las llaves del coche.*
- ○ *Las **tendrás** en la mesilla, como siempre.*

Recuerda

Afirmamos algo:

- *Pepe está trabajando.*

Planteamos una hipótesis:

- ***Estará** trabajando.*

Invitamos al interlocutor a especular:

- *¿Dónde **estará** Pepe?*

FUTURO COMPUESTO

	Futuro Simple de **haber**	+ Participio
(yo)	**habré**	
(tú)	**habrás**	
(él/ella/usted)	**habrá**	hablado
(nosotros/as)	**habremos**	comido
(vosotros/as)	**habréis**	escrito
(ellos/ellas/ustedes)	**habrán**	

► Usamos el Futuro Compuesto para formular hipótesis sobre el pasado vinculado al presente.

- *Pepe **ha ido** a ver a Lucía.* (lo sé)
- *Pepe **habrá ido** a ver a Lucía.* (lo supongo)

EL CONDICIONAL

► El Condicional Simple se obtiene añadiendo al Infinitivo las terminaciones -**ía**, -**ías**, -**ía**, -**íamos**, -**íais**, -**ían**.

► Son irregulares los mismos verbos que en Futuro y, como en este tiempo, la irregularidad afecta a la raíz.

tener	**tendr-**	haber	**habr-**
querer	**querr-**	hacer	**har-**
poner	**pondr-**	decir	**dir-**
caber	**cabr-**	salir	**saldr-**
saber	**sabr-**	venir	**vendr-**
poder	**podr-**		

► Usamos el Condicional para expresar deseos difíciles o imposibles de realizar.

- *¡Qué sueño! **Me iría** a dormir ahora mismo.* ("pero estoy en la oficina y todavía no he terminado de trabajar", por ejemplo)

► Para aconsejar.

- ***Deberías** empezar a estudiar. Falta muy poco para los exámenes.*

► Para pedir de manera cortés que alguien haga algo.

- *¿**Te importaría** ayudarme con los deberes?*
- *¿**Podrías** sujetar esto un momento, por favor?*

- Para evocar situaciones imaginarias.

  - *Si supiera tocar un instrumento, **tocaría** en un grupo.*

- Para opinar sobre acciones y conductas.

  - *Yo nunca **me casaría** por dinero.*

EL CONDICIONAL COMPUESTO

Condicional de del verbo **haber**	+	Participio
habría **habrías** **habría** **habríamos** **habríais** **habrían**	+	trabajado comido vivido

- Uno de los usos más frecuentes del Condicional Compuesto es el de evocar situaciones hipotéticas o hechos que no tuvieron lugar en el pasado ya que no se dieron las condiciones necesarias.

  - ***Habría venido** a visitarte si hubiese sabido que estabas enfermo.* (= no vine a visitarte porque no sabía que estabas enfermo)
  - *¿Tú **habrías hecho** lo mismo?*

IMPERATIVO

IMPERATIVO AFIRMATIVO

- El Imperativo afirmativo en español tiene cuatro formas: **tú** y **vosotros/as** (más informal), **usted** y **ustedes** (más formal).

	pensar	comer	dormir
(tú)	piens**a**	com**e**	duerm**e**
(vosotros/as)	pens**ad**	com**ed**	dorm**id**
(usted)	piens**e**	com**a**	duerm**a**
(ustedes)	piens**en**	com**an**	duerm**an**

- La forma para **tú** se obtiene eliminando la **-s** final de la forma correspondiente del Presente.

estudias ➡ **estudia** comes ➡ **come** cierras ➡ **cierra**

¡Atención!
Algunos verbos irregulares no siguen esta regla.

poner ➡ **pon** hacer ➡ **haz** venir ➡ **ven**
salir ➡ **sal** tener ➡ **ten** decir ➡ **di**

- La forma para **vosotros** se obtiene sustituyendo la **-r** final del Infinitivo por una **-d**.

estudia**r** ➡ estudia**d** come**r** ➡ come**d** cerra**r** ➡ cerra**d**

- Las formas para **usted** y **ustedes** se obtienen cambiando la vocal temática de la forma correspondiente del Presente.

estudi**a** ➡ estudi**e** com**e** ➡ com**a** cierr**a** ➡ cierr**e**
estudi**an** ➡ estudi**en** com**en** ➡ com**an** cierr**an** ➡ cierr**en**

¡Atención!
Los verbos que son irregulares en la primera persona del Presente tienen en Imperativo la misma raíz irregular para las personas usted y ustedes.

pongo ➡ **ponga/n** hago ➡ **haga/n**
salgo ➡ **salga/n** tengo ➡ **tenga/n**
vengo ➡ **venga/n** digo ➡ **diga/n**
traigo ➡ **traiga/n** conozco ➡ **conozca/n**

- Los verbos **ser** e **ir** presentan formas especiales.

	ser	ir
(tú)	**sé**	**ve**
(vosotros/as)	**sed**	**id**
(usted)	**sea**	**vaya**
(ustedes)	**sean**	**vayan**

Recuerda
Con el Imperativo afirmativo, los pronombres van después del verbo y forman una sola palabra.

- *Devuélve**me** las llaves y ve**te**.*

¡Atención!
En los verbos reflexivos, cuando combinamos la forma de **vosotros** con el pronombre **os** desaparece la **-d** final.

- Niños, **sentaos** y **tomaos** la sopa.

IMPERATIVO NEGATIVO

	pensar	comer	dormir
(tú)	no piens**es**	no com**as**	no duerm**as**
(vosotros/as)	no pens**éis**	no com**áis**	no durm**áis**
(usted)	no piens**e**	no com**a**	no duerm**a**
(ustedes)	no piens**en**	no com**an**	no duerm**an**

- Fíjate en que las formas para **usted** y **ustedes** son las mismas que las del Imperativo afirmativo.

- Para los verbos en -**ar**, el Imperativo negativo se obtiene sustituyendo la **a** de las terminaciones del Presente de Indicativo por una **e**.

Presente		Imperativo
hablas	➡	**no hables**
habla	➡	**no hable**
habláis	➡	**no habléis**
hablan	➡	**no hablen**

- Para los verbos en -**er**/-**ir**, el Imperativo negativo se obtiene sustituyendo la **e** de las terminaciones del Presente de Indicativo por una **a** (excepto para la forma **vosotros** de los verbos en -**ir**: -**ís** ➡ -**áis**).

Presente		Imperativo	Presente		Imperativo
comes	➡	**no comas**	vives	➡	**no vivas**
come	➡	**no coma**	vive	➡	**no viva**
coméis	➡	**no comáis**	vivís	➡	**no viváis**
come	➡	**no coma**	viven	➡	**no vivan**

- Presentan formas especiales los verbos **ser**, **estar** e **ir**.

ser	➡	**no seas**, **no sea**, **no seáis**, **no sean**
estar	➡	**no estés**, **no esté**, **no estéis**, **no estén**
ir	➡	**no vayas**, **no vaya**, **no vayáis**, **no vayan**

Recuerda

Con el Imperativo negativo, los pronombres van delante del verbo.

- *¡No **me digas** lo que tengo que hacer!*

- Usamos el Imperativo para dar instrucciones.

  - ***Retire** el plástico protector y **coloque** el aparato sobre una superficie estable.*

- Para conceder permiso.

  - *¿Puedo entrar un momento?*
  - *Sí, claro. **Pasa, pasa.***

- Para ofrecer algo.

  - ***Toma**, **prueba** estas galletas. Están buenísimas.*

- Para aconsejar.

  - *No sé qué hacer. Esta noche tengo una cena de trabajo y no sé qué ponerme.*
  - ***Ponte** el vestido azul, ¿no? Te queda muy bien.*

¡Atención!

A veces usamos el Imperativo para dar órdenes o pedir acciones, pero solo en situaciones muy jerarquizadas o de mucha confianza. Solemos suavizar este uso con elementos como **por favor**, **venga**, **¿te importa?**, etc., o justificando la petición.

- **Por favor**, Gutiérrez, **hágame** diez copias de estos documentos.
- **Dime** lo que piensas, **venga**, que no me voy a enfadar.

EL SUBJUNTIVO

- En el Subjuntivo, la noción temporal de presente, pasado o futuro no depende de la forma verbal como tal, sino, en muchos casos, de la estructura en la que aparece. Por ejemplo, el Presente de Subjuntivo puede referirse al presente o al futuro, y el Imperfecto, al pasado, al presente o al futuro.

  - *Cuando **vengas**, hablaremos.* (sucederá en el futuro)
  - *No quiero que lo **tomes** mal.* (ahora)
  - *Baja cuando **hayas desayunado**.* (futuro)
  - *Me parece raro que **no haya venido**.* (pasado)
  - ***Quisiera** pedirle un favor.* (ahora)
  - *Si esta noche **pudiera**, me encantaría pasar un rato por la fiesta.* (puede suceder en el futuro)
  - *Me dijo que me **callara**.* (pasado)

- Salvo en contadas ocasiones, el Subjuntivo aparece en oraciones subordinadas. Consulta el apartado *La subordinación* para repasar los usos del Subjuntivo.

PRESENTE DE SUBJUNTIVO

- La conjugación es casi idéntica a la del Presente de Indicativo: sólo se invierte la vocal temática.

- ar	➡	e
- er/ir	➡	a

VERBOS REGULARES

	estudiar	**comer**	**escribir**
(yo)	estudi**e**	com**a**	escrib**a**
(tú)	estudi**es**	com**as**	escrib**as**
(él/ella/usted)	estudi**e**	com**a**	escrib**a**
(nosotros/nosotras)	estudi**emos**	com**amos**	escrib**amos**
(vosotros/vosotras)	estudi**éis**	com**áis**	escrib**áis**
(ellos/ellas/ustedes)	estudi**en**	com**an**	escrib**an**

ALGUNOS VERBOS IRREGULARES

	saber	**ser**	**ir**
(yo)	**sepa**	**sea**	**vaya**
(tú)	**sepas**	**seas**	**vayas**
(él/ella/usted)	**sepa**	**sea**	**vaya**
(nosotros/nosotras)	**sepamos**	**seamos**	**vayamos**
(vosotros/vosotras)	**sepáis**	**seáis**	**vayáis**
(ellos/ellas/ustedes)	**sepan**	**sean**	**vayan**

	estar	**dar**	**ver**	**haber**
(yo)	**esté**	**dé**	**vea**	**haya**
(tú)	**estés**	**des**	**veas**	**hayas**
(él/ella/usted)	**esté**	**dé**	**vea**	**haya**
(nosotros/nosotras)	**estemos**	**demos**	**veamos**	**hayamos**
(vosotros/vosotras)	**estéis**	**deis**	**veáis**	**hayáis**
(ellos/ellas/ustedes)	**estén**	**den**	**vean**	**hayan**

► Los verbos que tienen irregularidades **e-ie** / **o-ue** en Presente de Indicativo también las presentan en Presente de Subjuntivo en las mismas personas.

	e-ie	**e-ie**	**o-ue**
	cerrar	**querer**	**poder**
(yo)	ci**e**rre	qui**e**ra	pu**e**da
(tú)	ci**e**rres	qui**e**ras	pu**e**das
(él/ella/usted)	ci**e**rre	qui**e**ra	pu**e**da
(nosotros/nosotras)	cerremos	queramos	podamos
(vosotros/vosotras)	cerréis	queráis	podáis
(ellos/ellas/ustedes)	ci**e**rren	qui**e**ran	pu**e**dan

► Muchos verbos que presentan una irregularidad en la primera persona del Presente de Indicativo tienen esa misma irregularidad en todas las personas del Presente de Subjuntivo. Esto incluye los verbos con cambio vocálico **e-i** (**pedir**, **seguir**, **reír**...).

hacer ➡ **haga**...	conocer ➡ **conozca**...	tener ➡ **tenga**...
poner ➡ **ponga**...	salir ➡ **salga**...	venir ➡ **venga**...
decir ➡ **diga**...	oír ➡ **oiga**...	pedir ➡ **pida**...

► Algunos verbos de la tercera conjugación presentan una doble irregularidad.

	sentir	**dormir**
(yo)	s**ie**nta	d**ue**rma
(tú)	s**ie**ntas	d**ue**rmas
(él/ella/usted)	s**ie**nta	d**ue**rma
(nosotros/nosotras)	s**i**ntamos	d**u**rmamos
(vosotros/vosotras)	s**i**ntáis	d**u**rmáis
(ellos/ellas/ustedes)	s**ie**ntan	d**ue**rman

► Puedes encontrar usos de este tiempo en el apartado *La subordinación*.

PRETÉRITO PERFECTO DE SUBJUNTIVO

	Presente de Subjuntivo de **haber**	+	Participio
(yo)	**haya**		
(tú)	**hayas**		
(él/ella/usted)	**haya**		hablado
(nosotros/nosotras)	**hayamos**		comido
(vosotros/vosotras)	**hayáis**		vivido
(ellos/ellas/ustedes)	**hayan**		

► En construcciones que exigen Subjuntivo, usamos este tiempo para referimos a acciones terminadas recientes o vinculadas al presente.

- ***Es imposible que*** *Marisa* ***acepte*** *ese trabajo en Rusia, creo yo.* (= creo que Marisa no va a aceptar ese trabajo)
- ***Es imposible que*** *Marisa* ***haya aceptado*** *ese trabajo en Rusia, creo yo.* (= creo que Marisa no ha aceptado ese trabajo)

- ***Esperamos que disfruten*** *su estancia en nuestro hotel.*
- ***Esperamos que hayan disfrutado*** *su estancia en nuestro hotel.*

- ***No creo que te suspendan*** *por no hacer los deberes un día.*
- ***No creo que te hayan suspendido*** *por no hacer los deberes un día.*

- *Buscamos personas que* ***vivan*** *en Chile.*
- *Buscamos personas que* ***hayan vivido*** *en Chile.*

EL PRETÉRITO IMPERFECTO DE SUBJUNTIVO

► El Imperfecto de Subjuntivo tiene dos formas. Ambas se obtienen a partir de la tercera persona del plural del Pretérito Indefinido.

3ª pª Pl. Pret. Indefinido (sin -**ron**)		terminaciones	
		-ra	**-se**
llega**ron**		**-ras**	**-ses**
tuvie**ron**	+	**-ra**	**-se**
estuvie**ron**		**-ramos**	**-semos**
fue**ron**		**-rais**	**-seis**
		-ran	**-sen**

llegar		**ser/ir**	
llegara	llegase	fuera	fuese
llegaras	llegases	fueras	fueses
llegara	llegase	fuera	fuese
llegáramos*	llegásemos*	fuéramos*	fuésemos*
llegarais	llegaseis	fuerais	fueseis
llegaran	llegasen	fueran	fuesen

* Las formas de la primera persona del plural siempre van acentuadas en la vocal anterior a las terminaciones -**ramos** y -**semos**.

► El Pretérito Imperfecto de Subjuntivo se usa para hablar de una condición cuyo cumplimiento es imposible o consideramos poco probable.

- *Si **estudiaras** un poco más, no te costaría aprobar el curso.*

► También usamos el Imperfecto de Subjuntivo en el estilo indirecto para referir acciones ya pasadas que en su momento estaban en un plano de futuro (y en Presente de Subjuntivo).

- *Insistiré hasta que me **hagan** caso en el ayuntamiento.*
  ➡ *Anteayer prometió que insistiría hasta que **le hicieran** caso en el Ayuntamiento.*

- *Cuando me **entreguen** el informe, te lo paso.*
  ➡ *Anteayer me dijo que cuando le **entregaran** el informe me lo pasaría.*

- *Te llamo para que me **pases** el número de Sara. Es que lo he perdido y necesito hablar con ella.*
  ➡ *Laura me llamó el otro día para que le **pasara** el número de Sara.*

► En las oraciones subordinadas finales (introducidas, por ejemplo, con **para que**), el verbo va en Imperfecto de Subjuntivo cuando se alude a un momento pasado.

- *De pequeño, mis padres me llevaron a Argentina **para que conociera** el lugar en el que habían nacido.*

¡Atención!

Las formas con -**r**- y con -**s**- del Imperfecto de Subjuntivo se usan indistintamente, excepto para:

- hacer peticiones de cortesía.
  - **Quisiera** un par de zapatos de tacón.
    ~~Quisiese un par de zapatos de tacón.~~
- hablar del pasado en textos de registro culto.
  - Esta es la casa donde **naciera** Cervantes en 1547.
    ~~Esta es la casa donde naciese Cervantes en 1547.~~

PRETÉRITO PLUSCUAMPERFECTO DE SUBJUNTIVO

Imperfecto de Subjuntivo del verbo **haber**	+	Participio
hubiera/hubiese		
hubieras/hubieses		trabajado
hubiera/hubiese	+	comido
hubiéramos/hubiésemos		vivido
hubierais/hubieseis		
hubieran/hubiesen		

► El Pretérito Pluscuamperfecto de Subjuntivo se usa para hablar de una condición incumplida en el pasado.

- *Si **hubieras estudiado** un poco más, habrías aprobado todos los exámenes.*
- *Si **nos hubiésemos comprado** el coche, ahora no tendríamos que alquilar uno para ir de vacaciones.*

► Este tiempo puede aparecer también en la segunda parte de una estructura condicional cuando nos referimos a una acción que habría podido tener lugar en el pasado.

- *Si hubieras estudiado un poco más, **hubieses aprobado** los exámenes.* (= habrías aprobado los exámenes)

ESTAR + GERUNDIO

PRESENTE

► Usamos **estar** + Gerundio en Presente cuando presentamos una acción o una situación presente como algo temporal o no definitivo.

- *Hugo **está trabajando** en el Ministerio de Educación.* (= **trabaja** en el Ministerio de Educación)

► A veces, podemos expresar lo mismo usando solamente un verbo en Presente y un marcador temporal (**últimamente**, **desde hace algún tiempo**...).

- ***Desde hace algún tiempo salgo** a correr por las mañanas.*

► Cuando queremos marcar que la acción se está desarrollando en el momento preciso en el que estamos hablando, solo podemos usar **estar** + Gerundio.

- *Ahora no puede ponerse, **se está bañando**.*
  ~~*Ahora no puede ponerse, **se baña**.*~~

PASADO

► Usamos **estar** + Gerundio en Pretérito Perfecto, Indefinido, Pluscuamperfecto o Imperfecto para presentar las acciones pasadas en su desarrollo. Las reglas de uso son las de los tiempos correspondientes.

Pretérito Perfecto

- *Esta mañana **hemos estado limpiando** el trastero.*
- *Estos días **han estado haciendo** obras en nuestra calle.*
- ***He estado** tres semanas **preparándome** para este examen.*

Pretérito Indefinido

- *Ayer **estuvimos limpiando** el trastero.*
- *El otro día **estuvieron haciendo** obras en nuestra calle.*
- ***Estuve** tres semanas **preparándome** para aquel examen.*

Pretérito Imperfecto

- *Esta mañana **estábamos limpiando** el trastero y, de repente, se ha ido la luz.*
- *Cuando nos conocimos, **estaba preparándome** para un examen.*

Pretérito Pluscuamperfecto

- *Aquella tarde Ana y Javier estaban agotados: **habían estado limpiando** el trastero toda la mañana.*
- *Estaban todos los edificios llenos de polvo porque **habían estado haciendo** obras en nuestra calle.*

¡Atención!

Para expresar la ausencia total de una acción durante un periodo de tiempo, podemos usar **estar sin** + Infinitivo.

- Laurita **ha estado** dos días **sin probar** bocado. No sé qué le pasa.

PERÍFRASIS VERBALES

► Las perífrasis verbales son construcciones que se forman con dos o más verbos: uno conjugado (cuyo significado se ve modificado) y otro en forma no personal (Infinitivo, Gerundio o Participio). Estos verbos pueden estar conectados por una preposición o por un nexo.

- *Aunque ya ha cumplido 70 años, **sigue trabajando**.*
- ***Vamos a estudiar** las perífrasis.*
- ***Tienes que dormir** más.*

► Los verbos que forman la perífrasis funcionan como una unidad, y los pronombres personales átonos pueden ir delante del verbo conjugado o después del verbo principal (impersonal) formando una única palabra.

- ***Se lo** tengo que decir. / Tengo que decír**selo**.*

¡Atención!

En ningún caso colocamos pronombres entre los verbos que forman la perífrasis.

- ~~Tengo que **se lo** decir.~~
- ~~Téngo**selo** que decir.~~

► Las perífrasis pueden encadenarse.

- ***Está dejando de fumar**.* (**estar** + Gerundio / **dejar de** + Infinitivo)
- *¿**Vais a seguir yendo** a ese restaurante, después de lo que pasó?* (**ir** + **a** + Infinitivo / **seguir** + Gerundio)

- **Comenzar a** + Infinitivo / **Empezar a** + Infinitivo / **Ponerse a** + Infinitivo

Se utilizan para indicar el comienzo de una acción.

- *El partido se suspendió porque **comenzó a nevar**.*
- *¿Cuándo **empezaste a estudiar** español?*
- *No puedo evitarlo: cuando oigo música **me pongo a bailar** y no puedo parar.*

- **Ir a** + Infinitivo

Se utiliza para hablar de acciones futuras vinculadas al momento presente o que planteamos como una intención.

- ***Vas a mudarte** en estos días, ¿verdad?*
- ***Voy a llamarlo** ahora mismo y **voy a contarle** todo lo que ocurrió.*

- **Volver a** + Infinitivo

Indica que una acción se repite.

- *Cuando se jubiló, **volvió a estudiar** idiomas.*
- *Pienso **volver a llamarlo** la semana próxima.*

- **Llevar** + cantidad de tiempo + Gerundio

Expresa el tiempo que ha pasado desde el comienzo de una acción que aún continúa.

- ***¡Llevo una hora esperándote!***
  (= hace una hora que te espero.)
  (= te espero desde hace una hora.)

- ***Llevan más de una semana preparando** el examen.*
  (= están preparando ese examen desde hace más de una semana.)
  (= hace más de una semana que preparan el examen.)

> **¡Atención!**
> Esta perífrasis no admite el uso del Perfecto ni del Indefinido.
>
> - **Llevo dos años haciendo** karate.
>   ~~He llevado dos años haciendo karate.~~
>   ~~Llevé dos años haciendo karate.~~

- **Seguir** + Gerundio
Indica que una acción no se ha interrumpido.

- *Ya no compito, pero **sigo entrenando** tres veces por semana.*

> **¡Atención!**
> En los dos últimos casos, no es posible expresar la ausencia de la acción con el Gerundio. En su lugar se usa **sin** + Infinitivo:
>
> - **Llevo** cinco semanas **sin fumar**.
>   ~~Llevo cinco semanas **no fumando**.~~
> - Luis y Ana siguen sin hablarse.
>   ~~Luis y Ana siguen **no hablándose**.~~

- **Dejar de** + Infinitivo
Indica la interrupción de una acción.

- *¡Mira! **¡Ha dejado de llover!*** (= ya no llueve)
- ***¡Deja** ya **de preocuparte** por todo!* (= no te preocupes más)

- **Acabar de** + Infinitivo / **Terminar de** + Infinitivo
Indican el final de una acción.

- *¡Por fin **han terminado de poner** el pavimento!*
- *Aún no **he acabado de leer** el libro que me prestaste.*

> **¡Atención!**
> **Acabar** + **de** + Infinitivo (en Presente o en Imperfecto) se usa también para referirse a una acción reciente o inmediatamente anterior a otra pasada.
>
> - **Acabo de llamar** a Eduardo. Me ha dicho que ya **ha acabado de corregir** los borradores. (= he llamado a Eduardo hace un momento y...)
> - **Acababas de salir** cuando te llamaron. (= saliste y justo después te llamaron)

- **Tener que** + Infinitivo / **Deber** + Infinitivo / **Hay que** + Infinitivo
Indican la obligación o la necesidad de hacer algo. Según el contexto, la forma negativa (**no hay que**...) puede interpretarse como "no se debe" o como "no es necesario".

- ***Tenemos que acabar** el informe antes de las seis.*
- ***Debes pensar** más antes de actuar.*
- ***Hay que llamar** a la puerta antes de entrar.*
- ***No hay que exigir** tanto a los estudiantes.* (= no se debe)
- ***No hay que entregar** la solicitud personalmente: se puede hacer el trámite por Internet.* (= no es necesario)

LA VOZ PASIVA

SER + **PARTICIPIO**

- *Juan Díaz de Solís descubrió el Río de la Plata.*

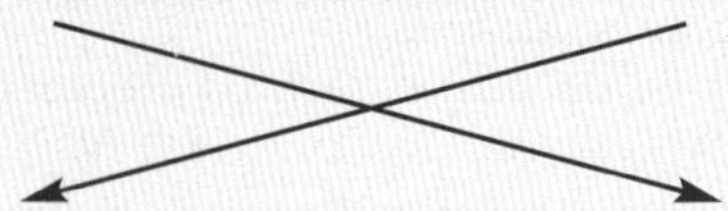

- *El Río de la Plata **fue descubierto por** Juan Díaz de Solís.*

► El COD de la oración activa (*el Río de la Plata*) pasa a ser el Sujeto pasivo; el Sujeto (*Juan Díaz de Solís*) se convierte en el Complemento Agente (precedido siempre por la preposición **por**).

► El verbo de la oración pasiva está formado por el verbo **ser** (conjugado en el mismo tiempo que el verbo de la oración activa, que concuerda en persona y en número con el sujeto pasivo) y por un participio (que concuerda en género y en número con el sujeto pasivo).

► Este tipo de voz pasiva es poco frecuente en el español coloquial. Solo es habitual en titulares de prensa y en un discurso muy formal. En el caso de los titulares, es frecuente omitir el verbo **ser**.

- ***Detenido** un peligroso traficante de armas.*

► En ocasiones no queremos mencionar quién realizó la acción (porque no lo sabemos o porque no nos interesa). En esos casos, omitimos el Complemento Agente.

- *La carta ya **ha sido enviada**.*
- *La reunión **fue aplazada** hasta mayo.*

ESTAR + **PARTICIPIO**

- *Tranquilo, el problema **está resuelto**.*
- *Las decisiones ya **estaban tomadas** cuando nos preguntaron.*

► Este tipo de pasiva se utiliza cuando lo importante es el resultado de la acción, su efecto sobre el sujeto pasivo, y no la acción en sí misma. Por este motivo, en este tipo de oración el Complemento Agente puede aparecer o no.

- *El equilibrio del planeta **está amenazado** por las emisiones de gases de combustión.*
- *El equilibrio del planeta **está amenazado**.*

► El verbo **estar** no siempre se conjuga en el mismo tiempo de la oración activa. Debemos tener en cuenta el cambio de perspectiva temporal, ya que en este tipo de oración no nos referimos a la acción misma, sino a sus resultados.

- *La contaminación del mar **amenaza** a los peces.*
- *Los peces **están amenazados**.*

- *Daniel **ha reparado** el ordenador.*
- *El ordenador **está reparado**.*

- *El ejército enemigo **sitió** la ciudad.*
- *La ciudad **estaba sitiada**.*

- *El ejército enemigo **sitió** la ciudad durante seis meses.*
- *La ciudad **estuvo sitiada** seis meses.*

► En un registro formal es habitual el uso de oraciones pasivas en Futuro (por ejemplo: en convocatorias, normativas, programas, etc.).

- El resultado de las elecciones **será publicado** en el boletín de la empresa.
- La lista con los nombres de los elegidos **será publicada** en el boletín de la empresa.
- Los candidatos **serán convocados** a una entrevista.
- Aquellas personas que no cumplan todos los requisitos no **serán convocadas**.

IMPERSONALIDAD

► La impersonalidad se puede expresar de varias maneras.

SE + VERBO EN TERCERA PERSONA DEL SINGULAR/PLURAL

► Solemos usar esta forma cuando damos instrucciones o cuando nos referimos a cosas que son válidas para todo el mundo.

- ***Se debe** pedir permiso antes de entrar.*
- *Primero, **se fríen** las patatas...*

VERBO EN TERCERA PERSONA DEL PLURAL

► Se trata de acciones que realiza una persona concreta (o varias), pero la identidad del sujeto no tiene importancia para quienes están hablando: la atención se centra en la acción y no en el agente.

- *¿Qué película **ponen** en el cine Lux?*
- ***Han abierto** un nuevo centro comercial en el barrio.*
- ***Dicen** que habrá elecciones anticipadas.*

VERBO EN SEGUNDA PERSONA DEL SINGULAR

► Se trata de acciones que afectan a todo el mundo, incluidos los interlocutores. Utilizamos la forma **tú** como un generalizador; no nos referimos directamente a nuestro interlocutor. Es una forma propia de la lengua oral que equivale a **uno** + tercera persona del singular.

- *Con este tráfico, **sabes** a qué hora **sales**, pero no a qué hora **llegas**.*
- *Con este tráfico, **uno sabe** a qué hora **sale** pero no a qué hora **llega**.*

LA SUBORDINACIÓN

ORACIONES DE RELATIVO

ORACIONES ESPECIFICATIVAS

► Las oraciones de relativo nos permiten conectar una oración con el sustantivo al que se refieren ("antecedente") y evitar así la repetición de elementos ya mencionados. Cuando una oración de este tipo permite distinguir uno o varios elementos dentro de un conjunto, se llama oración especificativa.

ORACIÓN 1	*ORACIÓN 2*
Algunas casas del pueblo tienen suministro de agua.	Algunas casas del pueblo están cerca del río.

ORACIÓN DE RELATIVO

Las **casas** del pueblo <u>**que**</u> **están cerca del río** tienen suministro de agua.

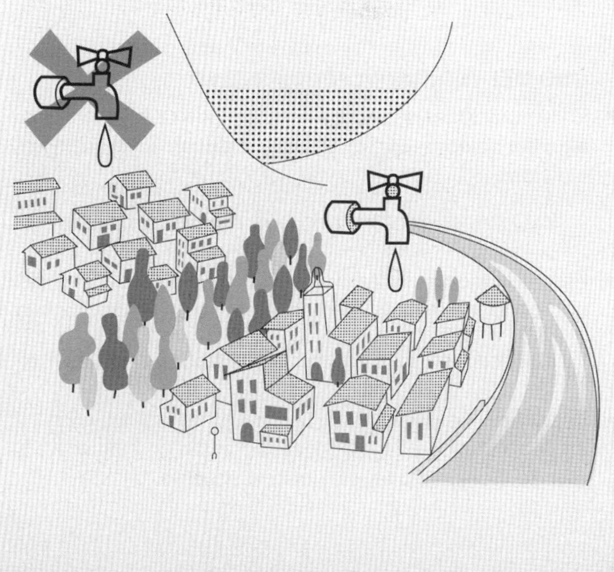

> **¡Atención!**
> Cuando el sustantivo al que se refiere la oración especificativa ya se presupone por el contexto, puede no aparecer.
>
> - Para el puesto de comercial van a contratar solamente a **los que** hablen, como mínimo, inglés, francés, alemán e italiano. (= las personas que hablen...)
> - **Quien** ha trabajado en un restaurante sabe perfectamente lo duro que es. (= cualquier persona que ha trabajado...)

ORACIONES EXPLICATIVAS

► Las oraciones de relativo que solo añaden una información sobre el antecedente que no es necesaria para distinguirlo se llaman oraciones explicativas. En la lengua escrita, van siempre entre comas; en la lengua oral, se marcan con pequeñas pausas.

*El **museo, que se encuentra entre los más importantes del mundo,** es el principal atractivo turístico de la ciudad.*

► Con este tipo de relativas añadimos una información adicional que consideramos oportuno mencionar, pero que no constituye la parte esencial de nuestro mensaje.

- ***El Cádiz,** [**que ayer volvía a jugar en la Primera División**] , derrotó de manera clara a su rival.*

> **¡Atención!**
> Las oraciones de relativo explicativas pueden tener como antecedente una oración.
>
> - **Mi hermano ha conseguido un puesto en una multinacional, que está muy bien**, lo que pasa es que yo tenía la ilusión de que abriéramos un negocio.
> - **Algunos de los manifestantes comenzaron a provocar disturbios, lo que obligó a intervenir** a la Policía.

USO DEL INDICATIVO/SUBJUNTIVO

► En las oraciones especificativas, cuando nos referimos a algo conocido o que sabemos que existe, el verbo va en Indicativo.

- *¿Quieres ver **el vestido que me he comprado**?*

► Pero cuando nos referimos a algo cuya existencia o identidad concreta desconocemos, el verbo va en Subjuntivo.

- *Necesitamos una persona que **hable** ruso y chino.*

► Las oraciones de relativo explicativas necesitan, en la inmensa mayoría de los casos, un verbo en Indicativo. El uso del Subjuntivo es muy poco frecuente.

CORRELACIÓN TEMPORAL EN LAS ORACIONES DE RELATIVO

► Cuando el verbo de la frase principal está en Presente de Indicativo, el tiempo del verbo de la oración relativa puede variar en función de lo que queremos decir.

PRESENTE DE INDICATIVO ➡ VERBO EN INDICATIVO (PRESENTE, INDEFINIDO...)

- **Estoy leyendo** un libro **que está** muy bien. (= sé qué libro es)
- **Estoy buscando** un libro **que dejé** ayer aquí. (= sé qué libro es)

PRESENTE DE INDICATIVO ➡ VERBO EN PRESENTE/PERFECTO/IMPERFECTO DE SUBJUNTIVO

- **Quiero hablar** con la persona **que esté** al mando. (= no sé quién es esa persona)
- **Necesito encontrar** a alguien **que haya estado** en Bolivia para hacerle una entrevista. Es para un trabajo de clase.
- Es un periodista que **busca** a alguien **que viviera** en el pueblo a principios de los años sesenta.

Si el verbo de la oración principal aparece en pasado, el de la relativa va, normalmente, en Imperfecto de Subjuntivo.

VERBO EN PASADO ➡ IMPERFECTO/PLUSCUAMPERFECTO DE SUBJUNTIVO

- **Intenté encontrar** a alguien que me **ayudara** con la mudanza, pero todos mis amigos estaban ocupados.
- **Estaba/estuve buscando** a una persona que ya **hubiera trabajado** antes cuidando niños.

> **¡Atención!**
> Si lo expresado por la oración de relativo todavía sigue vigente, el verbo aparecerá en el tiempo necesario: Presente de Indicativo/Subjuntivo, Futuro, Condicional...
>
> - Estuve buscando a alguien que **pueda** ocupar mi puesto, pero no lo encontré.

VERBO EN CONDICIONAL ➡ PRESENTE/IMPERFECTO DE SUBJUNTIVO

- **Me gustaría encontrar** a alguien que me **dé** cariño. (= no conozco su identidad, pero veo posible que la situación llegue a cumplirse)

VERBO EN CONDICIONAL ➡ IMPERFECTO DE SUBJUNTIVO

- **Me gustaría encontrar** a alguien que me **mimara** mucho. (= veo poco probable o imposible que suceda)

> **¡Atención!**
> En todos los casos anteriores, el verbo de la oración relativa puede ir en Infinitivo si su sujeto coincide con el de la oración principal o lo incluye.
>
> - Necesito algo con lo que **arreglar** el grifo.
> - Necesitaba un amigo con quien **hablar**.
> - Me gustaría encontrar a alguien con quien **compartir** buenos ratos.

PARTÍCULAS RELATIVAS

- Las oraciones relativas pueden referirse a sustantivos que cumplen diferentes funciones en la oración. Por eso, muchas veces, las partículas relativas necesitan preposiciones u otros elementos para indicar dicha función. Cuando esto ocurre, los artículos **el/la/los/las** se colocan entre la preposición y el relativo.

QUE

- El **petróleo**, **que** ya **se ha extendido** por gran parte de la costa, amenaza la supervivencia de numerosas especies marinas. (**que** ➡ Sujeto)
- Necesito el **destornillador que te presté** ayer. (**que** ➡ Objeto Directo)
- ¿Recuerdas la **casa en la que vivíamos** cuando estudiábamos? (**que** ➡ Complemento Circunstancial de Lugar)

Recuerda que el artículo concuerda en género y número con el sustantivo al que se refiere.

*El **edificio** en **el** que...*
*La **casa** en **la** que...*
*Los **edificios** en **los** que...*
*Las **casas** en **las** que...*

- Muchas veces, se omite el artículo con las preposiciones **a**, **con**, **de** y **en**.
  - *Mira, este es el **libro a(l) que me refería antes**.*
  - *Este es Juan, uno de los **chicos con (los) que trabajo**.*
  - *¿Recuerdas el lugar **de(l) que te hablé el otro día**?*
  - *Me gustaría vover algún día al pueblo **en (el) que me crie**.*

- En un registro coloquial relajado, son frecuentes las construcciones agramaticales en las que se elimina la preposición y el artículo.
  - *No consigo recordar el nombre del **pueblo (al) que fuimos de vacaciones** hace dos años.*

EL CUAL/LA CUAL/LOS CUALES/LAS CUALES

- En un registro cuidado, es frecuente el uso de **el cual/la cual/los cuales/las cuales** en lugar de **el/la/los/las que**.
  - ***El material con el cual** fueron construidas las estatuas de la Plaza Mayor es irrompible.*
  - ***La terraza del edificio, desde la cual** se puede contemplar toda la ciudad, es uno de sus mayores atractivos.*
  - ***Los motivos por los cuales** dejo el cargo son únicamente personales.*
  - ***Las construcciones prehispánicas, a las cuales** iremos esta tarde, son uno de los mayores atractivos de la ciudad.*

¡Atención!
El cual/la cual/los cuales/las cuales nunca aparecen en una oración de relativo especificativa sin preposición.

- ~~¿Conoces a **alguien el cual** dé clases de piano?~~ Es que me gustaría aprender a tocar. (¿Conoces a **alguien que**...)

QUIEN/QUIENES

- Estos relativos también aparecen normalmente en registros cuidados y solo puede tener un antecedente humano.
  - ***El joven a quien detuvo la Policía** la pasada madrugada ha quedado en libertad hace escasos minutos.*
  - ***Los afectados por las obras, a quienes las autoridades piden paciencia**, han anunciado movilizaciones inmediatas de protesta.*

- En las oraciones especificativas, **quien** siempre va precedido de preposición, pero sin artículo.
  - ***Los turistas a ~~los~~ quienes les guste la vida nocturna** no deben perderse la noche de Ibiza.*

- Va sin preposición cuando funciona como Sujeto.
  - ***Quienes quieran irse** pueden hacerlo.* (= las personas que quieran irse)

CUYOS/CUYAS/CUYO/CUYA

- Utilizamos estas formas de relativo como sustituto de la combinación **de** + sustantivo (cuando esta construcción tiene carácter posesivo). Se emplea, sobre todo, en un registro culto.

ORACIÓN 1	*ORACIÓN 2*
La doctora Silvia Mas acaba de presentar un nuevo libro.	Las investigaciones de Silvia Mas han abierto nuevos horizontes para el tratamiento de la malaria.

ORACIÓN DE RELATIVO

La doctora Silvia Mas, **cuyas investigaciones** han abierto nuevos horizontes para el tratamiento de la malaria, acaba de publicar un nuevo libro.

¡Atención!
Cuyo/a/os/as concuerda en género y número con el sustantivo al que introduce, no con el antecedente.

- Las personas **cuyo empleo**... / **cuya vivienda**... / **cuyos ingresos**... / **cuyas funciones**...

DONDE

- Sirve para expresar localización en el espacio y puede tener un antecedente explícito o no.
  - *Este es el **lugar** **donde** se conocieron mis padres.*
  - *Nuestros reporteros siempre se encuentran **allí** **donde** está la noticia.*
  - *¡Ay! Este niño siempre está **donde** no debe...*
- Puede ir precedido de una preposición, pero no de artículos.
  - *¿Es esta **la ventana** **por donde** **entraron** los ladrones?*
- Cuando el antecedente de **donde** es un sustantivo, puede ser sustituido por **en** +(**el/la/los/las**) + **que** o por **en** + **el/la/los/las** + **cual/cuales**.
  - *Esa es la casa* ***donde*** / ***en la que*** / ***en la cual*** *nació Picasso.*
- Para expresar la idea de dirección, usamos **adonde** (aunque también se admite **a donde** o simplemente **donde**) o, solo cuando hay un antecedente explícito, **al/a la/a los/a las** + **que** o **al/a la/a los/a las cual/cuales**.
  - *Ana no me ha querido decir el nombre del **restaurante adonde me va a llevar** por mi cumpleaños.* (= donde me va a llevar / al que me va a llevar)
  - *Mis padres siempre me han dejado **ir adonde he querido**.* (= ir donde he querido. ~~ir al que he querido~~)

SUBORDINADAS SUSTANTIVAS

- Existe un grupo de oraciones subordinadas en las que el sujeto del verbo principal expresa algún tipo de influencia sobre el sujeto de la frase subordinada: se emite un juicio, se expresa un sentimiento, una orden, se manifiesta un deseo, una prohibición, etc. En estos casos, el verbo de la frase subordinada va en Subjuntivo.
  - *Mi padre **quiere que estudie** (yo) Medicina.*
  - *Te **prohíbo** (yo) **que sigas viendo** (tú) a ese chico.*
  - *A algunas personas **les molesta que tengamos** (nosotros) éxito.*
  - *Al ministro **no le importó que** miles de familias **perdieran** su única fuente de ingresos.*
- Pero cuando el Sujeto de ambas acciones es el mismo, utilizamos el Infinitivo.

  SUJETO (gramatical o real) del V1 = SUJETO del V2

  - ***Quiero** (yo) **estudiar** (yo) Filosofía.*
  - *A muchos hombres **les molesta** (a ellos) **tener** (a ellos) que **ocuparse** (a ellos) de las tareas domésticas.*
  - *No **me importa perder** (yo) este puesto de trabajo, **prefiero** (yo) **dormir** (yo) tranquilo.*
- Cuando en la oración principal se emite un juicio o una valoración impersonal sobre una acción que realiza un sujeto determinado, el verbo de la subordinada va en Subjuntivo.
  - ***Es normal que estéis** un poco nerviosos.*
  - ***Es lógico que** la gente **espere** un cambio positivo.*
  - ***Es probable que vuelvan** a ganar las elecciones.*
  - ***No parecía posible que** la gente **aceptara** semejantes medidas.*
- Pero cuando en la oración principal se emite un juicio válido para cualquier individuo, el segundo verbo va en Infinitivo.
  - ***Es normal no querer** quedarse sin trabajo.* (= es normal para todo el mundo)
  - ***Es triste tener que emigrar** por razones económicas.* (= es triste para todo el mundo)
- Cuando en la oración principal afirmamos que un hecho es verdad, en la oración subordinada utilizamos el Indicativo.
  - ***Creo que** los animales **tienen** sentimientos.*
  - ***Dicen que** algo **va a cambiar**.*
  - ***Estoy convencido de que aprobará** el examen.*
  - *Perdona, **pensaba que eras** otra persona.*
- En cambio, cuando en la oración principal negamos o cuestionamos la veracidad de lo expresado, en la oración subordinada utilizamos el Subjuntivo.
  - ***No creo que** Javi **quiera** venir con nosotros.*
  - ***Dudo que apruebe** el examen.*
  - ***No veo que esté** preparado para ocupar ese cargo.*
  - *Yo **no dije que** la situación **fuera** a cambiar.*

EXPRESAR CONDICIONES Y CONSECUENCIAS HIPOTÉTICAS

- En español, para hablar de una condición cuyo cumplimiento es imposible o consideramos poco probable, se emplea el Preterito Imperfecto de Subjuntivo. Para hablar de las consecuencias de esa condición, se usa el Condicional.

  - Si **tuviera** más tiempo, (= no tengo tiempo ahora y la posibilidad de tenerlo parece remota)

    → **iría** al gimnasio todos los días. (= no voy al gimnasio todos los días)

- Cuando nos referimos al pasado, se usa el Pretérito Pluscuamperfecto para expresar una condición incumplida. En su consecuencia, se usan el Condicional Compuesto o el Pluscuamperfecto de Subjuntivo.

- Si **hubieras/hubieses llegado** a tiempo,
  (= no llegaste a tiempo)

  → no **te habrías perdido** el principio de la película.
  no **te hubieras/hubieses perdido*** el principio de la película. (= te perdiste el principio de la película)

¡Atención!

*En un estilo cuidado, cuando usamos el Pretérito Pluscuamperfecto de Subjuntivo en las dos partes de la estructura condicional, en una se usa la forma con **-r-** (**hubiera**) y en la otra la forma con **-s-** (**hubiese**).

► Las consecuencias en el presente o en el futuro de una condición en el pasado se expresan mediante el Condicional.

- Si me **hubieras/hubieses escuchado**,
  (= no me escuchaste)

  → ahora no **estarías** en esta situación.
  (= ahora estás en esta situación)

► No siempre es necesario expresar la condición; en muchas ocasiones se sobreentiende o está implícita en el contexto.

- *Me ofrecieron una casa bastante barata, pero no acabé de decidirme y no la compré.*
- *Pues yo, sinceramente, (si me la hubieran ofrecido a mí) **me la hubiera comprado** sin pensarlo.*

EXPRESIÓN DE LA INVOLUNTARIEDAD: USO DE LOS PRONOMBRES

SE ME/SE TE/SE LE...

► En ocasiones, expresamos la involuntariedad de una acción por medio de oraciones pronominales. En estos casos, el sujeto gramatical no es la persona, sino el objeto.

ACCIÓN VOLUNTARIA

- **Giré** el volante unas cuantas veces para comprobar la dirección del coche.

ACCIÓN INVOLUNTARIA

- No sé cómo, pero **se me giró** el volante y me salí de la carretera.
- Por culpa de una piedra **se me giraron** las ruedas y tuve que parar el coche.

¡Atención!

A veces, la involuntariedad solamente puede expresarse con un cambio léxico.

- Berta **tiró** las fotos al suelo, estaba muy enfadada.
- A Elena **se le cayeron** las fotos al suelo. (sin intención de hacerlo, por descuido)

► Muchos verbos tienen una forma pronomimal que se usa para presentar un proceso sin aludir a la intervención de personas (**romper-romperse**, **perder-perderse**, **estropear-estropearse**, **ensuciar-ensuciarse**...).

- *Tenemos que comprarnos una tele nueva. Esta **se estropea** cada dos por tres.*
- Nunca me compro ropa blanca: ***se ensucia*** demasiado.

DISCURSO REFERIDO

► El discurso referido, también llamado estilo indirecto, es la transmisión, por lo general en un nuevo contexto espacial y/o temporal, de las palabras dichas por otros o por nosotros mismos.

- *Tengo mucho sueño.*
- *Perdona, ¿qué has dicho?*
- ***Que tengo mucho sueño.***

- *Llámame el jueves por la mañana.*
- ➡ ***Me ha dicho que lo llame** el jueves por la mañana.*

► Si lo que referimos indirectamente es una pregunta, utilizamos la partícula interrrogativa.

- *¿Dónde has aprendido alemán?*
- ➡ ***Me preguntó dónde** había aprendido alemán.*

► Pero cuando se trata de una pregunta de respuesta cerrada (**sí/no**) la introducimos con **si** en el estilo indirecto:

- *¿Tienes la dirección de Analía?*
- ➡ ***Me preguntó si** tenía la dirección de Analía.*

► Las acciones que se expresan en Presente en estilo directo se transmiten, en muchas ocasiones, en Imperfecto.

el lunes a las 14 h	*el día siguiente a las 10 h*
Alba: Ahora estoy comiendo.	**Alba me dijo que estaba comiendo en aquel momento**. (= ya no está comiendo)

el lunes a las 14 h	*el día siguiente a las 10 h*
Ramón: Estudio chino.	**Ramón me dijo que estudia chino**. (= todavía estudia chino)

► En los relatos de hechos pasados, las peticiones, instrucciones, invitaciones, etc. suelen referirse en Imperfecto de Subjuntivo.

- *Atención: desalojen el edificio inmediatamente.*
➡ *La jefa de la brigada de bomberos **ordenó que se desalojara** el edificio.*

- *Queremos que se respeten los horarios pactados.*
➡ *Los trabajadores **reclamaron que se respetaran** los horarios pactados.*

► Cuando transmitimos lo dicho por alguien, no solemos repetir exactamente sus mismas palabras, sino que comunicamos lo esencial del mensaje, la intención.

ENUNCIADO ORIGINAL
- ¿Me compras el periódico?
- ¿Puedes comprarme el periódico?
- Cómprame el periódico, por favor.
- Necesito que me compres el periódico.
- ¿Te importaría comprarme el periódico?

⬇

DISCURSO REFERIDO
➡ Me pidió **que** le **comprara** el periódico.

► El verbo más frecuente para introducir el discurso indirecto es **decir**. Sin embargo, disponemos de muchos otros verbos.

aclarar	**afirmar**	**asegurar**
comentar	**contar**	**declarar**
destacar	**explicar**	**exponer**
expresar	**insistir**	**invitar**
manifestar	**negar**	**ordenar**
pedir	**precisar**	**preguntar**
proponer	**rechazar**	**recomendar**
recordar	**repetir**	**sugerir**

- *El Presidente **aseguró** que el Gobierno intentaría dar una solución al problema de los astilleros.*
- *Los representantes sindicales **manifestaron** abiertamente su desacuerdo con las medidas adoptadas por el Gobierno.*

► Hay verbos que por sí solos bastan para resumir desde una frase hasta toda una conversación: **agradecer**, **alegrarse**, **despedirse**, **disculparse**, **felicitar**, **protestar**, **saludar**, etc.

- *¿Sabes? Ayer me encontré a Julio por la calle.*
- *¿Ah, sí? ¿Y qué tal?*
- *Bueno, la verdad es que solo **nos saludamos**...*

¡Atención!

Numerosos elementos deben cambiar cuando el contexto espacio-temporal es diferente al del momento en el que se dijo el texto original.

- **Venid** sobre las nueve y media.
➡ Nos pidió que **fuéramos** sobre las nueve y media.

- **Traed** algo para beber. **Yo** pondré el postre.
➡ Nos pidió que **lleváramos** bebida, que **él** pondría el postre.

- ¿**Te** gusta vivir **aquí**?
➡ Le preguntó si **le** gustaba vivir **allí**.

DESCRIBIR ACCIONES

► Podemos precisar cómo se realiza una acción empleando diversos recursos.

ADVERBIOS
- **Pasea tranquilamente** por el parque.
- **Se aparta rápidamente**.

ADJETIVOS
- **Se acerca sereno** al estrado.
- Lo **miró orgulloso**.
- **Inmóvil**, **miró** a su alrededor.
- Unos minutos después, Sara, **bastante más tranquila**, **nos contó** lo que había sucedido.

GERUNDIOS
- **Sale** Don Julián **apartando** las cortinas con las manos.
- Alejandró **se fue llorando**.

CON/SIN + **SUSTANTIVO**
- **Le sujetaba** las manos **con fuerza**.
- **Con muy malos modales, le ordenó** que se apartara.
- **Salió** al escenario **con la camisa rota**.

SIN + **INFINITIVO**
- **Sin decir ni una palabra**, abandonó la habitación.
- No **te compres** el vestido **sin probártelo** antes.

EXPRESIÓN DE LA CONJETURA

► Existen varios recursos para hacer suposiciones.

- **suponer que** + Indicativo
- **quizás** / **tal vez** + Indicativo/Subjuntivo
- **a lo mejor** / **igual** + Indicativo
- **es probable que** / **es posible que** / **puede** (**ser**) **que** + Subjuntivo
- **lo más seguro** / **lo más posible es que** + Subjuntivo
- **seguramente** / **probablemente** / **posiblemente** + Indicativo
- **seguro que** / **estoy seguro de que** + Indicativo

► También podemos utilizar el Futuro Simple para hacer suposiciones sobre el presente.

- *¿Sabes dónde está Pablo? No lo he visto en todo el día.*
- ○ ***Estará trabajando**, como siempre.* (= Supongo que está trabajando.)

► Del mismo modo, utilizamos el Futuro Perfecto y el Condicional para hacer suposiciones sobre el pasado.

- *Estoy un poco preocupado. Marta tenía que llamarme hace una hora y no lo ha hecho.*
- ○ *Tranquilo, hombre. **Se habrá olvidado**.* (supongo que se ha olvidado)

- *El otro día no vi a Mario en el partido.*
- ○ *¿Ah, no? Pues **estaría** enfermo, porque él nunca se pierde ninguno.* (supongo que estaba enfermo)

► La correspondencia entre los tiempos es la siguiente:

Lo que sé	**Lo que supongo**
Presente	Futuro Simple
Pretérito Perfecto	Futuro Perfecto
Pretérito Indefinido	Futuro Perfecto o Condicional
Pretérito Imperfecto	Condicional

¡Atención!
Con la forma interrogativa invitamos a nuestro interlocutor a especular.

- ¿Qué le **pasará** a Amanda?
- ¿Dónde **habrá aprendido** Carlos a bailar tan bien?

SER/ESTAR/HABER

► Para ubicar algo en el espacio, usamos el verbo **estar**.

- *El ayuntamiento **está** bastante lejos del centro.*

► También usamos **estar** para hablar de la posición de los objetos o de la postura corporal.

Estar
- **inclinado/a, colgado/a, sentado/a, agachado/a, tumbado/a, acostado/a...**
- **boca arriba/boca abajo**
- **de pie/rodillas/perfil/lado...**
- **en cuclillas**

- *¿Puedes poner bien ese cuadro, por favor? Es que **está** un poco **inclinado**.*
- *Lo pasé fatal en la fiesta de Carlos. Como habían sacado todos los muebles, no teníamos donde sentarnos y tuvimos que **estar de pie** toda la noche.*

► Pero si informamos acerca de la existencia, usamos **haber**. Las formas de tercera persona se utilizan para hablar tanto de objetos en singular como en plural en el tiempo que corresponda.

- *Cerca de mi casa **hay** un parque enorme.*
- *En la fiesta **hubo** momentos muy divertidos.*
- *¿**Había** mucha gente en el concierto?*
- *En el futuro **habrá** problemas de suministro de agua.*

► Para informar sobre la ubicación espacio-temporal de un evento ya mencionado, usamos **ser**.

- *La reunión **es en mi casa a las 10 h**.*

► Con adjetivos, usamos **ser** para hablar de las características esenciales del sustantivo y **estar** para expresar una condición o un estado especial en un momento determinado o como el resultado de un proceso.

- *Lucas **es** ingeniero.*
- *Lucas **está** enfadado.*

- *Este coche **es** muy rápido.*
- *El coche **está** averiado.*

¡Atención!
Cuando nos referimos a estados de ánimo, los participios en función de adjetivo no se combinan con el verbo **ser**.

- Eva **está** desolada.
  ~~Eva **es** desolada.~~

MÁS GRAMÁTICA

► También usamos **ser** cuando identificamos algo o a alguien o cuando hablamos de las características inherentes de algo.

- *Olga **es** una amiga mía.*
  ~~*Olga está una amiga mía.*~~
- *Eso de ahí **es** una cama plegable.*
  ~~*Eso de ahí está una cama plegable.*~~

► Con los adverbios **bien/mal**, usamos únicamente **estar**.

- *El concierto **ha estado** muy bien, ¿no?*
  ~~*El concierto ha sido muy bien, ¿no?*~~

VERBOS CON DIFERENTES REGÍMENES PREPOSICIONALES Y PRONOMINALES

PONER

Ponerse + prenda de vestir
- ¿Por qué no **te pones** esa camisa? (= vestir)

Ponerse + posición/postura
- **Se pone de pie** y empieza a andar. (= cambiar de posición/postura)

Ponerse a + Infinitivo
- Germán ha dejado los estudios y **se ha puesto a trabajar**. (= empezar una actividad)

Ponerse + adjetivo
- Mi hermano siempre **se pone** enfermo cuando llega el otoño. (= cambiar de estado*)

Poner + sustantivo + lugar
- ¿**Pongo** la leche **en** el armario? (= colocar algo en un lugar)

Poner (**en**) + lugar (libros, hojas, carteles...)
- ¿Me puedes decir qué **pone en** aquel cartel? Es que sin gafas no veo. (= está escrito)

¡Atención!

*Los cambios que se expresan con **ponerse** suelen ser temporales y referirse a la salud, al estado de ánimo o al aspecto físico.

Salud: **enfermo**, **bien**, **bueno/a**, **mal**, **malo/a**.
Estado de ánimo: **contento/a**, **triste**, **furioso/a**...
Aspecto físico: **moreno/a**, **guapo/a**, **colorado/a**...

Pero **ponerse** no se combina con ningún participio en función de adjetivo:
~~**ponerse preocupado**, **ponerse enfadado**...~~

QUEDAR

Quedarse + adjetivo/Participio
- Cuando se fue de casa **me quedé** muy triste. (= cambiar de estado*)

Quedarse (**en**) + lugar
- Los meteorólogos han recomendado que la gente **se quede en** sus casas debido a los fuertes vientos previstos. (= permanecer en un lugar)

Quedarse + Gerundio + (**en**) + lugar
- Ayer **me quedé estudiando en** la biblioteca hasta las doce. (= permanecer en un lugar desarrollando una actividad)

Quedar con + persona
- **He quedado con** Javier el martes en un restaurante que acaban de abrir. ¿Quieres venir? (= acordar/tener una cita)

Quedar en + oración
- **Quedamos en** que me llamarías y no lo has hecho. (= ponerse de acuerdo en algo)
- **Hemos quedado en** vernos el martes en su casa para hablar del nuevo proyecto.

¡Atención!

* **Quedarse** suele expresar el paso a un nuevo estado.

- No lo entiendo: Carlos estuvo hablando sin parar durante dos horas y, de pronto, **se quedó callado** y ya no me contó nada más.
- Cuando Julia se fue, **me quedé muy triste**.
- ¿Qué tal la nueva película de Garci?
- ○ Muy aburrida. **Me quedé dormido** a la media hora.
- Cuando vio la serpiente, Marta **se quedó quieta**, paralizada por un miedo irracional.